中国传统文化概论

（第四版）

ZHONGGUO CHUANTONG WENHUA GAILUN

主编　辜堪生
副主编　潘斌　张奇

西南财经大学出版社

图书在版编目(CIP)数据

中国传统文化概论/辜堪生主编．—4 版．—成都：西南财经大学出版社，2018. 7
ISBN 978 - 7 - 5504 - 3360 - 1

Ⅰ. ①中…　Ⅱ. ①辜…　Ⅲ. ①中华文化—概论　Ⅳ. ①K203

中国版本图书馆 CIP 数据核字(2018)第 004001 号

中国传统文化概论(第四版)

主　编：辜堪生
副主编：潘　斌　张　奇

责任编辑：刘佳庆
责任校对：王青清
封面设计：穆志坚　张姗姗
责任印制：朱曼丽

出版发行	西南财经大学出版社(四川省成都市光华村街 55 号)
网　　址	http://www. bookcj. com
电子邮件	bookcj@ foxmail. com
邮政编码	610074
电　　话	028 - 87353785　87352368
照　　排	四川胜翔数码印务设计有限公司
印　　刷	郫县犀浦印刷厂
成品尺寸	170mm × 240mm
印　　张	16. 5
字　　数	295 千字
版　　次	2018 年 7 月第 4 版
印　　次	2018 年 7 月第 1 次印刷
印　　数	1— 3000 册
书　　号	ISBN 978 - 7 - 5504 - 3360 - 1
定　　价	38. 00 元

目　录

目录

目　录

目　录

1　导论

在绵亘数千年中华文明的历史长河中，贯穿着一种非同凡响的精神：在我国广袤的领土上，无论何人，在其身上都显示出一种共同的、与社会生活相融合且互相影响的文化精神。这共同的文化精神形成了我们优良的文化传统和民族精神。

古希腊哲学家亚里士多德认为，人的行为出自下列七种因素之一：机会、本性、强制、习惯、理性、希望和热情。其实，人之所以做出某一行为，主要是因为依从其“文化指令”的指引，而“文化指令”主要是人在后天的培养、环境的熏陶下锤炼积累而来的。

今天，我们学习和研究优秀的传统文化，有助于我们更加准确地、深刻地认识已有的优秀文化，认识我们的民族。正如古希腊人在阿波罗神庙前镌刻的至理名言：“人啊！认识你自己。”不管是个人还是社会，也不管是对于科学还是学说，自我反省都是必需的。通过反省，可以总结经验和教训，解放思想、获得新的发展。改革开放给各民族开辟了相互交流、不断拓展的广阔道路，在这样的时代背景下，中华民族文化应以怎样的姿态同其他民族文化进行合作与交流，我们应以怎样的姿态把握自己、表现自己，是每一个炎黄子孙都应该思考的问题。真切地把握住一个民族的文化特征，较之把握其皮毛等表层问题要困难得多。不过，由于民族不同，致使反映其民族精神的传统文化也各有差异。我们之所以能从普通人的行为、习惯中辨识各民族的特征，是因为每个民族的民族精神都有其独特的一面。学习、研究中国文化，正是我们认识自己、把握中华民族精神、培养和提高各自的文化素养，使我们具有合理的“文化指令”的可靠途径，对我们有诸多裨益。

首先，研究和学习中国传统文化，能够使我们更加准确、深刻地认识我们当前的国情。文化是在历史中形成的，它必然也有相当长的历史。文化是一个传统，要理解文化也就必须理解什么是传统，二者难以分离。任何有价值和影响的文化传统，都在很大程度上依赖于文字的记载，即依赖于文字的载体，这些载体多数成为后世的经典，要认识、了解文化传统，就不能不认真研读传统的经典及其阐释。新一代的青年学子们既要担负起历史使命，又要顺应历史的发展，要顺应主流的意识形态，就必须清醒地认识和把握国情。国情并非空洞之物，其实质就是文化的历史及其现状。新中国成立以来，我们走过了曲折的道路，也取得了辉煌的成绩，但是，我们的社会发展程度还不尽如人意。虽有数千年的文化遗产，但也带来一定的重负。外来文化有积极的一面，接受尚且不足，其负面影响又在不断扩大。所有这一切不得不让我们深深地思考，不得不使我们由衷地忧虑。认真总结过去的经验和教训，深刻剖析传统文化与外来文化的影响，对我们走上正确的发展道路、认清国情是十分必要的。

其次，研究和学习中国传统文化，有助于端正对传统文化的态度，增强我们的民族自尊心和自豪感，创造我们美好的未来。任何一种文化，自有其发生、发展的历史，它总是在前代文化的基础上发展起来的。当代炎黄子孙，理应以理性的态度和求真务实的精神去继承传统。正如马克思所说："人们创造自己的历史，但是他们不是随心所欲地创造，并不是在他们自己选择的条件下创造，而是在他们直接碰到的、既定的、从过去继承的条件下创造的。"中国传统文化就是我们在"直接碰到的、既定的、从过去继承下来的条件"，是影响中国人过去、现在和将来的传统文化。传统是社会的一种生存机制和创造机制，有了它社会才得以延续、传承、飞跃，社会精神成就和物质成就才得以保存和发展。今天，我们对中国传统文化进行研究不能仅停留于博物馆和故纸堆，还应深入到实践中，继承我们中华民族的优良传统，培育我们的理性态度和务实精神。

1.1 概说"文化"和"文明"

"文化"一词并非古已有之。无论是古希腊文字，还是中国的甲骨文中都找不到它的痕迹。虽然文字中无，但并不等于它就不存在，只不过是人类在那时尚不自觉、尚不认识。要认识它、研究它也有几百年的历史，这期间也曾有过几次大论战，但至今尚无统一意见、统一定义。

在汉语工具书中，"文"和"化"是两个不同的词类。前者为名词，而后者为动词。"文"是一个原创个体字，在汉代许慎所著的《说文解字》中解释为"错画也"。《周易》里说："物相杂，故曰文。"而在其他典籍中又引申为"修饰"（《荀子·儒效》："取是而文之也。"），"节奏"（《礼记·乐记》："乐文同则上下和矣。"），"美""善"（《礼记·乐记》："礼减进，以进为文。乐盈而反，以反为文。"）。在《周书·谥法》里更是说："道德博闻曰文，勤学好问曰文，慈惠爱民曰文，民惠礼曰文，锡民爵位曰文。"除

“六艺”之外，尊卑序列均可“曰文”。

“化”字在《说文解字》中被解释为“教行也”（“教行于上，则化成天下。”）、“变也”（《庄子·逍遥游》：“鲲之大，不知其几千里也；化而为鸟，其名为鹏。”《吕氏春秋·顺民》：“则汤达乎鬼神之化。”）、“习也”，言指风俗习惯也（《人物志》：“国有俗也”）。归纳起来即是有演进变化之意，从而可以引申出教化、教行、迁善、感染、化育的意义。

“文”与“化”的搭配使用，最早见于《易·贲卦》中的《象传》：“观乎天文，以察时变；观乎人文，以化成天下。”因天象有“文”（即条理）可循，而人伦也有“文”可循，观察此人文（人间条理），用以教化世人，也即可以平治天下大业。这种“人文化成”的设想，便有别于“神文”倾向的“人文倾向”，也是先哲们对“文化”一词的诠释。

而将“文”与“化”二者合并使用，则始见于西汉末年刘向所著之《说苑·指武》。其中说：“圣人之治天下也，先文德而后武力。凡武之兴，为不服也，文化不改，然后加诛。”这里显然将“文”和“武”相对应而有别。《昭明文选》上载有晋束皙所作《补亡诗》：“文化内辑，武功外悠”，显然与之内容相近。而在宗教神性相对应的意义上使用“文化”一词的，则有南齐王融《三月三日曲水诗序》：“设神理以景俗，敷文化以柔远。”总之，两千年来，我们的先人都是将“文化”一词来并称“文治”“教化”的。

现代意义的“文化”一词，是从日本人对西方术语的使用过程中开始的。日本人用“文化”一词来对译英文的“Culture”、德文的“Kultur”，而以上各词均来源于由“Colere”演化派生的拉丁词语“Cultura”。拉丁语中“Cultura”具有“耕种”“培植”“居住”“练习”“留心”“注意”“敬神”等诸多含义。16—17世纪，欧洲在使用“Culture”过程中由“耕种”等义引申出对人类心灵、知识、情操、风尚的化育，从重物质生产转向重精神生产。

与“文化”一词意义相近者如“文明”。“文明”中之“文”实指“文采”“文藻”“文华”，“明”指“开明”“明智”“昌明”“光明”。“文明”一词首见于《尚书·舜典》之“睿智文明”。按孔颖达的说法，则为“经天纬地曰文，照临四方曰明”。他在疏解《易·乾·文言》时说：“天下文明者，阳气在田，始和万物，故天下文章而光明也。”在中国古典载籍中也有将“文明”看作一种进步状态来与“野蛮”相对，如李渔《闲情偶寄》中就有“辟草昧而致文明”。唐睿宗李丹也曾用“文明”二字作自己的年号。近代还有“文明戏”“文明棍”等说法。

用“文明”对译“Civilization”，始于清末来华的新教传教士郭实腊所编中文期刊《东西洋考每月统记传》。英文“Civilization”源于“城市”，表示城镇生活的秩序和原则，是与“野蛮”和“不开化”相对的概念。

“文化”与“文明”两词常常混用，如清末的“西洋文明”“西洋文化”；而将两者加以区分，则始于胡适。胡适于1926年在其《我们对于西洋近代文明的态度》一文中，将“文明”定义为“一个民族应付他的环境的总成绩”，而将“文化”定义为“一种文明所形成的生活方式”。显然，他认为“文明”是先于“文化”的。张元济先生则提出“文化是活的，文明是结果”，则“文化”先于“文明”。可见，对二者之关系的认识是一个仁者见仁、智者见智的问题。

1.2 何谓“文化”

尽管“文化”在中西方文献中多有记载，但对其深究探讨并给其定义则是晚近的事。有的学者认为，“文化”的科学概念，只是到了18世纪启蒙时代，才真正产生出来。迄今为止，国内外学术界关于“文化”的定义，已不下200种。

经过文艺复兴运动和宗教改革，欧洲人率先摆脱了“神本”和“物本”（即以自然为本）的束缚，开始对人的力量抱有绝对的信心，对人的主体性给予了完全肯定的评价。“以人为本”，成为人的自我觉醒和人的解放的根本标志。

无论中西，“文化”从语源和语词内涵的演变上就含有文化是自然的对立物和人类的创造物的意义。这种意义深深植根于物质生产劳动所体现的人的本质力量对象化的过程之中。古代思想家“制天命而用之”“以人造天”的认识，就是古史传说中的圣王（劳动实践活动中的英雄）总结治理自然、社会经验，并用它来教化百姓，即“以人文化成天下”思想的合逻辑的发展。

《易·贲·象》说：“文明以止，人文也……观乎天文，以察时变；观乎人文，以化成天下。”“天文”指自然秩序，“人文”指人事条理，两者并不矛盾。文化来自自然，又区别于自然。古代圣贤明察自然变化，然后把改造自然的经验总结出来，把人类社会管理的经验也总结出来，创造出礼、乐、典章制度，教化民众，流传后世。

《易·系辞传》中的“观象制器论”表达了古代中国人“以人文化成天下”的文化观。伏羲氏仰观天象，俯察地理，研究鸟兽草木，近则了解人身，远则探讨万物，创造了八卦，并以八卦来贯通宇宙万物的神奇变化，观察自然、制作工具。依据八卦的原理，伏羲结绳作网，用来打猎捕鱼，神农氏斫木作耜，并教导人民利用这种农具；黄帝、尧、舜改革变通，创制衣服、舟楫，驯养牛马，发明加工粮食的杵臼和作战的弓箭，创造房屋代替洞穴，研制文字代替结绳而治，从此百官利用文字来处理政治，万民利用文字来考察事物，大体说明了先民如何由观察自然到制作工具，改造自然，取得经验，遗传给后代的历史活动过程，表明人类创造文化脱离野蛮的历史状态。文化是人的产物，为人所创造，古人似乎已经懂得了这一道理。尽管古史传说把功劳归功于圣王，但并没有把圣王塑造成脱离民间生活的上帝，而是与人民改造自然的实践活动滚在一起的英雄。所以，“文化”含有与自然对立、与野蛮脱离的含义，即开化、教化。这一语义的进一步发展，就使文化含有了知识、教养的意义。

总之，文化是人的生存状态，是人的生存环境，包括社会规范、礼乐制度等。人类生活的任何一方面都不能不受到文化的影响并随着文化的变化而变化。这就是说，人造就了文化，文化也决定了人的存在，决定了人的思维、行为、情感方式。人存在的基础条件是种族、语言、地域、性别、宗教，等等。人类存在于天（宗教）、地（自然）、人（社会）、我（自我情感、自我意识）之间，人的存在方式就是我们所说的“文化”。

在文艺复兴时期孕育了“文化”的科学概念。到了18世纪，在人文传统深厚的德国，出现了著名的哲学家康德、赫尔德和文学家歌德，依据与中世纪迥然不同的关于人的看法，他们对“文化”做出了划时代的界定。

康德1790年在其名著《判断力批判》中认为，文化乃是人作为有理性的实体为了一定的目的而进行的有效的创造。“在一个有理性的存在者里面，产生一种达到任何自行抉择的目的的能力，从而也就是产生一种使一个存在者自由地抉择其目的之能力的就是文化。因之我们关于人类有理由来以之归于自然的最终的目的只能是文化。”① 文化的本质在于，主体（人）不断地获得确立一切目的的能力，即不依赖于自然的行动能力。文化是促进人们更加自由的选择，确立并推动目的实现的力量。因此，从一定意义上说，文化也就是人的社会价值，是人的力量的显现。康德理性主义的文化观，比较重视文化主体改造自然的活动及其功能。这种文化定义，显然是针对法国启蒙学者把自然看成文化，把自然简化为人的行为的机械主义的文化观的。康德把道德观念看成人类文化的最高表现。这个看法曾影响了我国学者辜鸿铭和唐君毅等人。辜氏在20世纪初出版的《春秋大义》（又

①（德）康德．判断力批判［M］．韦卓民，译．北京：商务印书馆，1987：95.

译作《中国人的精神》《原华》）中指出：文化不是房子、不是道路、不是器具、不是制度、不是科学、不是艺术，而是人格，文化的实质就是道德。唐君毅在20世纪中期出版的巨著《文化意识与道德理性》中，以“道德自我”或“道德理性”为中心，论述“人类一切文化活动，均统属于道德自我或精神自我，超越自我，而为其分殊表现”，并建立了道德的理想主义的文化哲学体系。

启蒙思想家、文化哲学家赫尔德继承了近代历史哲学奠基人维柯的思想，在巨著《关于人类历史哲学的思想》中，也肯定了人的本身就是目的。尽管他与康德之间有过争论，但二人在这一点上是一致的，人在其理性的和道德的生活中，证明了他自身的存在是正当的。自然创造人的目的就是要创造一种理性的生命，人性作为一种精神力量的体系不断发展着自身。赫尔德探讨了人、社会、文化的关系，认为文化是社会的产物，是人活动的产物，又是社会存在和发展的必要条件和人们活动的重要手段。文化既促进了人，也限制了人。文化和哲学的中心是人的问题。

赫尔德在“狂飙运动”（18世纪70年代、80年代德国资产阶级的文化运动）中的同志、《浮士德》的作者歌德认为，文化是一个民族的生活与思想的集体方式，即人类对自然的长期斗争的结果，此集体的思想、感觉、行为的方式所构成的一种特殊的气氛、特殊的美，即是文化。

一般来说，马克思以前的思想家，把文化局限于精神活动领域，在文化史里排斥物质劳动和社会劳动对于文化发展的意义。不过，从赫尔德和歌德的文化观来看，已经有了一些唯物史观的因素。

英国著名人类学家，被称为“人类学之父”的泰勒1871年在其名著《原始文化》里，对“文化”下了一个经典的定义：“所谓文化或文明，就其广泛的民族学的意义来说，乃是包含知识、信仰、艺术、道德、法律、风俗及任何作为一名社会成员而获得的能力和习惯在内的复杂整体。”① 泰勒的定义明确地剔除了人的本能，即生物学遗传或先天性行为，强调了“文化”是作为社会成员的人获得的，是具有社会性的，超个人的存在，同时说明了“文化”是诸要素的综合体。但是，泰勒的定义仍旧是描述性的，还没有深刻地揭示文化的本质。泰勒的列举是可以无限地添加的，如我们可以把“社会制度”“社会组织”列入；泰勒本人在1881年出版的《人类学》中加进了“技术和物质文化”；后来，美国的人类学家奥格本等修订这一定义时补进了“实物”……可见，对于“文化”的界定，不能停留于外

①庄锡昌．多维视野中的文化理论［M］．杭州：浙江人民出版社，1987：99－100．

在的描述上。

关于“文化”，不少学者从历史学、社会学、人类学、心理学、哲学的角度提出了不同的界说。例如，美国人类学家克鲁柯亨在《文化的概念》中提出：“文化是历史上所创造的生存式样的系统，既包含显性式样又包含隐性式样，它具有为整个群体共享的倾向，或是在一定时期中为群体的特定部分所共享。”新康德主义者、弗莱堡学派著名代表李凯尔特在《文化科学和自然科学》里提出了价值论的文化定义，他认为“价值是文化对象所固有的……如果把价值和文化对象分开，那么文化对象也就会因此而变成纯粹的自然了”“不仅应该从价值的观点，而且应当从对文化现象做出评价的那些具有心理的人的观点去考察文化现象”。① 现代著名文化哲学家卡西尔在其《人论》中提出了符号学的文化定义，认为人是“符号的动物”，文化作为人的符号活动的“产品”成为人的所有物，而人本身作为它自身符号活动的“结果”则成为文化的主人，文化无非是人的外化、对象化，无非是符号的现实化和具体化，符号和符号功能建立起了人之所以为人的主体性。

力主实地考察并身体力行的英国人类学家马林诺夫斯基提出了功能性的文化定义。他认为，文化是人类生活的手段、工具，生活是文化的主体。他在《文化论》里提出：“文化是包括一套工具及一套风俗——人体的或心灵的习惯，它们都是直接地或间接满足人类的需要。一切文化要素，如果我们的看法是对的，一定都是在活动着，发生作用，而且是有效的。文化要素的动态性指示了人类学的重要工作就是研究文化的功绩。”而美国俄裔人类学家索罗金提出了规范性的文化定义，认为文化是生活方式的整体，包括意识、价值、规范此三者的互动和关联，把文化界定为不同人类群体的生活方式或共同遵守的行为模式，强调文化作为人类价值规范的作用。美国现代人类学家格尔兹在其《文化的解释》中指出：“文化是一种通过符号在历史上代代相传的意义模式，它将传承的观念表现于象征形式之中。通过文化的符号体系，人与人得以相互沟通，绵延传续，并发展出对人生的认识及对生命的态度。”不同的学者对于“文化”的定义真可以说是“仁者见仁，智者见智”。

20 世纪初，特别是在“五四运动”以后，我国学者围绕着中国文化与西洋文化的碰撞问题，也开始认真研究“文化”的定义和实质。当然，也涉及“文化”的界定。

---

①（德）李凯尔特. 文化科学和自然科学［M］. 涂纪亮，译. 北京：商务印书馆，1988：21、25.

胡适认为先有文明，而后才有“文化”。他在《我们对于西洋近代文明的态度》一文中指出：“文明是一个民族应付他的环境的总成绩，文化是一种文明所形成的生活方式。”而梁启超在《什么是文化》里说：“文化者，人类心能所能开积出来之有价值的共业也。”而且，梁启超还列出表格以说明“文化”的内涵，见下表。①

- 文化
  - 物质的—业种—生存的要求及活动力 → 业果：
    - 衣食住等成品
    - 开辟的土地
    - 修治的土地
    - 工具机器等
    - 其他业果
  - 精神的业种 → 业果：
    - 社交的要求心及活动力……语言习惯伦理等
    - 组织的要求心及活动力……关于政治经济等诸法律
    - 智识的要求心及活动力……学术上之著名发明
    - 爱美的要求心及活动力……文艺美术品
    - 超越的要求心及活动力……宗教

梁启超在《中国文化史目录》中纳入朝代、种族、政治、法律、教育、交通、国际关系、饮食、服饰、宅居、考工、农事等项。蔡元培在《何谓文化》一文中列举了衣食住行、医疗卫生、政治、经济、道德、教育、科学，指出“文化是人生发展的状况”。被称为“中国最后一个儒”的梁漱溟先生在《东西文化及其哲学》中说：“文化并非别的，乃是人类生活的样式。”他认为，文化包含物质生活、社会生活和精神生活三大领域。梁氏在《中国文化要义》中认为，文化涵盖了人类各民族如何进行生产，其所有器具、技术及相关社会制度、宗教信仰、道德习惯、教育设施乃至语言、衣食、家庭生活，等等。“全部中国文化是一个整的（至少各部门各方面相联盟）。它为中国人所享用，亦出于中国人之所创造，复转而陶铸了中国人。”② 学者黄文山则受功能派的影响，他在《文化学体系》中提出：“文化

①易鑫鼎. 梁启超文集［M］. 北京：中国文联出版社，2006：494、501.

②梁漱溟. 东西文化及其哲学［M］. 北京：商务印书馆，1999.60.

是人类为着满足生活的需要，凭借语言系统、技术发明、社会组织与习惯，累世承袭创建出来的有价值的‘工具实在’。文化只是人生，只是人类的生活……文化是指集体的大群的人类生活而言。”① 贺麟在《文化的体与用》《文化与人生》中指出：“文化是经过人类的精神陶铸过的自然。”“文化是名词，同时也是动词；化含有改变的意义；文要化，要影响其他的一种东西，要感化或支配别的一种东西；譬如教育、譬如诗歌，可以使人向善，可以使人有优美的情操；这就是文化之一。”“所谓文化乃是人文化，即是人类的精神活动所影响、所支配、所产生的。又可以说是文化即是理性化，就是以理性来支配处理任何事、从理性中产生的，即谓之文化。文化包含三大概念：第一是‘真’、第二是‘善’、第三是‘美’，即是真理化、艺术化、道德化”。“文化的特征乃是征服人类的精神，使人心悦诚服。”当代学者金开诚将“文化”定义为：“文化是对具有一定社会共同性的思想意识、价值观念和行为方式起引导或制约作用的、由各种集体意识所形成的社会精神力量。”可见，中国学者对“文化”的解释也是人见人殊的。

虽然众说纷纭，但以下几点是我们应加以注意的：

首先，“文化”是一种精神力量。文化是人类在社会历史发展过程中所创造的物质财富和精神财富的总和。从一般意义上讲，可以把文化分为精神文化、物质文化、行为文化三种类型。物质文化是人们改造自然界以满足人类物质需要为主的那部分文化产物（如生产工具——工艺艺术文化、生态文化）；行为文化是人类处理个体与他人、个体与群体之间关系的文化产物（如礼仪制度、婚姻制度、家庭制度）；精神文化是人类文化心态和精神活动的对象化，包括人们的文化心理和社会意识等诸多形式（如政治、法律、思想、道德、艺术、宗教、哲学）。

其次，在定义“文化”概念的时候应注意的是文化本身可分为“广义的文化”和“狭义的文化”。“广义的文化”包含物质文化和精神文化，而“狭义的文化”则主要是指精神文化和制度文化。根据唯物主义反映论的原则和社会存在决定社会意识的法则，应当肯定“狭义的文化”是第二性的东西，属于意识和精神的范畴。毛泽东在《新民主主义论》中指出：“一定的文化（当作观念形态的文化）是一定社会的政治和经济的反映，又给予伟大影响和作用于一定社会的政治和经济。”美国学者丹尼尔·帕特里克·莫伊尼汉指出：“保守地说，真理的中心在于，对于一个社会的成功起决定作用的，是文化，而不是政治。开明地说，真理的中心在于，政治可以改

①黄文山．文化学体系［M］．台北：中华书局，1971：89．

变文化，使文化免于沉沦。”

最后，文化有一定的社会共同性，这是不可置疑的。这种共同性是相对于人类本能的精神力量而言的。文化的社会精神力量是后天的，文化的传承是社会的传承，因此教育和学习在人类文化的传承与发展中具有前提意义，起着巨大作用。文化的这种社会性是指文化的总体作为精神力量既有一定的社会幅度又有综合性，它并不是个体的某种精神力量。文化作为社会精神力量具有巨大而深刻的社会影响。它无论是表现为一种有约束力的氛围、一种约定俗成的习惯，还是表现为一种成文或不成文的规定，都有力地作用于人们的思想和行为，潜移默化，使人自然遵循，使人必然遵守，即达到“化”的作用。

总之，文化是时代精神的客观表现。正如英国诗人雪莱在《诗辨》中所说：“我们读到当代最著名的作家的作品时，对于他们字里行间所燃着的电一般的生命不能不感到震惊，这与其说是他们的精神，毋宁说是时代的精神。”文化是民族精神的客观表现。只要还有民族存在，文化就必然带有民族的传统和特色。文化是文化创造者精神世界的客观表现。鲁迅、屈原、贝多芬、雨果、巴尔扎克、凡·高等人的作品无一不打上了各自的精神烙印。

此外，文化还在诸多领域得到有力的反映：文化的核心是哲学，而其基础在教育；科学为其脊梁；文学艺术是其血肉；新闻媒体是脉络。所有这一切结成了一个整体，推动着人类前进。

1.3 中国传统文化

春秋时代，我国的政治家、思想家有一个建立“文化中国”的伟大理想。“当时他们所谓的‘中国’，既不是一个地理概念，又不是一个政治概念，也不是一个种族概念，而是一个文化的概念，即与野蛮相反的‘文明’；有所谓‘中国而失礼义则夷狄之，夷狄而能礼义则中国之’的说法。从那以后，我们的民族观念和文化观念，一直都是密切结合着的。这种将中国等同于文明的观念，不免带有某些自我中心的傲慢；而将文明等同于中国，却又要求着文化上的全方位开放。按照这种观点，中国应该是文明的；而一切文明也应该使之成为中国的，不存在任何政治的、地域的和种族的歧见。汉唐盛世，便是明证。”①

①庞朴．文化的民族性与时代性［M］．北京：中国和平出版社，1988．

从地理上讲，“中国”二字在西周时仅指关中、河洛地区。在《左传·襄公二十六年》（即公元前547年）中出现了“华夏”二字，后孔颖达疏：“华夏为中国也。”“华”即“美丽”，“夏”即“盛大”。“华夏”又指中原诸族。

在古代典籍中，“中国”二字的内涵大致有以下几种：①“京师”，如《诗经·民劳》之“中国，即京师也”。②天子所辖，如诸葛亮对孙权就曾经讲过：“若能以吴越之众与中国抗衡，不如早与之绝。”③中原地区，《史记·东越列传》：“东瓯请举国徙中国。”④内地，《史记·武帝本纪》：“天下名山八，而三在蛮夷，五在中国。”⑤诸夏所居，《论语集解》：“诸夏，中国也。”在《史记》《汉书》等典籍中，常见“华夏”及“中国”交替并用。

作为地域观念，“中国”一词有一个演变的过程，在《尚书》所记的西周时期，“中国”仅指西周人所居之关中、河洛地区；东周时期也可指称包括附近各诸侯国在内的黄河流域，进而包括列国全境；19世纪中叶以来专指全境。首次在对外文件中使用“中国”，则见于在1689年9月所签订的《中俄尼布楚条约》。

“中国”一词尚有多种表现方式，如“中华”“九州”等。“中华”一词在《三国志》中就已出现。唐代韩偓的诗句中就有：“中华地向边城尽，外国云从岛上来。”“九州”始见于战国中期，《禹贡》将“中国”版图分为：冀、兖、徐、扬、荆、豫、梁、雍、青九州，故常以“九州”代指“中国”。在古代文献《尔雅·释地》《周礼·职方》及《吕氏春秋》中，虽也用“九州”一说，但州名与之有异。古籍中，因中国四境均有海水，故而也有人将“中国”称为“四海”。

传统文化是从历史上流传下来的民族文化。中国传统文化是世界上最早产生的四大文明之一，跟埃及、巴比伦、印度及希腊文明不同，是唯一延续到现代，且从未中断过的文化体系。

中国传统文化是在西为大陆、东南濒临大海、西北横亘沙漠、西南耸立高山的半封闭地理环境中孕育发展起来的，因此具有明显的封闭性。此外，中国传统文化还具有如下一些显著特点：

首先，中国传统文化包含着强烈的人文精神。中国传统文化就其主流而言，最晚从周代开始，就将人置于中心的地位。《尚书》里说：“民之所欲，天必从之。”“天视自我民视，天听自我民听。”（《尚书·奏逝中》），即连上天也要顺从人民的视听，以决定其好恶取舍。《左传》里还有这样的话：“夫民，神之主也。”（《左传·包公六年》）应该先办好人的事，然后再置办神的事。中国第一部系统的字书《说文解字》解释“人”这个字的时候说：“人，天地之性最贵者也。”人是和天、地并列的三才之一，是万物之灵。中国虽然也有神学，也有宗教，神学没有取得像欧洲那样无上权威的地位。中国没有教皇、没有宗教裁判所。中国文学虽然与宗教有关，但宗教的题材远不如欧洲那么盛行和重要。中国传统文化所崇拜的是祖先、注重的是祭祖，或者崇拜那些为民族的生存以及民族文化的发展做出非凡贡献的人，例如孔子、李冰父子、司马迁，虽然都有祭祀他们的庙宇和祠堂，但他们还是人而不是神。所以，中国传统文化是以人为中心的文化，以人为主体的文化，以人为核心的文化，人和人的关系，远比人和神的关系重要。

人文精神还有一层含义，就是重视人的节操和修养，注重人之所以成为人的那些道德素质，进而追求人格的完美。孔子说：“朝闻道，夕死可矣。”（《论语·里仁》）又说“杀身以成仁”（《论语·卫灵公》）。孟子说：“舍身而取义。”（《孟子·告子上》）孟子还有一段名言：“富贵不能淫，贫贱不能移，威武不能屈。”（《孟子·滕文公下》）在他们看来，道德和情操比生命更重要。

其次，中国传统文化是尚群的文化。崇尚群体利益，这是中华民族的价值观，与现代西方很不同。小到家庭，大到国家、民族，都是“群”。个体是“小我”，整体是“大我”，“群”就是“公”。《礼记》中说：“天下为公。”（《礼记·礼运》）孔子说：“君子贵人而贱己，先人而后己。”（《礼记·坊记》）宋代的苏辙说：“不以私爱害公义。”（《四部丛刊》影明本《乐城集》卷四一）明末清初的顾炎武也认为天下兴亡，匹夫有责。先公后私，对群体负责的精神在千百年文人墨客的文字中不可胜记。杜甫《茅屋为秋风所破歌》里说：“安得广厦千万间，大庇天下寒士俱欢颜，风雨不动安如山。呜呼！何时眼前突兀见此屋，吾庐独破受冻死足矣。”（《杜诗详注》卷十）范仲淹在《岳阳楼记》中说：“先天下之忧而忧，后天下之乐而乐。”（《四部丛刊》影明翻元本《范文正公集》卷七）鲁迅在《自题小像》里说：“我以我血荐轩辕。”（《鲁迅全集·集外集拾遗》）这些都是脍炙人口的名句。从古到今多少仁人志士，为了中华民族的生存不惜抛头颅洒热血，以他们的行为弘扬了这一尚群的精神。

再次，中国传统文化是一种平和的文化。所谓“平”是注重平衡，所谓“和”是注重和谐。老子说：“万物负阴而抱阳，冲气以为和。”（《道德经》第十二章）孔子倡导“过犹不及”（《论语·先进》）的中道观，《中庸》以“致中和”（《礼记·中庸》）为修养的最高境界。平和的精神渗透到各个方面，城市的规划、房屋的设计、室内的摆设，都讲究对称。书法和绘画讲究结构的对称与力度的平衡，作诗讲究对偶，审美讲究“乐而不淫”“哀而不伤”（《论语·八佾》）。做人要兼顾文和质两方面，质朴超过文采就粗野了，文采超过质朴就浮华了，两方面配合适当，“文质彬彬”（《论语·雍也》），才称得上君子。这都是强调把握一个恰当的度，以求得均衡，均衡才能稳定，均衡才美。中医讲究阴阳平衡，人体的各个器官及其功能达到平衡和协调，就可祛病延年。中国人早就懂得保持自然界生态平衡的道理，强调人和大自然和谐相处，古代哲学家们讲“天人合一”，就含有这种光辉思想。人是大自然的一部分，是受大自然养育的。大自然的一草一木、一山一水、飞禽走兽，都是人类赖以生存的伙伴。如张载所说：“民吾同胞，物吾与也。”（《正蒙·乾称篇》）人类虽然是万物之灵，但不应该破坏人与大自然的和谐，不要做大自然的掠夺者。而要辅助自然界化育万物，为人类造福。平和的文化精神，渗透到人和人的关系中，便是注重和睦共处，以达到人际关系的平衡。例如，长辈和幼辈，要尊老爱幼；老师和学生，要尊师爱生，都体现了这种文化精神。多元一体的中华民族本身就是多个民族和谐相处的大家庭。

“和”并不是善恶不分，是非莫辩，不是简单地混同。正如孔子所说：“君子和而不同。”（《论语·子路》）在今天这样的时代，仍然需要“和”，竞争要在统一的、公认的原则下进行，竞争的各方都具有统一性。通过公平竞争，相互促进，共同提高。

平和的特点还表现在对外的关系上。中华民族热爱和平，反对侵略战争。墨子写《非攻》一文，斥侵略为“不义”。历代反对侵略战争的诗很多。例如，李白说：“乃知兵者是凶器，圣人不得已而用之。”（《战城南》）中华文化为世界上其他民族文化的发展做出了许多贡献，却从来没有对别的文化构成威胁。将中国传统文化平和的特点弘扬开来，对当今的世界有着特殊的意义。

最后，中国传统文化是自强不息、开放兼容的文化。中国古代的哲人早就看到大自然运行的重要规律，并由此引申出人生的准则：“天行健，君子以自强不息。”（《周易·乾卦》）天道是刚健的，君子效法天道，也应刚健立身，自强不息。刚健自强，奋发有为，才能生存，才能发展。中华文化延续几千年而没有中断，靠的也是这种自强不息的精神。唯有不断地自强，才能永久自立。然而，自强并不是自我封闭，老子早就说过“容乃公”（《道德经》第十六章），能兼容才称得上是公，大公才能使天下归心。《易传》又说：“君子以厚德载物。”（《周易·坤卦》）君子应善于吸取外来的文化以丰富自己。鲁迅称赞汉唐两代人“闳放”，也就是这个意思。中国人敢于、乐于吸收外来的文化，更善于消化外来的文化，吸收其中的营养，使它们变成自己文化的一部分。佛学传入中国以后，与中国固有的文化相结合，形成中国特有的禅学，就是一个很好的例证。

1.4 中国传统文化发展的简要历程

中国传统文化的发展历程大致可分如下几个阶段：

第一，前文明时期：此时期上启人类的初始至传说中的大禹传子，包括旧石器时期（此时属传说时期）。在茫茫中华大地上，活动着一大人种，即蒙古人种。经历100多万年的采集和渔猎，我们的初民开始农业栽培和家畜驯养，中国已无疑成了世界农业的起源中心之一。在我国黄河、长江流域有众多初民生活的遗址被发现，说明中华大家庭并非所谓“西来”的。

第二，文明奠基及元典创制时期：它包含夏、商、周及春秋战国时期。这一时期，包括所谓“轴心时期”。在这一时期中国首先出现了甲骨文，文字的出现使人们可以记录下大事及多种思维的结果，无疑是人类的巨大进步。由于有了文字，在这一阶段出现了影响后世的中华元典：《诗》《书》《礼》《易》《春秋》《论语》《墨子》《孟子》《老子》《庄子》等。这些元典系统地展现了中华文化的中坚概念、人文精神、忧患意识、天道自然的宇宙生成论，以及阴阳、道器、有无、理气等范畴，并且在诸子辩难、百家争鸣的时代已张扬展开，在这一时期象形会意的文字、诸子思想、宗法伦理已臻完善，并对后代开始产生深远的影响。在这一时期中华大地上已开始使用青铜器。这是一种铜锡合金，块范筑法的器物，与西方文明不同的是，它优先应用于生产工具。作为祖先崇拜的天、地、人三大祭祀活动，在此时已经成立了定势，它形成了慎终追远、重史立言的一种宗法制。

第三，一统帝国文化的探索定格期，秦汉时期（公元前220—公元220年）。秦始皇完成了中国的统一，从而使这一时段成为古代帝国的完成期。在这一时期里，中国文化的很多基本层面都已固定，如度量衡的统一，文字的厘定；教育模式、户籍控制、官吏的铨叙都有一定规范；经学和史学体系有了一定范式；集权制已经形成，儒家文化被经学化、官学化；各王朝的家天下制度已经肇始。

第四，魏晋南北朝至唐代中叶，是汉民族文化与各少数民族文化以及印度文化的融会期。历史上，我国农耕文化与游牧文化之间的冲突与融合，南亚次大陆的佛教文化与中国本土的儒家文化、道家文化的相互影响，使得中原文化向东南推进。

第五，唐代中叶至明代中叶，是我国近古文化定型期。在此期间过去的领主庄园经济渐趋破产，地主—自耕农经济逐渐定型，逐渐推进的两税代替租庸调，使传统的赋税制发生了根本性的变化。唐末宋初，“实物经济”式微，货币（纸币）大量流通，城市已由单纯的政治、军事中心演变为经济和文化的集散地。随着工商业的繁荣、市民阶层的兴起，市井文化趋于活跃，反应市民生活及情趣的小说、戏曲，在内容及形式上都别具一格。

第六，中西文化交汇及现代转型期，即明末至五四运动时期。明朝中叶以后，商品经济渐趋活跃，出现了“资本主义萌芽”。到了清代，由于面临内部压力和外力的冲击，逐渐使清末的社会向着现代化社会转型，东南沿海成了中西文化碰撞的前沿。而中华民族在空前危机与共同奋斗中形成了新的凝聚力，在新崛起的工业文明和市场经济基础上，开始向现代民族转变，国家形态终于结束了持续两千多年的君主专制体制，开始向现代化国家体制转变。由于新型工业文明的诞生和成长，传统的中华文明、中华文化面临着千年未有的巨变，但所有的这些转变无论在时间范围内还是空间范围内仍在进行中，而距离转变的完成还有很长的距离。

思考题：

1. 何谓文化？
2. 中国传统文化是怎样形成的？有何特点？
3. 试述中国传统文化发展的历程。

2 中国传统文化生存发展的自然地理环境

2.1 人类文化与自然地理环境之关系

自然地理环境，是指人类生存发展所依赖的各种自然地理条件的总和，主要包括地形、地貌、土壤、气候、水文、植被、海洋、陆地、山川、草原等直接影响人类生活的地理区域空间及地理生态环境。在有关人类文化的研究中，自然地理环境与文化的关系，长期以来都是人们关注的重点。近代地理学奠基人之一，德国地理学家卡尔·李特尔（1779—1859），在他的地理学巨著《地学通论》中，多次重复这样一句名言："土地影响着人类，而人类亦影响着土地。"从人地关系出发，人类文化的地理起源、文化现象的空间差异以及人类文化的分布、变动同地理环境的关系等，围绕这一系列问题的探究，20世纪初，国际学术界专门创生出一门新的学科——文化地理学。大致说来，文化地理学所涉及的人类文化与地理环境的关系，主要有以下一些基本观点：

（1）文化是人类从适应自然到征服、改造和利用自然的过程中形成发展的，因此，地理、文化、人，这三者从一开始就存在着不可分割的密切关系。

（2）人类文化必须产生、发展于一定的地理空间范围，一定的人类文化和一定地理环境密切相关，文化必然要打上地理环境因素的深刻烙印。

（3）任何一种文化都有它自己的发源地，文化发源地的自然特征与生态环境，往往构成不同空间文化现象的重大差别。地理空间上的文化差异，源于自然环境所形成的地域分隔；特定的地理环境不仅导致特殊文化的产生，而且对于文化的发展演变具有极为重要的制约作用。

（4）文化的本质内涵是自然的人化，人类作用于自然环境的文化活动，实际上是把自然环境中一个个原始景观转变成为文化景观的过程。所谓文化景观，就是人类的劳动给大自然留下的痕迹，如房舍、耕地、道路、村庄、聚落，等等。自然原始景观通过人类的劳动转变成为文化景观，是人类创造性智慧最直观、最普遍的文化成果。

2.2 人类文化产生、形成及发展变化的地理环境因素

立足人类社会物质生产和物质生活与自然界密切相关的认识前提，依据文化地理学的基本观点，就人类文化产生、形成及发展变化过程中的自然地理环境因素，我们可做以下相关阐述分析。

2.2.1 地理环境制约人的活动，通过影响人类生存方式而影响人类文化

恩格斯在研究人与自然的关系时，曾经说过这样一句经典结论：“自然的历史和人的历史是相互制约的。”人与自然这种相互制约的关系，具有这样一条共性规律：生产力水平越低，人类受地理环境的制约就越大；反之，生产力水平越高，受环境的制约也就越小。从这一规律出发，人类早期处于低级原始群体阶段，生产力极其低下，根本没有对抗自然界的能力，连人本身，也只能是自然界中微不足道的一分子，其活动完全受自然界制约。恩格斯指出：“自然界起初是作为一种完全异己的、有无限威力和不可制服的力量与人们对立的，人们同它的关系完全像动物同它的关系一样。”恩格斯这段论述告诉我们，早期人类面对自然完全被动，完全受自然制约摆布。这种受自然条件制约摆布的力度非常大，大到什么程度，大到影响人的起源。我们知道，人是由猿进化而来的，而从猿到人的进化，只能发生在气候比较温暖，动植物资源比较丰富的地区，不可能发生在北极冰天雪地或西亚撒哈拉大沙漠之中。

当人类在与之相适宜的自然环境中起源以后，自然地理环境继续对人类的生存活动起着决定性的作用。这种作用直接反映在人类群体的谋生方式中。比如，因为地理环境的因素，有的地区土地肥沃，雨水充足，各种植物资源非常丰富，这种自然生态条件把原始人寻找食物的方式引向植物采摘。人类在采摘谋生的漫长年代中，逐渐熟悉了野生植物开花结籽的生长规律，开始对某些植物进行人工栽种，于是产生了原始种植业，产生了种植文明，再由种植业发展到农业，于是产生了农耕文化。而另外的一些地区如高原、草原地区，动物资源非常丰富，把人们寻找食物的活动引向狩猎。漫长的狩猎年代，原始人熟悉了动物的繁衍规律，于是捕获小动物人工驯养，再由人工驯养发展到较大规模的畜牧业活动，于是产生了游牧文化。其他如渔业文化，只能产生于原始人捕鱼捞虾的生产活动中，而捕鱼捞虾这种生产活动，只能出现在有江河湖海的自然条件地区。

总之，农耕文化、游牧文化、渔业文化的产生、形成，是由人类不同的生存方式或群体劳动所决定的，而这类不同的生存方式和劳动活动，又是受地理环境所制约的。地理环境对文化的作用影响，在这里是通过制约人的活动，通过影响人类的生存方式来实现的。可以这样说，地理环境通过决定人类的经济活动或生存方式，进而决定着各类文化现象的产生、形成。

2.2.2 地理环境提供了各类文化活动所必需的特殊物质空间场所

既然人类物质生活离不开一定的地理空间，那由人类物质生活所派生的各类文化现象，也显然不可能离开一定的地理空间单独存在。从这个意义上讲，地理环境作为人类物质生活的必需条件，虽然它本身并不是文化，却是文化赖以产生或存在、发展的基石。

不同的文化活动产生，往往需要不同的自然地理环境，某一类文化现象如果没有某种特殊的地理环境条件，往往不能产生。比如，悬棺葬作为一种丧葬民俗文化，它必须产生在高山悬崖地区，如果是平原地区或草原地区，没有山，没有悬崖，就不可能产生悬棺葬俗。再比如，龙舟竞赛这种文化活动离不开水，没有江河湖海的高原地区，就不可能产生划龙舟这种文化娱乐活动。再比如，平坦开阔的草原地区或平坦的戈壁滩地形地貌，才有可能产生赛马这种体育文化活动，而崎岖不平的山丘，通常没有赛马之类的体育文化活动产生。这些事例表明，没有某种特殊的地理空间条件，某些特殊的文化活动就不可能产生发展。

2.2.3 地理环境通过对生产力的影响而影响人类文化的变化发展

人类生产力由多种要素构成，其中，生产工具不仅是生产力的重要组成部分，而且是物质文化的一种存在形式。人类在制造第一把石斧摆脱动物状态之前，根本就没有什么生产力。第一把石斧产生，人有了生产工具，创造了物质文化，摆脱了动物状态。那么，制造第一把石斧的智慧从何而来？俄国早期马克思主义者普列汉诺夫这样说：“只因为地理环境的某些特殊属性的荫赐，我们的人类祖先才能提高到转化为制造工具的动物所必要的智慧发展的高度。”特殊属性的荫赐，是指特殊的自然地理条件为人类制造生产工具提供特殊的原材料。比如，在没有金属矿藏的地方，就不可能产生优于石器的金属工具；在没有野生马、野生牛的地方，就不可能有被驯服的马、牛作为运输工具和交通工具；在没有海洋与河流的地方，就不可能有木船的产生和行船技术的发展。以石油为能源的工具，只能依赖于自然界石油的蕴藏；而没有铀矿这样一种矿产资源，就不可能有以原子为能源的各种工具产生。

地理环境的不同和自然资源的不同，还决定着生产力的发展方向和发展水平。比如，加拿大原始森林资源丰富，它的生产力的发展方向和发展水平，反映在木材加工工业方面，非常突出；而澳大利亚草原辽阔，生产力的发展方向和发展水平，在畜牧业方面非常典型。再比如日本，由于国土狭小，自然资源非常短缺，它的生产力无论怎样进步发展，都不可能建设规模巨大的伐木业、畜牧业和采矿业。这一类例子表明，地理环境对生产力的性质方面，同样具有非常重大的影响。普列汉诺夫就地理环境对生产力的影响问题，做了这样一个总结，他说："生产力的发展归根到底决定着一切社会关系的发展，而决定生产力的发展的则是地理环境的性质。"普列汉诺夫这一结论的关键是地理环境决定生产力，而生产力又是人类文化变革发展的重要因素，所以，地理环境对人类文化的影响，其重要途径之一是通过决定生产力或影响生产力的变革发展来间接实现的。

另外，科学技术尤其是新技术、新发明作为生产力的重大要素，其推广和运用，与地理环境的关系也非常之密切。地理环境制约着各地区人们的交往，高山、沙漠、大海成为古代人们交往的障碍，使得许多新技术和新发明失传。马克思指出："某一个地方创造出来的生产力，特别是发明，在往后的发展中是否会失传，取决于交往扩展的情况。当交往只限于毗邻地区的时候，每一种发明在每一个地方都必须重新开始。"在这里，发明创造作为与生产力密切相关的文化现象，其传播状况及是否失传等，与地理环境是否形成人际交往的巨大障碍，有非常密切的关系。

2.2.4 地理环境通过对人的性格和心理影响而对社会文化产生重要作用

地理环境作为人类物质生活的客观外部世界，对人的主观世界有巨大的反作用力，对人类复杂的性格特点和心理气质的形成具有重大影响。不同地理环境中的居民，有的粗狂剽悍，有的豪迈热情，有的温和谦恭，有的智慧善良，有的拘谨胆小，有的敢于冒险，等等。这些不同的心理气质、不同的性格特点，与地理自然环境关系非常密切。《汉书·地理志》："凡民禀五常之性而有刚柔缓急，声音不同，系水土之风气，故谓之风。"这段材料所讲的就是地理环境、水土风气对人的脾气、性格以及说话发声的作用影响。

17世纪，西方曾经兴起一股影响巨大的"地理环境决定论"思潮，其重要代表人物之一的孟德斯鸠（1689—1755），曾经就天气对人的气质性格影响做出这样的论述："热带民族像老人一样胆怯，寒带民族像青年一样勇敢。”法国著名的文学家史达尔夫人（1766—1817），曾经以自然气候因素来比较法国人和德国人的群体气质性格：“欧洲南方明媚的阳光，使法国人显得轻快、活泼和更加轻佻；欧洲北方寒冷沉闷的天气使德国人喜好沉思，显得严肃、庄重。”

“地理环境决定论”的基本观点是：地理环境决定人们的思想气质和群体心态性格，而人们的思想气质和心态性格，又影响、决定着社会的意识形态、政治、法律等方方面面的社会制度。

“地理环境决定论”长期以来影响巨大，但它的基本观点与马克思历史唯物主义的观点是有所背离的。历史唯物主义认为：社会的发展，社会形态或国家制度，是由生产力或生产方式所决定的。比如，欧洲地中海地区，在过去三千年内，它的自然地理环境变化非常微不足道，基本上没有什么变化，但在这三千年内，欧洲经历了奴隶制、封建制和资本主义制度，某些东欧国家还经历了社会主义制度。从欧洲过去三千年社会形态、国家体制变化的历史来看，内在的决定因素是生产方式，是生产力的变革发展。因此，我们既要理解自然地理环境对社会发展的重大影响，但又要明白，在社会形态或国家根本政治体制方面，自然地理环境不是决定性因素。

2.3 中国传统文化的地理环境因素及其文化特征

2.3.1 地理环境的复杂性与差异性，形成中国传统文化的丰富性与多元性

我国自古以来疆域辽阔，土地面积广大，地形地貌复杂、气候类型多样，各种不同区域地理条件差异明显，整体地理环境独立封闭，这是我国总体地理环境的显著特征。

从土地面积来看，我国拥有 960 万平方千米的广袤土地，南北相距 5 500千米，纬度相差49 度多；东西相距 5 200 千米，跨经度 61 度，时差达 4 个多小时。

从地形地貌类型看，我国地形从东到西可划分为沿海低洼平原地带、平原向高原过渡地带以及高原地带三种类型。地形地势西高东低，高度由西向东依次递减，呈现出三大阶梯式的地形地貌，从西部的高山到东部的沿海，海拔悬殊，差距达到 9 000 多米。

从气候气温方面来看，我国气候带由北向南可分为亚寒带、寒温带、温带、暖温带、亚热带和热带等六种类型。从北部的黑龙江流域到南部的南沙群岛，气温差距冬季可达 50°C 以上，夏季的温差也可达 20°C～30°C。

年降雨量方面，由于受季风气候影响，我国的降雨量由东南向西北递减，多雨地区和干旱地区的降雨量悬殊，相差1 500毫米以上，多雨的地区年降雨量可达1 600毫米以上，而某些干旱地区年降雨量不足50毫米。

地形地貌的差别、气候类型的差别、海拔高度以及降雨量的差别等，必然形成不同的地理气候区域环境，由此产生不同的经济类别区域，形成不同的生产方式和生活方式，从而形成中国传统文化丰富性与多元性格局的存在形态。

中国传统文化的丰富性与多元性，与地理环境的差异性密切相关。比如，按我国地形地貌及气候差异区分的文化类型，有河谷型文化、草原型文化、山岳型文化、海洋型文化，等等。这些文化类型各有特点：河谷型文化以农耕为主，特点是内聚力和容纳性强；草原型文化以畜牧业为主，特点是流动性和外向性；山岳型文化的特点是封闭性和排他性；而海洋型文化的特点则是开放性和冒险精神较强。这些不同的文化类别，以地理环境差异为特征，表现为不同的生产方式和生活方式，并最终形成不同区域人们在衣、食、住、行、风俗习惯及思维意识、观念方面的巨大差别。

如果再从地理环境更小范围的区域出发，则可以把中华地理区域环境所涉及的、带有明显地方区域个性差异的文化现象，细分为齐鲁文化、吴越文化、巴蜀文化、西域文化、中原文化、荆楚文化、关东文化、岭南文化，等等。把诸多不同地理差异或地缘特征的文化类别综合在一起，形成了中国传统文化的多姿多彩，类别多样，以及文化内容的博大精深。总的一句话，中国传统文化的丰富性与多元性，是由文化扎根生存的地理环境的复杂性与差异性所决定的。

2.3.2　地理环境与外部世界相对隔绝，形成了中国传统文化的封闭性与独立性

中国传统文化生存、发展的地理环境，与外部世界基本上处于封闭隔绝状态。从整体地理环境上看，环绕中国四周的地理格局是：东南面为茫茫大海，是一望无际难以逾越的太平洋，西南面是不可跨越的世界屋脊——青藏高原和艰险难行的横断山脉，西北面是帕米尔高原以及高原以外茫茫无际的沙漠戈壁，正北面是干旱的大草原和西伯利亚辽阔的针叶林地带。这些天然的地理障碍，把古代中国与外部世界隔离开来，形成了相对封闭、隔绝的自然环境，也使中国在世界区域范围内成为一个相对独立的地理单元。

大海、高山、沙漠等天然地理屏障，为板块状的中国大陆提供了一种天然的空间隔绝机制。作为一个相对封闭独立的地理单元，中国传统文化所处的地理环境和古代欧洲地中海文化所处的地理环境相比，形成了鲜明

的对照。欧洲大陆被深入内地的地中海、黑海、波罗的海等内海所切割，形成由几个庞大半岛和众多小岛所组成的大陆板块，使欧洲大陆腹地距离海洋最多也不过三四百千米，呈现为海洋切割陆地、陆地向海洋开放的“陆海交错”型地理特点，从而使欧洲文化具有扩散性、开放性的特点。中国则不然，虽然拥有漫长的海岸线，但海洋没有深入中国内地，陆地面积没有被内海所切割，从而形成了中国大陆腹地远离海洋的特点。距海洋超过800千米的陆地占全国版图的70%以上，兰州、乌鲁木齐、拉萨等地距海洋甚至达数千千米，是世界上“大陆—海岸型”地理特征最为典型的国家。中国东南面漫长的海岸线，本来应该成为中外文化交流的顺畅通道。但是，在古代，航海技术的极端落后，加之太平洋实在太大，这条水上通道基本上没有被利用，反倒成为中外文化交流不可逾越的天然屏障。浩瀚的太平洋阻碍了古代中国与外界的交往。

中国传统文化生长发育在这样一种四周封闭的“大陆—海岸型”地理环境中，理所当然造成一种地理隔绝；特殊的地理条件，阻断了中国同外部世界更多的交往，使中国传统文化形成一种与生俱来的封闭性。这种封闭性主要表现为文化的传播障碍和输入障碍：一方面，中国文化要比较完备地向四周辐射传播非常困难，障碍很大；另一方面，外来文化由于地理环境限制，传入中国甚为艰难。或者即便传入中国，也因地理环境因素的抵消耗损而缺乏巨大能量，对中国文化产生的影响作用就不是很大。比如，古代的西方文明，因与中国距离遥远，加之高山、海洋、沙漠等地理屏障的天然阻碍，即便有不少西方国家的使臣、商人、学者、宗教信徒、旅行家、避难者等各类人员历尽艰辛来到中国，但他们输入带来的西方文明能量有限，在辽阔的中华大地“气息”微弱，影响微乎其微。总之，中国文化发展史上，因地理环境相对封闭隔绝的因素，中国文化的孕育产生及其生存状态或发展方向，都带有一种先天的封闭性。

从另一个角度看，恰恰因为与外部世界处于封闭隔绝的状态，使中国成为一个相对独立的地理单元，并由此造成了中国传统文化独立发展、自成体系，具有极强的独立性。特殊的地理环境使中国远离世界其他文明中心，受外来文化的影响很小，这种状况决定了中国文化体系的孕育发展必须以自我为中心，独立完成。事实也是如此，无论是中国的文字和文学，还是中国的哲学和科学技术，都是在与其他文明隔离的状况下独立发育而成的，都具有其他文明所不具备的明显特征。比如，中国的文字，从早期的甲骨文到金文再到篆体字，在其诞生和发展过程中，没有受到任何外来文字的影响。中国表意的方块字与世界上很多民族的字母拼音文字截然不同，毫无共性之处，其重要原因之一，就是中国文字的诞生发育，完全是在与外界文明缺乏联系的情况下独立完成的。

总之，中国文化的独立性，是由中国地理环境的封闭性所决定的，而中国文化的封闭性，则是由中国地理环境的相对独立性所造成的。封闭性与独立性，既是中国地理环境的基本特点，同时也是中国传统文化的显著特征之一。

2.3.3　地理环境的广阔性与完整独立性，形成中国传统文化的包容性和连续性

从世界地理视野的宏观角度看，中国地理环境十分封闭，远离其他文明区域中心，是一个自成体系、相对独立的地理单元。由于这一地理单元自身幅员广大，内部疆域异常辽阔，对各种各样的地域文化，形成了“有容乃大”的极强包容性。也就是说，广阔的中国地理空间环境，很容易形成一种“大肚能容”的文化心胸，不仅可以容纳各有个性的多元本土文化，而且对周边传入的外来文化，也能兼收并蓄，在潜移默化的碰撞交汇中，予以吸收同化，具有开阔地理空间的强大融合力。总之，地理环境广阔，对各种文化有着巨大容量的承载空间，构成了中国传统文化包容性强的显著特点。换言之，空间的广阔性与文化的包容性，二者往往是必不可分地联系在一起的。

中国地理环境的完整性与独立性，则是中国传统文化得以保存和延续的先决条件。中国传统文化的重大特征之一，是文化传承发展的连续性与稳定性。为什么中国传统文化能够在数千年历史中不曾中断地连续传承发展？根本原因在于地理环境的完整独立与相对封闭。与世界其他几大文明古国相比较，古埃及文化因希腊大军占领而被希腊化，古罗马文化因日耳曼族入侵而被中断，古印度文化因雅利安人的入侵而被摧毁。唯独中国，几千年传统文化生生不息，绵延不绝，连续传承未曾中断，显示出经久不衰的强大生命力和凝聚力。分析个中原因，不能不归结于中国地理环境的完整独立与相对封闭。上述几大世界古老文明被摧毁中断，皆是异族大规模军事征服战争所为，而鸦片战争以前，受生产力发展水平限制，西方没有一次大规模的军事行动能够到达中国，中国传统文化没有因对外战争的关系而遭受损害或停滞、中断。这一点，正是中国特殊地理空间环境阻碍隔绝的结果，是东亚大陆相对独立封闭的地理板块，保障了中国文化连续传承。

2.3.4 优越的农耕地理环境，形成凸显农耕文明的传统主体文化

我国自古以来就是农业国，具有悠久历史的农耕文明。我国的农耕文明之所以发达，是因为我国具有得天独厚的、优越的农耕地理环境。中国大部分地区为北温带和暖温带气候，其次为亚热带气候，这种气候非常适合农耕生产。中华文明最为重要的发源地——黄河流域，土地肥沃而疏松，加上温带气候条件，成为中国农耕文化发源地之一，黄河因此被称为中华民族的“母亲河”。长江流域温暖湿润，雨量充沛，土地肥沃，湖泊众多，为水田农耕文化的形成和发展提供了良好的自然条件，长江成为中华民族的第二条“母亲河”。除了黄河流域、长江流域外，其他如淮河流域、珠江流域、四川盆地、关中平原等大面积地区以至于整个长城以南的中华大地，都是以农耕经济为主的重要经济生产区域。由于中国的农耕文明最早起源于黄河流域，其次是长江流域，所以有学者认为，中国的文化是河谷型文化，中国的文明是大河文明。大河流域的冲积平原，形成了中国得天独厚的自然条件和优越的地理生态环境，使中国不仅成为世界上农耕最早的国家之一，也成为世界上少数几个农业文明中心之一，农耕人口也因此成为中国社会人口构成的绝对主体。

就地理环境与中国传统文化的关系而言，中国古代农耕地理环境和农耕生产、生活的历史社会环境，不仅形成了中华民族建立在农耕文明基础之上的民族文化性格，而且必然使农耕文化成为中国传统文化的主体，构成中国文化形态沿袭传承的主流。当然，由于中国幅员辽阔，地理环境的复杂多样导致多元文化的共生共存，但在诸多文化类型共生共存的多元格局中，农耕文化拥有绝对优势和主导地位，由此形成中国传统社会以农耕文化为主体的多元一体化格局。

2.4 农耕地理环境支配下的中国“天下中心”观

古代中国人生活在一个相对封闭独立并且以农耕生产为主的地理环境之中，农耕生产安土定居，世世代代固守一隅，不轻易离开故土转换空间，由此导致古代中国人夜郎自大、故步自封等极端狭隘的地理文化观念。这种地理文化观念的突出表现，就是古代中国人的“天下中心”观。作为一个地理概念，“中国”一词，核心在于一个“中”字，其含义不仅是大一统国家的正统名称，而且点明中国自古以来就是“天下中心”。

追溯“中国”一词的本义内涵，经历了一个逐渐扩展的过程。“中国”

二字，“中”是指方位，四方之中；“国”的本义是城邑（大城曰“都”，小城曰“邑”）。“中国”一词，在古代典籍里有狭义和广义之别。狭义“中国”，是指方形的城，主要是指天子的都城或京城，也包括京师周边的地区，这些地区和京城合起来，被称为“王畿”或“京畿”。京师或京畿以外有诸侯封国，京师或京畿处在四方诸侯封国的护卫之中，于是就把处于诸侯护卫之中的京师或京畿称为“中国”。《诗经·大雅·民劳》：“惠此中国，以绥四方。”《诗经毛传》注此“中国”一词称：“中国，京师也。”后来，“中国”一词的地理空间开始扩展，由狭义到广义，其范围扩大到中原地区，包括黄河中、下游流域。在古代社会，“中国”“中原”“中土”“中州”“中华”都是基本相同的概念。一直到19世纪中叶，“中国”一词开始专指我们国家的全部领土，不再另作他用。

在古代文献典籍中，为什么称“中国”为“华夏”呢？孔颖达《左传注疏》：“中国有礼仪之大，故称夏，有服章之美，谓之华。”“夏”即大的意思，指高大壮观。扬雄《方言》：“秦晋之间，凡物之壮大者而爱伟之，谓之夏。”中国是礼仪大国，可称为“夏国”。“华”，指丝绸服装颜色艳丽，华彩美观。在“夏”前面加上一个“华”字，称“华夏”，是古代黄河流域的祖先因其华美丝绸服装独步天下，与周边四夷迥然有异并引以为自豪，非得要突出这一个特点不可，于是以“华夏”自居。由于中原地区是华夏人居住活动的地区，处在周边四夷之中，于是又称“中原”或“中国”为“中华”。

古代中国人把自己所见到的或所感知的无限辽阔的地理空间，称之为“天下”或者“四海”。由于“世界”一词是佛教传入以后的外来词汇，古代中国人不说“世界”，而习惯于以“天下”概念来表述自己生活的辽阔的地理空间。

古代中国人建构的“天下中心”地理观，包括这样几层含义：其一，中国人自己所在的地方是世界的中心，也是文化或文明的中心；其二，地理空间越靠外缘，就越偏僻荒芜，住在那里的民族也就越野蛮，文明的等级也就越低；其三，周边少数民族必须向具有高度文明的中原王朝称臣纳贡，接受中原王朝也就是接受中国的制约与管辖。

从汉代张骞出使西域开始，中国人对于周边世界的实际认识开始向中亚、西亚扩展。丝绸之路打通，东汉的甘英到达波斯湾海岸，佛教传入中国，玄奘西赴印度，明代宣扬国威——郑和七下西洋，随着不断有人跨出国门，中国人的地理空间认识范围已经远远超越中国本土无数倍。按理说，中国人狭隘的“天下中心”地理文化观念，应当以此为契机逐步发生改变，但遗憾的是，所有这些对外地理空间开拓的壮举，并没有改变古代中国人心灵深处的自我“天下中心”意识。

第一次对中国人“天下中心”观念带来震撼的，是明朝末年来华的意大利传教士利玛窦。利玛窦带来了一张反映欧洲文艺复兴地理学成就的地图，名为“万国全图”。图上的中国并不处于世界中心，仅仅是在一个洲即亚洲的某一部分。对此，朝野议论纷纷，表示异常愤慨，说这一世界地图把中国画得这么小，是有意夸大外夷而丑化中国，声称这张地图“其说荒谬莫考”；“以中国数万里之地为一州，妄谬不攻自破”。利玛窦面对这些指责很是担心，怕中国皇帝看到这张地图后怪罪他藐视中国，于是只好把中国的位置改到了世界中心，并命名这张图为《舆地山海全图》。经过改动，这张世界地图才于1584年得以印刷出版，这也是中国第一次刻印西洋式世界地图。

据《利玛窦中国札记》一书记载，利玛窦在中国见到一张明朝万历年间中国人自己制作的世界地图，地图的中间部分是明朝的15个省区，在地图四周的海洋中，散布着一些小岛，小岛上填写着当时中国人听说的若干外国国家的名字。所有这些外国国家区域加在一起，总面积还不如明朝一个最小的省的面积大。这幅地图是中国人传统“天下中心”地理观念最直接的反映。利玛窦对中国人对地理知识的缺乏感到非常震惊，他在书中写道：“他们不知道地球的大小而又夜郎自大……认为各国中只有中国值得称羡，他们不仅把所有别的民族看成野蛮人，而且看成没有理性的动物。”

大清帝国从东北地区崛起进而统一全国，对外部世界格局的变化一无所知，继续以“天下中心”的态度处理中国同西方的关系。结果，导致外交关系上和西方国家的严重冲突。18世纪末，经过工业革命洗礼的英国已经成为当时世界上最先进的国家，英国海外殖民活动遍及非洲、美洲和中东及南亚，并步步逼近远东。英国派特使马嘎尔尼勋爵来华协商通商贸易事宜，提出双方建立经济贸易活动，而清廷乾隆皇帝则用以上对下的语气，给英国国王下了这样一道敕谕：“我天朝物产丰盈，无所不有，原不假外夷货物以通有无。”拒绝了英国提出的开展双边经济贸易的要求。英王乔治三世给乾隆皇帝的信，也被大清帝国的官方翻译一厢情愿译得面目全非，译文用以下对上非常谦卑的口气，说英国非常仰慕天朝的文化与文明，“一心想念着来向化输诚……进献表贡”。这次中英外交对话，被大清王朝理解为英国是来向清廷归顺纳贡的。由于马嘎尔尼拒绝向乾隆皇帝行跪拜叩头礼，朝堂一片哗然，乾隆极不高兴，传旨令马嘎尔尼尽快离境回国，并在给英王的圣谕中耿耿于怀提及此事说：“念尔国僻居荒远，间隔重瀛，于天朝体制未谙习，是以命大臣等向使臣详加开导。”

马嘎尔尼出使中国拒绝跪拜，表明西方文明首次向中国“华夷之辨”等级秩序和“天朝中心”观念提出挑战，但这次挑战所带来的西方文明信息，被中国的皇帝和大臣们彻底忽视了。他们把英国使者不行跪拜叩头礼，理解为远方蛮夷非常落后，是不知礼节、愚昧不开化的表现。结果，23 年以后（1816 年），英国又派使者罗美尔出使清朝，重新商谈双边通商贸易事宜，矛盾冲突再次发生。大清朝廷单方面认为，英使这次来华，是为了再次表示英国对天朝的仰慕与归顺，也可能是来对上一次不行跪拜之礼表示歉意的。殊不知，当嘉庆皇帝端坐龙椅等着英使前来参拜时，罗美尔一听说又要跪拜叩头，在宫殿外拒绝进殿，坚决不行此礼，嘉庆大怒，立即下令将罗美尔驱逐出境。而且，嘉庆还给英王下了一道圣旨，说只要英国倾心归顺清廷就行了，今后不必再派使者来华：“尔国能使百姓和睦安泰，朕就予以嘉许……尔等只需倾心效顺天朝，即为心向王化。”

中英之间两次跪拜礼节纠纷，反映了中国传统“天下中心”地理文化观以及由此而产生的“华夷之辨”等级秩序与国际工业文明的外交观念，已经形成严重冲突对立。这种冲突对立发生在一个传统封建农业大国和一个用近代资本主义文明武装起来的强大殖民帝国之间，给中国社会的变革发展带来一种极其不祥的历史预兆：陶醉于自我“天下中心”的古老中华民族，进入国际化工业文明的竞争时代，将不得不付出最惨重的代价。

果然，几十年以后，被中国皇帝称为“僻居荒远”的落后英国“蛮夷”，用坚船利炮打开了中国的大门，一系列割地赔款耻辱条约的签订，中国人被迫接受这样一个痛苦的事实——中国不再是天下的中心、不再是世界上最强大的天朝，而被中国称为“四夷”的，则有可能是一些比中国更文明、更发达的国家。1840 年鸦片战争的失败，引起中国社会“天崩地裂”的思想震撼，中国传统观念中的“天下中心”文化优越心理崩溃瓦解，对世界的认识逐渐由“天下”转为“万国”。中国不再把外国对中国的关系，继续定位在向中国“称臣”“朝贡”“朝觐”等一系列妄自尊大的思维模式之中，而伴随这样一种根深蒂固的“天下中心”地理文化偏见的消失，中国社会几经变革阵痛以后，最终由传统走向现代。

2.5　古代农耕地区与游牧地区的文化差异与文化融合

2.5.1　我国农耕文明与游牧文明的区域地界分野

在我国多元化格局的文化形态中，尽管农耕文化是主体，是主流，但游牧文化也是我国多元文化格局中的重要组成部分，游牧经济是中国经济地理环境中仅次于农耕经济的又一种基本经济类型。

在人类文明发展史上，农耕经济与游牧经济的产生，是在各自不同的自然地理环境中，由不同的谋取食物的方式所决定的。以狩猎方式获取食物的原始群体，在长期的狩猎生活中，逐渐熟悉了动物的繁衍规律，形成专门的人工驯养动物的畜牧业部落，导致游牧经济产生。而另一部分以采摘野生植物瓜果籽粒为生的原始居民，在长期的采摘生活中，逐渐形成专门从事人工植物栽培的种植业群体，并最终发展成为农耕经济。总之，人类谋取食物方式的差异，导致了农耕与游牧这两大不同的经济类型的产生。

在时间先后顺序上，农耕文明起源早于游牧文明，这是人类文明发展史上的通例。为什么游牧文明要晚于农耕文明？这是因为，原始社会生产力极其低下，原始人对付野兽动物的能力很低，要捕杀飞禽走兽作为食物非常困难。谋取食物最主要、最根本的方式是采摘，然后是人工栽种植物发展农业，狩猎只是一种解决食物的补充辅助行为。但后来，当原始人从狩猎行为中发生转变，形成专门从事人工驯养动物的畜牧业，畜牧业生产同样给原始人提供了稳定丰富的食物来源和保证。于是，原始社会出现了第一次社会大分工，畜牧业开始从农业中分离出来，形成专门的、独立的游牧经济类型。既然畜牧业是从农业中分离出来才成为自主独立的经济类型，因此在没有原始社会第一次社会大分工之前，它是依附采摘经济、依附农耕经济而存在的。这样，农耕文明在起源上自然早于游牧文明。

当畜牧业从农业中分离出来，形成独立自主的游牧经济后，农耕与游牧作为各自不同的经济类别，开始出现了明显的地域分野。

从我国地理环境的总体情况看，长城以南以东的广阔地区基本上都是农耕经济区，长城以北以西的地区，则基本上是游牧经济区。所以，从宏观地理大格局来看，长城成为我国古代农耕与游牧区域划分的重要标志。在长城以南的农耕区域中，凡是有河流的地带，往往形成冲积平原，水源充足，气候适宜，植物容易生长，最适合从事农耕生产。所以，黄河流域、长江流域、珠江流域、渭水流域、淮河流域等都是农耕经济的典型区域。

从自然地理学角度来看，农耕文化往往被称为河谷型文化，游牧文化则通常被称为草原型文化。这种区分反映出农耕与游牧的自然区域界限，具有非常典型的地理环境特征。

需要指出的是，把长城作为农耕区域与游牧区域的分界线，这只是一种宏观的大轮廓划分法。具体在各大片区内，还有其他局部分界线，如在长城以南农耕区域大环境中，同样有相对小块的游牧区域存在。以四川盆地为例，川南、川东以及川西成都平原，是优质农耕区，但以成都平原边缘地带的岷山为界限，岷山西北部的川西高原（包括今天的甘孜、阿坝、凉山三州地区），就有不少的游牧片区存在。

在中国古代数千年历史发展进程中，与地理环境相关的文明演进，始终表现为具有明显区域特征的农耕文明和游牧文明之间的并立互存，二者既相冲突矛盾，又互为补充、相互交融，共同建构了中华民族波澜壮阔的区域历史文明。需要补充说明的是，我国古代农耕经济区域与游牧经济区域大致格局定型以后，其边缘界限并非长期固定、一成不变，而是随着气候环境的周期性冷暖变化而有所调整，在一定幅度内出现伸缩波动。比如，中国历史上西北游牧民族人口多次南迁，游牧区域向南扩展，这与我国古代周期性变冷的自然条件变化，就有着非常密切的关系。

2.5.2 我国古代农耕文化与游牧文化的异质差异

(1) 农耕文化的基本特征

①安土重迁，定居封闭，因循守旧，缺乏开拓创新意识。农耕生产离不开土地，春种秋收周而复始，必须定居下来，顺应季节的变化按部就班进行田间劳作。农耕生产的性质要求生产者必须定居，而长期定居一隅被束缚在狭小的土地上，必然封闭狭隘，目光短浅。世世代代在单一的、传统的生产方式中重复劳动，必然对旧的生产模式习以为常，中规中矩，形成农耕社会因循守旧的传统习俗或墨守成规的封闭意识。

另外，农耕民族安于故土，决不轻易迁徙，群体不流动，而一个民族如果永远离不开脚下那片故土，也就不敢踏上陌生的土地，不敢接近陌生的人群，不敢尝试陌生的事物。这样一来，在死守故土，年复一年的封闭、与世无争的“定居”中，农耕民族生就缺乏一种冒险精神，缺乏游牧民族那种强烈的征服欲望或抗争意识。换句话说，安于故土缺乏流动，世世代代不能进行地域空间的转换，必然形成农耕文化的封闭保守，使之缺乏一种积极进取，不断开拓的创新精神。

②居安求稳，和谐有序，防守心态，不尚武力，热爱和平。农耕生产

靠天吃饭，生产者最大的心愿，就是希望一年四季风调雨顺、收成稳定，希望远离旱涝虫灾，日子平安、生活稳定，这样就形成了农耕民族居安求稳的性格心态。由于农业生产必须顺应自然气候，顺应天时，与季节变化协调一致，保持和谐；一切农事活动，以全年二十四个农事节气为指导，有条不紊地依次进行，这样就形成了和谐有序的生产、生活秩序，形成了农耕文化的和谐性。这种居安求稳、和谐有序的农耕文化心态，有利于中国古代封建王朝维护社会秩序、保持社会政治的稳定。

同时，处在居安求稳、和谐有序生产活动和生活状况中的农耕居民，总是表现出一种不尚武力、热爱和平的防守心态。由于农耕民族所处的大河流域，其地理环境非常优越，他决不愿意离开适宜耕种的优越地理环境向其他地方流动迁徙，不像游牧民族那样“逐水草而居”不断争夺水草、征服异邦，因此不尚武力热爱和平，追求一种平安稳定的和谐生活，是农耕民族文化性格的重大特征之一。这一特征反映在军事上，主要表现为防守性——防御外敌，保卫故土家园。农耕民族在军事上缺乏主动进攻性，其防御外敌的最基本策略是：“修障塞、筑烽燧、屯戍以备之。”中国古代历尽艰辛修筑起来的万里长城，体现的是中原农耕居民的自我保护意识，是把农耕区域围护起来的一种防御心态。长城不是向外扩张、崇尚武力的产物，而是退处守势，抵御进攻，保卫家园维护和平的手段。总之，农耕民族因生产方式离不开土地，是其防守心态产生的根本原因。

③以土为本，稳定型强，依恋故乡，具有很强的凝聚力和容纳性。土地是农耕社会最根本的生产资料，农耕生产主要是栽种庄稼植物，所有的庄稼植物生命都来自于大地泥土，有地则生，无地则死，农耕居民很早就树立了“以土为本”的人地观念，并由此形成对土地的强烈依恋。土地是根，是农耕民族的归宿与希望，这种深厚的“恋土情结”，表现为生于斯死于斯，再穷再苦也要死守故乡，决不离开父母家庭。所谓“叶落归根”，正是这种“恋土情结”的表现。由于农耕生产方式扎根土地，生产区域长期固定，群体不流动，生产模式不变化，反映在文化上必然是一种不急不躁的稳定心态，形成不轻易变动的稳定文化系统。

同时，固守一隅依恋土地，必然形成农耕民族浓厚的乡土情怀，而对故乡本土的热爱进一步扩展升华，便成为热爱祖国的民族情感。换句话说，对土地的认同，对家乡的依恋，往往形成农耕居民极强的乡土凝聚力，把这种乡土凝聚力放大，最终内化演变成为强大的民族凝聚力。由于国家的概念在地理学的意义上，是指具体的疆域、山川河流等土地区域空间，因此“以土为本”的农耕文化，最容易培养人民热爱故乡、热爱土地、热爱祖国的民族情感。这种情感，是民族凝聚力的根本，是中华民族农耕文化最本质的精神体现。所谓“兄弟阋于墙而外御其侮”，讲的就是农耕民族那种内部团结，齐心协力对付外敌的极强的凝聚力。中华民族是一个具有强大凝聚力的民族，重要原因之一就是我们民族的主体文化是农耕文化。

强大的内在凝聚力使农耕民族充满自信，再加上农耕生产自给自足，食物资源稳定，形成农耕居民无求于人、知足常乐的优越心态，对外来文化往往大度宽容，形成农耕文化极强的容纳性。当其他类型文化进入农耕区域以后，农耕文化对它们具有很强的吸收包容或同化能力，通过吸收容纳其他异质文化不断丰富发展，农耕文化最终成为中华民族的主体文化。

④勤劳务实，自给自足，无求于人而安于现状。俗话说：“一分耕耘，一分收获。”这句话渊源于农耕生产实践，显示出农耕社会的勤劳务实精神。中国人比较讲现实，关注琐碎日常事务，关注平凡的世俗生活，这与农耕文化勤劳务实的传统有很大的关系。中国古代社会是小农经济社会，小农生产的特点就是事必躬亲，所有繁杂的农事都必须一件一件地亲自去做，否则你就不能养活自己。中国古代农耕经济的特点是自给自足，这一特点一方面养成了农耕居民兢兢业业，脚踏实地，自力更生，自食其力的勤劳务实精神；另一方面，也由此造成农耕居民知足常乐的社会心态，形成农耕民族无求于人，安于现状的群体文化人格。简单归纳起来，勤劳务实、知足常乐、无求于人、安于现状，这是中国农耕文化或农耕民族文化性格的又一传统精神体现。著名国学大师章太炎先生说：“国民常性，所察在政事日用，所务在工商耕稼，志尽于有生，语绝于无验。”比较准确地刻画了以农耕居民为主体的中国人注重实际、各安本业的务实精神。

总的来看，定居封闭，狭隘保守，居安求稳，和谐有序，勤劳务实，不尚武力、热爱和平，具有很强乡土凝聚力以及容纳性强等，构成了中国农耕文化的显著特点。这些文化特点的形成，归根到底，是由中国古代农耕地理环境和农耕生产方式所决定的。

（2）游牧文化的基本特征

①流动外向，开拓进取。游牧生产通常发生在拥有辽阔草原的高原地区，如我国长城以西的青藏高原和长城以北的内蒙古高原，自古以来就是地理环境极为优越的游牧经济区域。游牧文化通常也称为草原型文化，其生产方式最本质的特点是“逐水草而居”，具有极强的流动性。游牧人群、牲口群，随着季节的变化流动于各个草地和水源之间。以水草为目标不断转换地域空间，流动性的群体、流动性的生产方式，必然导致游牧文化的外向性与开拓性。大规模四处流动，敢于踏上陌生的土地，勇于开拓新的

生存空间，不断和陌生的群体相碰撞，使游牧民族与生俱来带有一种开拓进取的积极精神。不狭隘，不守旧，视野开阔，敢于冒险，勇于探索创新，是游牧文化基本的精神特质，而这种开拓性的文化特性，是由游牧生产流动性、外向性的基本生产方式所决定的。

②强悍好勇，崇尚武力。游牧经济是从原始狩猎活动中孕育产生的，狩猎活动免不了随时直接与动物野兽面对面搏斗，以后发展成为畜牧业，为了保护牲畜牛羊，同样要与猛兽尤其是和狼群搏斗，面对随时可能出现的野兽攻击或暴风雨的袭击，游牧生产紧张、惊险、刺激，充满危险。正是这样一种特殊的生产、生活环境，不仅养成了游牧居民强健的体魄和强悍的性格，而且形成了游牧民族讲究体力，重视骑射，争强斗勇，崇尚武力的尚武精神。或者说，好勇斗狠，勇武有力，骑马射箭等尚武行为，就成为游牧民族所必须具备的生存本领或生存需要。

相比之下，农耕民族是从采摘生产方式中发展而来，采摘瓜果植物与狩猎活动相比，相对轻松安全，没有与动物野兽格斗拼搏的紧张、刺激与危险。后来由采摘发展为农耕，春种秋收，靠天吃饭，一切生产活动按部就班。这样一种平稳和谐的生产、生活方式，养成农耕民族不尚武力，缺乏争勇斗狠的强悍勇武精神。

③扩张进攻，掠夺性强。与流动性、外向性或开拓性相伴随而来的，是扩张性与进攻性。扩张性是外向性的延伸和结果，进攻性是开拓空间区域过程中的主动手段，往往带有军事进攻性质。因放牧的需要，游牧民族不断外向流动扩展地理空间，这一过程难免和其他部落群体争夺水草发生冲突，爆发战争。战争的结果，战败的一方往往成为战胜一方的掠夺对象，水草场地被占领，人口、牲畜被掠夺一空。如果遇到气候周期性变冷，水草不丰，牛羊无草，游牧经济陷入危机，为了生存，游牧族群有时候会大规模地集结起来袭击平原农耕居民，掠夺粮食、牲畜及其他物质财富。游牧民族剽勇强悍，崇尚武力的群体特点，为其对外扩张掠夺，提供了进攻动武的种种优势。

④地域转换频繁，文化缺乏稳定。游牧文化欠缺稳定，是一种非稳定性的文化类型，这一特点是由游牧生产方式的流动性造成的。频繁迁徙转移，使游牧民族没有自己固定的地域空间，它的文化处在不断的地域迁转流动中，漂移不定，没有像农耕文化那样牢固的乡土地缘根基，不能形成自己稳定的体系，容易被其他文化类型所吸收，或者被农耕文化所改造融合。

上述农耕文化与游牧文化之间的种种差异，是由各自不同的自然地理环境因素和生产方式因素所决定的。在中国古代多元文化格局体系中，农耕文化与游牧文化这种巨大的异质差异，一方面构成了中国文化的多姿多彩、内涵丰富，呈现出不同区域文化的鲜明个性特征；另一方面，这种差异也必然导致两种文化的相互碰撞摩擦，相互对话交流，并最终形成中国历史文明进程中农耕文化与游牧文化兼容并包、互补融合的历史发展潮流。

2.5.3 游牧文化与农耕文化的互补融合

在中国古代多元化的文化格局中，农耕文化与游牧文化是两种最基本、最主要的文化类型。两种文化在中国历史上曾经多次发生冲突甚至引发战争，给社会带来血与火的痛苦与灾难，但这仅仅是中华文明发展史的一个方面。另一方面，也是最主要的方面，在长达数千年的历史发展中，农耕民族与游牧民族通过迁徙、互市、和亲等经济文化的碰撞接触，两种文明相互对话、互相交流、互为补充、相互融合，最终形成农耕文化与游牧文化混血融合的整体发展趋势。尤其是农耕文化，通过不断吸收融合异质游牧文化而蓬勃发展，充满生机，不仅发展成为博大精深的中国传统文化主体，而且铸就成为中华民族强大凝聚力和容纳性的生命根基。

（1）错落杂居的民族分布，有利于民族融合。中国历史上北方（包括东北、西北）游牧民族不断迁移、流动，变换地理空间，他们进入中原内地以后，和该地区的农耕汉族形成“错落分布，杂居相处”的地理分布格局。史书记载西晋的情况是：“西北诸郡，皆为戎居”；“关中之人，百万余口，率其多少，戎狄居半。”北魏鲜卑游牧民族进入中原以后，采取的措施是：“离散诸部，不听迁徙，其君长大人，皆同编户。”内迁游牧民族和农耕汉族杂居相处，必然要受农耕汉族较为先进的封建文化的影响。这种影响最终导致内迁游牧部落在其组织结构体系及生产、生活方式上发生两个重大变革：一是定居农业化，二是封建化。由流动的游牧生产转变为定居的农耕生产，必然促进这些游牧民族自身的封建化过程。这种转化现象，学术界通常把它叫作民族同化或民族融合。

（2）民族融合的途径。在中国古代漫长的历史进程中，进入农耕地区的游牧民族，主要是沿着以下几种主要途径融合、步入汉民族大家庭的。

第一，生产实践途径。这是最重要、最基本的一条民族融合途径。游牧民族和农耕民族杂居相处，不可能不接受农耕汉族经济生活的影响，不可能不学习汉族先进的生产技术，而一旦这样做，必然引起他们自身的改变。比如，一旦接受农耕，生产方式的变革，游牧民族必然由流动群体变为定居群体，而一旦分土定居，过去流动性的部落组织结构随之解体，而以地籍为居民划分标准的郡县编户制度必然应运而生。最终，通过农耕生产的变革实践，游牧民族与农耕民族之间先前存在的那种不同经济类型所造成的文化差异逐渐消失，他们的思维方式、风俗习惯，随着经济生活的变化而发生改变，最后彻底融入农耕民族经济生活之中。马克思对从游牧转向定居的征服民族，曾经做过这样的论述："定居下来的征服者所采纳的社会制度形式，应当适应于他们所面临的生产力水平。"进入中原农耕区域的游牧民族，要适应该地区的农耕生产力水平，只好放弃游牧旧制采纳新制，促使他们尽快融入汉民族。

第二，婚姻关系途径。进入中原农耕地区的北方游牧民族，在长期和汉族杂居相处的过程中，男女之间不可能不发生婚姻关系和两性行为。通婚是最为直接的血缘关系融合途径。考察中国古代民族关系发展的历史，胡、汉通婚的现象非常常见，如北魏鲜卑游牧民族进入中原农耕地区后，不仅在舆论导向方面，而且在具体政策措施方面，大力鼓励鲜卑人和汉人通婚，使得中原地区胡、汉通婚的现象甚为普遍。

在中国古代民族融合的方式中，婚姻混血的融合方式最为快捷见效。通过婚姻家庭的建立，不仅有利于思想的交流、语言的学习以及生活习俗的认同，而且婚姻关系本身，从血统稀释或体质进化的角度，大大加快了民族融合的速度。

第三，权力推动途径。民族融合的权力推动途径，主要是指在汉族地区建立政权的游牧民族统治者，采取种种强制措施，促进本民族成员汉化。这种自上而下的强制性汉化融合，是古代民族大融合过程中的常见现象，可以称之为"权力推动型"。如494年前后，北魏鲜卑族皇帝孝文帝提倡说汉话、写汉字、穿汉服、改汉姓，和汉人通婚等，这一空前规模的汉化运动之所以获得巨大成功，就是因为它有强大的专制皇权作为保障。

权力推动型汉化，大多发生在游牧民族入主中原成为统治民族时期。由于农耕汉族作为被统治民族，其文明程度远远高于入主中原的游牧民族，因此，作为统治民族的游牧民族，始终感到一种巨大的压力与危机。要维持自身的统治地位，不能不提高自己，迫使自己尽快掌握农耕汉族的先进文化，只有这样做，才能更好地维持他们对汉族的统治。而且，作为统治民族，他们具有通过权力运作方式主动实施汉化的有利条件。史载元朝皇帝忽必烈，曾深切地意识到"国家当行汉法无疑也"。为蒙古民族与汉族的融合，做出了积极的贡献。清朝也是如此，满族入主中原不久，不少清朝贵族便已"习汉书入汉俗，渐忘我满洲旧制"。

上述种种民族大融合途径，均是北方游牧民族融合进入中原农耕汉族，其所体现的是农耕文明在中华文化多元一体化历史进程中那种无法抗拒的认同感和无法抗拒的凝聚力与向心力。游牧民族生产活动的流动性，造成了他们文化类型的不稳定性，这种欠缺稳定性的游牧文化，面对凝聚力极强的农耕文化，必然被其改造、被其同化以至最终质变融合进入农耕文化。

（3）民族融合的“永恒规律”。中国古代民族大融合的主流是“汉化”，是进入农耕地区的游牧民族被汉民族彻底同化。那些进入中原农耕地区的游牧民族，为什么都没能保住他们原有的语言、原有的生活习惯、原有的社会组织结构，尤其是没能保住他们的游牧生产方式呢？这个问题，是由民族同化或民族融合的历史规律所决定的。任何一种大规模的民族融合现象发生，都摆脱不了一定的规律的支配。马克思研究了有关民族征服的历史后，总结提炼出了这样一条“永恒”的规律：“野蛮的征服者，总是被他们所征服的民族的较高文明所征服。”马克思的这一论述，揭示了民族关系史上一个最具普遍的共性规律：被征服的民族，如果具有较高的社会文明和比较先进的生产方式，那么，这种较高的文明和比较先进的生产方式，反过来就会征服、同化那些野蛮的、文明程度不高的征服者。中国古代的民族发展历史，完全印证了马克思这一精辟论断。在中国古代进入中原农耕地区的游牧民族中，羯族人建立了后赵政权、鲜卑人建立了北魏政权、女真人建立了金国、蒙古人建立了元朝、满族人建立了清朝等，表面上看，他们是征服者，他们统治了农耕汉族。但是，被征服的农耕汉族，他们的生产力、生产方式比较先进，社会文明程度比征服者高，最后的结果是：农耕汉族的先进生产方式和较高的社会文明，反过来同化了这些进入中原地区的少数民族。在游牧民族对农耕地区的征服过程中，“汉化”成为民族关系发展的主流，所有作为征服者的游牧民族进入中原农耕地区以后，无一例外地纷纷融合于汉民族，成为汉族大家庭的成员。

（4）民族融合的历史意义。在中国古代农耕文明和游牧文明的碰撞冲突与交汇相融的发展整合过程中，北方黄河流域的民族大融合，一直是中国古代多民族统一国家发展进程中最积极、最进步、最富有生机的历史现象。中国古代的民族大融合，主要是指进入中原地区的游牧民族融合进入农耕汉族，对这一重大社会现象的历史意义，我们可做以下几点归纳分析：

第一，极大地丰富了农耕汉族的物质文化和精神文化生活。在民族融合过程中，游牧民族的大量“胡物”，随着胡、汉杂居相处格局的形成而在中原地区逐渐推广流行。比较常见的如胡床、胡服、胡乐（胡笳、胡琴、胡笛、琵琶等）、胡舞、胡戏、胡食（胡饼、胡羹、胡椒等）等，种类非常之多。这些胡物进入中原农耕地区，对农耕汉族人民的衣、食、住、行及社会生活，影响非常大。比如，胡床本是游牧生活中的一种坐具（折叠凳），东汉传到中原，然后推广到南方，很快演变为凳子、椅子，由此引起汉族民众坐姿的改变。古代农耕汉族没有坐凳，习惯的坐法是席地而坐，与之相适应的用于读书、写字、吃饭的家具，是低矮的案儿。凳子、椅子的产生，坐姿发生改变，人体重心上升，低矮案儿不再适用，于是产生了各种桌子，引起家具的革命。其他如胡乐、胡舞传入中原，很快风靡汉地，成为汉族民众喜闻乐见的艺术表演形式。

总之，游牧民族进入中原，大量胡物或胡文化元素被汉民族采纳吸收，无论在物质文化还是精神文化方面，都极大地丰富了中原农耕汉族的社会生活，给汉族文化带来新的特色和新的内容。

第二，推动了古代中国多民族统一国家的发展壮大，促进了封建社会政治、经济、文化事业的繁荣发展。中华民族的历史，是我国境内各个民族共同创造的历史。我们在强调汉族对古代多民族统一国家的发展壮大所起的重大作用的同时，不能忽视其他少数民族在缔造中华民族过程中所作出的历史贡献。事实表明，每一次民族大融合高潮的掀起，都推动着我国多民族统一国家的发展迈上一个新的台阶，都给古代封建社会政治、经济、文化事业的发展，带来新的繁荣。比如，春秋战国时期的民族大融合，带来了秦汉封建国家的发展和政治经济的繁荣；魏晋南北朝时期的民族大融合，迎来了隋唐多民族统一国家的巩固稳定与经济文化的兴盛发达。史载唐代经济发展，文化繁荣，胡商活跃，胡风盛行，加之政策宽松，思想开放，出现了令史家感叹不已的盛唐气象。

盛唐气象的出现，与魏晋南北朝以来的民族大融合的完成，有非常密切的关系。比如，北魏以来的民族大融合，不仅消弭了中原地区自西晋以来极其尖锐的胡、汉民族矛盾，而且使南、北政权长期对峙关系中所包含的“华夷之辨”民族对立情绪逐渐淡化消失，为隋文帝杨坚重新完成封建国家的统一奠定了基础。

魏晋南北朝民族大融合带来的盛唐气象，非常典型地表现为唐代民族关系和睦，华、夷之别观念淡漠，各民族空前团结，唐太宗被周边各少数民族称颂为各民族的共同首领“天可汗”。史载唐太宗在晚年总结一生治国成败得失时，最引以为自豪的就是坚持实施民族平等政策，使大唐帝国各兄弟民族和睦友好，空前团结。他说：“自古皆贵中华，贱夷、狄，朕独爱之如一，故其种落皆依朕为父母。”唐代华、夷观念淡漠，民族政策平等，民族关系和睦，多民族统一国家出现“九州殷富，四夷自服”的盛世局面，究其历史原因，不能不归功于魏晋南北朝以来的民族大融合的完成。

第三，源源不断的少数民族融入汉民族，促进了汉族共同体的混血发展。长期以来，中华民族以汉民族为主体，毛泽东同志对汉民族的历史发展，曾做过这样的论述，他说：“汉民族人口多，是长时期内许多民族混血形成的。”周恩来同志在阐述汉民族人口数量时，也曾经这样论述道：“汉族所以人数这样多，就是因为它吸收了别的民族。”中国古代民族融合的历史，雄辩地证明，历史上的游牧少数民族，他们对汉民族的发展壮大，对汉族成为中华民族的主体，做出了极大的自我牺牲和巨大的历史贡献。

思考题：

1. 试述人类文化产生、形成及发展变化的地理环境因素。
2. 试述与地理环境因素密切相关的中国传统文化特征。
3. 简述农耕地理环境支配下的中国“天下中心”文化观。
4. 简述中国传统农耕文化的基本特征。
5. 试述中国古代农耕文化与游牧文化的不同特征。
6. 试述中国古代民族融合的途径方式及其历史意义。

3 弘扬主体精神的儒家

儒家是我国先秦时期最为显赫的思想流派之一，也是被古代中国统治者确立为官方正统学说历史最长的一个以政治及伦理思想为主要内容的学派。儒家思想是中国传统文化的核心部分。儒家文化倡导的中庸精神、仁爱精神、礼让精神以及自强精神等，奠定了我们民族精神的基调，成为中国文化与世界其他文化相区别的根本性标志。中华民族的许多优秀传统，都与儒家及其创始人孔子的影响密不可分。

3.1 周文化与儒家文化的缘起

儒家文化根植于我国夏商周以来的文化传统。从其直接来源而言，儒家思想是孔子在继承和发展西周初年我国杰出政治家、思想家周公姬旦的思想的基础上形成的。

3.1.1 殷文化到周文化：从神本到人本的文化转向

人类文化发展史经历了一个由以神为本向以人为本发展的过程。早期人类面对自然界的淫威，深感无能为力，不得不将自身的幸福寄托于那无所在又无所不在的种种“神灵”的庇护和保佑。因此，世界各民族文化史的前期，不约而同地都出现过职能范围宽广、权位十分显赫的神职社会成员。就中国文化史而言，殷商时代兴起的垄断神坛、把持政坛、执掌学坛的巫史，便是这种神本文化的人格化体现。随着实践经验的丰富和智力、体力水平的不断增进，人类对于神的力量的崇拜便渐次淡薄，而对于自身能力的信心却与日俱增。于是，以神为本的文化便逐渐向以人为本的文化过渡。从西周开始，社会文化的浓郁的宗教迷信氛围渐次被注重世事的精神所冲淡。对天神的无条件的绝对依赖，修正为有条件的相对崇拜。人们从惶恐地匍匐于天神脚下的奴婢状态中逐渐解脱出来；在理性之光的照耀下，开始伸直腰杆，着力于创造现世的美好人生。

殷商西周时期是中国文化史上以神为本的文化过渡为以人为本的文化的关键时期。

（1）巫史及其对早期中国文化的影响

殷商西周时期，中华民族刚从野蛮时代步入文明时代的大门，社会分工日趋细密、固定。自从传说中的颛顼时代“绝地天通”以来专司人神交通的巫，逐渐职业化、世袭化。随着阶级分野的明朗化、统治秩序的制度化，以及文字的创制和普遍使用，巫的职责也由单一的占卜扩大为参与政治管理。巫参与国家管理的主要方式是“掌官书以赞治”。殷商西周时期，史与巫通常是一身二任，所以后世也就以“巫史”相称。

巫史在殷商西周时期的社会宗教、政治生活中具有崇高的地位。从宗教方面说，他们是神人交通的媒介，因而是神的意志的唯一的权威阐释者和神权的实际掌握者。从政治方面说，巫史以上天意志的代表自居，有权训御君主的言行。巫史不仅是社会的精神领袖，而且在政治统治机构内，也居于显赫地位。作为中华民族第一代“文化人”，巫史从事着卜筮、祭祀、书史、星历、教育、医疗等多方面的文化活动。

殷商西周时期巫史的勃兴，是中国文化史上的独特现象。巫史垄断神坛，把持政坛，执掌学坛，不仅奠定了中华文化黎明时期的繁荣格局，而且对后世文化的发展，产生了深远影响，引出中华传统学术的一系列特点。

首先是学术与政治纠缠。巫史们占天卜地，祭神祀鬼，记史传文，都有一个共同的政治目的：维护现存制度。中华文化阶层对学术的探究与对政治的关注高度一致的传统，正是由殷商西周时期的巫史开其先河。

其次是神学与科学交织。巫史们由神学祭坛走向科学殿堂。他们既满脑袋的荒诞迷信，又自觉不自觉地接触到天文、地理、人体等方面的科学真理。在他们身上，神学的幽灵和科学的睿智始终形影相随。后世中华文化的许多精彩思想，几乎很少不被思想家们编排进天命、天道、天志之类的神学框架之中，正是这种巫史文化之风的长久遗传。

再次是自然科学与社会科学混杂，而且前者往往被笼罩在后者的庞大身影之中。巫史们观天文，测地象，研人体，积累了丰富的自然科学知识，培育了中国古代天文学、历算学、医药学的萌芽。但是，在他们心目中这一切并非真正的目的，只不过是论证天人关系、社会等级制度、伦理道德学说等一系列社会问题的手段和依据。自然科学相对于社会科学的奴婢身份，极大地限制了中国文化中自然科学尤其是理论形态自然科学的独立发展，这一畸形现象，其胚胎正为巫史文化所孕育。

最后是在社会科学方面出现了文、史、哲的汇通。巫史们书史传古，是最早的历史学家；载文记言，是最早的文学家；经天纬地，是最早的哲学家。从学术流变上，中华文化中被冠以“国学”尊号的文、史、哲三家，其学术源头最早在巫史那里便相互汇通。这种汇通被中国士人作为优良传统继承下来并且发扬光大。

（2）宗天、尚鬼、嗜酒的殷人

殷商时期，迷信的空气笼罩整个社会。日常生活中，事无巨细，都要先卜而后行，几乎到了无事不卜、无日不卜的地步。年岁丰歉、出入吉凶、旬夕安否、战争胜负、官吏黜陟、疾病轻重、妇女生育，统统都在问卜之列。而且，一卜总要连问多次，正卜、反卜、一卜、再卜以至于十几卜。次数多了，总可以遇到几次合乎人们意愿的卜兆。巫史把所卜的日期、事件记录在兆的旁边，有时把问卜的人和地点也刻上去。占卜之后，经过若干时日，果然效验了问卜的结果，于是巫史又把效验的情况也刻进卜辞。

卜辞中“帝”以人类主宰神的身份反复出现。后来，又演变为“上帝”“天”。“宗天”观念是殷代文化的重要特色。宗天，意味着对自然神的虔诚崇拜。殷人祭风雨、祭星辰、祭山川、祭土地，但在他们心目中，地位最崇高的乃是太阳神。

在殷人的观念中，至上神同时又是自己的宗祖神。殷人认为，王母简狄在春分时节去河边沐浴，吞食玄鸟遗卵，怀孕产契。玄鸟是天的使者，殷人的祖先契也就是天的儿子，天神自然也就等同自己的宗祖神。因此，宗天与祭祀在殷人那里是密不可分的。

殷代行六十甲子纪日。殷人在甲日祭上甲，在乙日祭报乙，依次顺列，丝毫不差。殷人以为只有如此，列祖列宗显考显妣才会乐意前来接受后人的祭享，保佑子孙的平安。因每旬都有人逝去，于是每旬都必须举行繁复的祭祖仪式，周而复始，不得空闲。

殷人迷信人死之后，精灵不灭，称为鬼。殷人诚惶诚恐地奉祀祖先，是因为他们确信在冥冥上界，祖先的亡灵时时刻刻都在监视着人间的事务，随时随地准备予以训诫和惩罚。殷人尚鬼，成为一大特殊的文化现象。日常起居，诸多禁忌，神经紧张，疑神疑鬼，几乎到了无处不祟，动辄得咎的程度。为了取悦于鬼神，残暴的殷王除了日复一日地虔诚祭祀之外，有时更不惜残民以事神，杀人以殉己。新居落成、陵寝竣工之时，为了避祟，杀牛宰羊还不够，还要斩杀几十上百的奴隶，以种种姿势，埋于墓前屋隅，以此为主人消除灾祸。

殷人的宗教迷信与他们的嗜酒风习息息相关。殷人毫不怀疑人神之间能相互交通。但在现实生活中，头脑清醒时，人神交通很难取得出神入化的满意效果，而酒正好可以帮助人们在醉眼蒙眬、神情恍惚之际，置身于与神共处的美妙氛围。为满足社会对酒器需求量的剧增，出现了专以制作酒器为生的氏族。相传武王克商之后，分鲁公以殷民六族，其中的长勺氏、尾勺氏两族便以制作酒器著称。

据《尚书·酒诰》记载，帝乙之前，统治者畏天明命，兢兢业业，成就了赫赫功业。但到了后来，其不肖子孙自恃天神先考的荫蔽，躺在先辈创下的丰厚家底上，胡作非为，怙恶不悛，酗酒成风。整个统治阶级沉溺在纸醉金迷之中，腥秽上冲，天怒人怨，一朝覆亡。

《尚书·酒诰》本是西周统治者诫谕殷代遗民和周族新贵，严禁酗酒的诰命。从文化史的角度看，其中蕴含着酒与宗教、政治密不可分的文化信息。《尚书·酒诰》对于殷人"荒顽于酒"的严厉谴责，正是对他们泛滥成灾的宗教活动和极端迷信思想的变相批判。而周人正是从这种批判出发，拨乱反正，发动了一场以疑天、敬德、保民为旗帜的宗教—政治革新。

3.1.2 周文化对儒家学说的影响

（1）周文化的观念创新："天命靡常"，敬德保民

周人是后起的部族。在古公亶父时代，定居于周（今陕西岐山），穴居野处。经过王季、文王两代，仅仅五六十年时间便骤然强盛，取殷而代之。政治上的兴旺，并不能掩盖周人文化上的贫乏。当周人在殷废墟重建统治秩序时，更多的是从殷人而非自己的先辈那里继承精神财富。在天命观上，也不例外。

正如殷人笃信"我生不有命在天"一样，周人也认为是上天保佑着周王，使他江山巩固，多福多益，享有百禄，一切兴旺。周人心目中的上天，虽然"无声无臭"，却耳聪目明。面对这位至高无上的宇宙主宰，周人肃然起敬。但是，周人对天的敬畏之情，又比殷人那种僵化、机械的宗天迷信有所进步。"殷鉴不远，在夏后之世。"殷人原本是天之骄子，为什么上天后来却一改初衷，转而给予周人以格外的青睐呢？对这一问题的严肃思考，引导周人得出"天命靡常"的逻辑结论。

"天命靡常"观点的提出，显然有两方面的政治目的：一则警告殷商遗民，老老实实承认天命已经转移于周人的现实，不要逆天意而妄动；一则告诫周初统治者，要吸取殷人的教训，不要让天命再转移到别人手里。那么，如何才能使"靡常"的天命不再转移，永久地照耀周人呢？殷人在这方面可以说是竭尽了全力的，可最终还是被上天无情地抛弃了。因此，"受禄于天"的必要前提条件，并不在于祭物的丰厚和礼拜的虔诚，而在于统治者的"宜民宜人"。

周人进而提出"德"的概念，作为统治者"宜民宜人"的理论依据。

“皇天无亲，唯德是辅”，“德”在殷商卜辞中从未出现，可见它是周人独创的思想。“德”的出现是中国文化史上里程碑式的事件，它对于中华民族文化心理的建构，文化形象的塑造，都起到基础和骨架的作用，它的主要发明人周公，也因此成为后世志士仁人的偶像。

“德”具有宗教、政治、伦理等多方面的理论内涵。三者之中，尤以伦理内容为核心。只有统治者自身修养达到“德”的境界，才能实现“宜民宜人”，从而得到“靡常”天命的长久垂青。《诗经》《尚书》反复赞颂的周代先王，就是“敬德”的模范。

《尚书·康诰》记载着周公对康叔的谆谆告诫：为民除恶当如病痛在身，不可有丝毫的松懈。天威之明，唯德是辅。德之与否，验之民情便一目了然。小民难保，你要尽心尽力，毋苟安淫乐，这才是治民之道。由此可见，周人保民思想的实质——保民正是为了保王，保民是比宗天、尚鬼更为急迫的现实课题。周公的本意，原来并不包含悲天悯民的慈悲情怀，但其中包含的“民之所欲，天必从之”，“德不失民，度不失事，民亲而事有序，其无所启也”的观点，却成为春秋战国时期民本思潮的源头。周公的思想，赢得了后世政治家的极度推崇，“德治”“仁政”之说历数千年而不失其在中国政治思想领域的至尊地位，起到了引导中国文化基本走向的作用。

(2) 周文化的制度创新：宗法建构

从西周开始，周人祖先的世界与神的世界逐渐分开，成为两个范畴的问题。与殷人不同，周人的祖先已不是神了。周人取殷而代之以后，干脆把上帝与人类始祖的血缘联系一刀截断，把人与神划分到不同的血缘系统中去。割断人神之间的脐带以后，人类本身、氏族本身的自然血缘关系便成为压倒性的因素。正是在这种观念驱使之下，古代血缘关系的遗存，到了西周，以完整、严格的宗法制度形式得到强化和巩固，并流传后世，影响深远。

宗法制是一个庞大、复杂但井然有序的特殊社会构造体系。社会的最高统治者周王自称为“天子”，即上天的长子，接受并管理上天赐予的土地和臣民。在政治上，他是天下的共主，在宗法上，他又是天下的大宗。王位由嫡长子继承，世代保持大宗地位。其余的王子则封为诸侯，对周王为小宗，但在其封国内又为大宗，其位亦由嫡长子继承，余子封卿大夫。自卿大夫以下，大、小宗关系依上例。

宗法制不仅适用于同姓贵族，也适用于异姓贵族。西周时，同姓不婚，因此，同姓之间是兄弟叔伯关系，异姓之间则多为甥舅亲戚关系。不论同姓还是异姓，都被宗族血缘关系串连为一体。从消极方面看，宗法制度下的宗族成为人们进行社会活动的唯一场所和不可逾越的界限，极大地限制了人们社会关系的多样化发展，从而束缚了社会的进步；从积极方面看，一个个单独的社会分子被宗族血缘关系紧密地连接为一个整体，借以克服单个分子所无力克服的困难，承受单个分子不能承受的压力。与氏族社会中人不能脱离他的氏族一样，在宗法社会中，个人脱离了他的宗族，也将陷入绝境。周人选择了宗法制度这样一种特殊的社会结构形式。

（3）周公政治思想：儒家文化的直接源头

周公名旦，是我国西周王朝的奠基者和制度的制定者，他经历了小邦周灭掉大邦殷商的历史沧桑之变。《尚书·周书》中的《大诰》《康诰》《酒诰》《梓材》《召诰》《洛诰》《多士》《无逸》《多方》《立政》诸篇，不仅是周的诰命和政策，同时也是周公对以前历史所做的总结。可以说，在中国古代政治思想史上，周公有着特殊的地位，他提出了系统的政治主张和理论，是中国古代政治思想的开山鼻祖。

周公的封地是鲁国，由其长子伯禽代为受封。因此，到春秋之世，鲁国对周公的礼制资料保存得最为完整。孔子是春秋时期的思想家、教育家，生活在春秋时期的鲁国，正好具有系统学习、掌握周公思想的得天独厚的条件。他对周公满怀敬佩，周公是他心目中的圣人。周公的政治思想自然对孔子有着深刻的影响，其本人更是我国古代的一位文化巨匠。

周公在政治思想上对儒家思想产生的影响主要有两个方面：

第一，周公“明德慎罚”“敬德保民”思想的重要影响。

“明德”即是周公发布的一系列诰命的思想支柱，他用“德”来说明“天”的意向，“德”是其得天命与治天下的“合法性”的根本保证。同时，鉴于殷代滥用刑罚而招致民怨民叛的历史教训，周公对罚的原则也做了新的阐发，提出“慎罚”思想。慎罚既是德的内容之一，又与德并列，常称“明德慎罚”。“保民”是周公提出的又一新的政治概念。这种“保民”思想的提出，主要来自将民情视为天命的认识。周公格外强调治民要谨慎从事，并认为应把民之苦痛视为己之苦痛而加以格外重视。他一再告诫子弟臣僚，要约束自己的思想与行为，不要贪图安乐，切忌恣意妄为，要能体察民情。周公还提出要把民众视作自己的镜子。这些思想在中国政治思想史上产生了极为深远的影响。

周公的上述“明德慎罚”“敬德保民”的政治思想无疑为孔子的“德治”思想提供了丰富的思想资源，而且孔子剔除了周公政治思想中的宗教信仰成分而使之完全人文世俗化，如孔子所言：“为政以德，譬如北辰，居其所而众星共之。”孔子期望统治者将“仁者爱人”的精神原则贯彻到政治当中去，这主要是要求统治者首先要正己而后正人，“其身正，不令而行；其身不正，虽令不从”。孔子所强调的是一种道德规范性的政治原则。孔子主张足食、惠民、利民、富民而反对苛政暴敛，要求统治者应“节用而爱人，使民以时”。孔子也主张德刑并用，然而应先德后刑、先教后杀，“不教而杀谓之虐”。这与周公“敬德保民”“明德慎罚”的政治思想是一脉相传的。

第二，周公制礼的影响。

周礼主要是有关社会等级秩序与伦理道德、行为规范的制度性规定。把礼作为治国之经纬，也正是西周以来的思想传统。周礼是由周公制定的，据《左传·文公十八年》：“先君周公制周礼。”周礼的制定是周公经邦治国的一项重要政治措施。由此，周人树立了一种“尊礼”的政治文化传统，直到春秋时期人们犹“尊礼重信”，而且视礼为国家政治之本。

孔子生长于春秋时期“犹秉周礼”“周礼尽在”的鲁国。他为“礼坏乐崩”而痛惜，他为复兴周礼而奔走呼号。子曰：“周监于二代，郁郁乎文哉！吾从周。”在孔子看来，周礼经过对夏商两代之礼的损益，已十分完备，因此他不仅兴办私学而把礼作为教育的一项重要内容，认为礼是一个人立身的基点；而且更是反复地讲“为国以礼”，认为礼是治国之本。以礼治国既强调“君君、臣臣、父父、子子”的政治伦理规范与要求，也强调用礼治民。孔子指出，治国治民光靠政、刑不行，“道之以政，齐之以刑，民免而无耻”，即行政命令和刑罚，可以使民暂时免于犯罪，但不能使民心服；而只有“道之以德，齐之以礼”，才能使民“有耻且格”，即以德礼治民，民才会有羞耻之心，并自觉遵守规矩。

周公在商周之际宗教思想文化的急剧变革中开创了一种“尊礼”“敬德”的政治文化传统；而孔子生活的春秋末期，也正值社会思想文化的大变革之际，面对周天子式微及“礼坏乐崩”的时势，他崇尚周代的礼乐文明制度，大声疾呼而力劝当时的统治者们推行“德政”“礼治”，正是志在对周公之遗风余绪的发扬蹈厉，尽管他的理想难以实行于当时，却在后世对中国的社会、政治、文化产生了极为深远广博的影响。

3.2 孔子、孟子与儒家文化的产生

3.2.1 孔子学说及其传播

(1) 孔子生平与事迹

孔子，名丘，字仲尼，生于公元前551年，卒于公元前479年。他的祖

先是殷人后代，宋国的贵族，因在上层政治斗争中失败，流亡于鲁国，父亲叔梁纥做过鲁国的陬邑宰。孔子早年地位低贱，当过管理仓库和看管牛羊之类的小吏和家臣，以后主要是从事帮助贵族办理丧事赞礼的“儒”的职业，后来做过鲁国的大司寇，并一度“摄行相事”，但为时不长。他推崇西周政体，以西周社会为蓝本构建其政治理想，并四处奔走，周游列国，上说下教。他整理三代典籍，删诗书，定礼乐。中年后收徒讲学，“弟子三千，贤人七十”，为儒家学派的形成和儒学理论体系的建立奠定了基础。他的及门弟子和再传弟子将他和弟子们的言行编纂整理成书，是为《论语》。《论语》是今人研究和了解孔子及早期儒家思想的最主要的资料。

孔子的事迹主要表现在他的著述上。主要表现在以下几个方面：

第一，创立了儒家学说。

孔子总结了尧、舜、禹、汤、文、武、周公以来贵族阶级的统治经验，把它融入自己的理论之中，形成了个人系统、完备的思想主张，建构起了儒学的理论体系，奠定了儒家学说的理论基础。

孔子创立的儒家思想具有显著的特色：其一，它注重人的因素，重视“人生”的价值，提倡人的道德修养，主张“仁者，爱人”。其二，具有积极的入世精神，关注现实，关注社会问题，希望社会上下和谐，不仅主张臣民“事君尽礼”“事君以忠”，还要求君上“为政以德”“君使臣以礼”。其三，他看重下层民众的力量，他希望实行“仁政”，主张“使民以时”，爱惜民力，关心人民生计，有一定的民本主义色彩。其四，孔子主张“敬鬼神而远之”，有显著的人文主义精神。因此，儒家对于文化传统格外强调，积极培养人才，发展文化教育。其五，提倡“中有”“中和”，不仅注重人际和谐、社会和谐，更注重天人和谐、人生自身的和谐。孔子的这些理论，正是整个儒学的理论根基。

孔子的思想初步形成以后，他的一生都在为宣传和实践自己的学说而努力。《史记·孔子世家》记载：在鲁国，“孔子为中都宰一年，四方皆则之”；他为大司寇，“三月大治，道不拾遗”。孔子仕鲁，连齐国都感到不安，认为“孔子为政必霸”，说明孔子以礼治国十分得力。孔子在齐国时，景公问政，他回答说：“君君，臣臣，父父，子子。”他希望以礼治国，君臣各安其位、各尽其责。他斥责无道的政治，批评不合礼的行为，即使在周游列国时，也不忘宣传自己的政治主张。

第二，推动了平民教育的发展。

孔子以前，学在官府，教育由贵族阶级垄断。孔子作为从贵族阶级没落而来的下层的“士”，他首先揭起私学的旗帜，招收弟子，推动了学术下移，冲破了原来由贵族垄断文化的局面。孔子在教学中，总结和创造了一系列的教学原则和方法，对学生进行训练，教他们学习《诗》《书》、六艺，其目的无非是为了使他们成为贤人，晋身社会上层，以最终治国、平天下。孔子平时还注意学生性情的培养，增长德行修养，他们讲论学问，相互切磋，随时问难，增加了知识，扩充了经验。有人学成以后，出仕为各地大夫们的邑宰家臣，有人则自己收徒授学。这样，几十年后，孔子及其弟子便逐渐变成一个人才多、势力大的学术集团。孔子以后，他的弟子分散到各地，继续传播和弘扬孔子的学说，使孔子思想的影响越来越大。

第三，整理了古代文化遗产。

孔子整理"六经"，使之成为儒家的经典，这也是孔子对于儒学奠基所做的重要贡献。

从早年时代起，孔子便致力于推行自己的主张，然而，他到处奔走，结果却"干七十诸侯"而不见用。孔子感叹："吾道不行矣，吾何以自见于后世哉?"于是，孔子想到"载之空言，不如见之于行事之深切著明者也"。因此，他便致力于整理古代文献。

孔子整理古代文献的对象主要是"六经"，即《诗》《书》《礼》《乐》《易》《春秋》。他对"六经"的整理方式各不相同，分别来说，即删订《诗》《书》，修订《礼》《乐》，赞《易》，修《春秋》。其于《诗》《书》《礼》《乐》，主要在于重新编订，也就是删除杂芜，选录精华，更正错误，编次顺序。相传古代文诰繁多，孔子选取其中数十篇，进行排列整理，这便是《书》，又称《书经》或《尚书》。《诗》亦如此，据说孔子从三千余首诗中进行了选择，得305篇，称"诗三百"，对于这些诗，孔子皆能配乐弦歌。孔子对《诗》《书》《礼》《乐》的整理在周游列国时就开始了，而对《易》的研究则是50岁以后的事。《易》为卜筮之书，其中有丰富的思想内容。孔子赞《易》，阐发其中的哲理，成《易传》或称"十翼"。"十翼"即《彖传》上、下，《象传》上、下，《系辞》上、下，《说卦》，《序卦》，《杂卦》和《文言》。《史记》《汉书》也说《易传》为孔子所作。史籍中称孔子对《春秋》是"修"，其实是孔子依据鲁国史记，按照自己的标准，"笔则笔，削则削"，托古见意，隐微地表达了自己的观点，内含了孔子一贯主张的纲常名分和与之相应的礼制。

(2) 孔子的基本思想

①孔子的仁学思想

仁，是孔子哲学思想的核心范畴，仁学也就是孔子哲学思想的主要部分。

“仁”的概念，古已有之。《尚书·金滕》里有“予仁若考能”的语句，“仁”与技巧相联系；《诗经》里有“洵美且仁”“其人美且仁”，“仁”与“美”相联系。此时，“仁”的涵义比较单薄。到了春秋时期，“仁”的涵义丰富起来，《左传》中多次出现“仁”的概念，其意义有关政治、道德、事功等多种层面。孔子正是凭借这些思想资料，创立了“仁学”体系，并以之作为儒家学派的思想核心。

在篇幅仅万余字的《论语》中，“仁”出现百次之多。东汉许慎在《说文解字》中说：“仁，人也。从人从二。”许慎是从字形解字义。就“仁”作为一个字而言，其本义就是关于人与人之间的关系。据孔子解释，仁者“爱人”。强调血缘纽带是“仁”的最基本含义，这决定了儒家思想区别于其他各家的最大特征。

孔子认为，“仁”是人们道德行为和社会规范之本，它具有广泛的内涵：

其一，它是治国使民的基本原则。孔子说，能够做到“恭、宽、信、敏、惠”五者就可说做到了“仁”。他认为，作为一个在位者，若称得上“仁”的话，就应该“出门如见大宾，使民如承大祭”。

其二，“仁”在众德的体系中居于核心的地位。一则，它在一定意义上高于其他德性。具有仁德的人必定同时具有勇敢的品德，而勇者就不一定同时具备仁德，具有智慧的人也一定要有利于仁。二则，仁德包含着孝悌之德。从其社会功能上说，孝悌是仁德的开始和基础。三则，它是礼的内在原则。在孔子看来，人若是未达到仁，要礼还有什么用呢？他反问道，所谓礼难道仅仅就是牺牲、玉帛等形式吗？礼只是达到仁的手段。克制自我，使视听言行符合礼的规定，这就是仁。四则，仁以意志坚强、真情实感为前提。刚毅木讷者接近于仁，而花言巧语、面貌伪善者即使有仁也是不会多的。

其三，仁是最完全的人格的内涵。如同智者不惑，勇者不惧，具有仁德的人心胸坦荡，无忧虑，无怨艾。只有仁者才能长久地固穷而不滥、享乐而不淫。“知者乐水，仁者乐山；知者动，仁者静；知者乐，仁者寿。”从这个意义上说，仁是一种高妙的人生境界。

其四，仁是人道之根本，是人应该毕生努力追求的理念。一则，它是君子、圣人成为君子、圣人之所在。二则，它是志士仁人严格遵守、坚决捍卫的。正所谓“志士仁人，无求生以害仁，有杀身以成仁”。

在孔子看来，他的学生中只有英年早逝的颜渊能够做到三月不违仁，其余者只能是十天半月达到一回仁。尽管如此，孔子还是强调，仁并不是可望而不可即的，关键在于个人的努力和主观的认同。在这个意义上说，仁似乎离我们很远，但只要向往它，在行为中追求它，它就在我们的面前。具体说，从眼前做起，从身边最亲的人开始，从小事开始，这就是得到仁的必由之路。正所谓“我欲仁，斯仁至矣”。

②孔子的礼制思想

孔子把春秋时代看作“礼坏乐崩”，臣杀君，子杀父，“邪说暴行”不断发生的糟得很的大乱局面。孔子认为要制止上述各种“邪说暴行”的流行，就必须恢复周礼的权威，重新肯定宗法等级制度的秩序，而其要害就是要正名。他认为，只有正名，才能挽救秩序的崩溃，促进周礼的复兴；也只有正名，才能恰当地运用刑罚，制止邪说暴行的产生和流行。

首先，在孔子看来，周礼是最完美的，即所谓“郁郁乎文哉，吾从周”。他一生的梦想就是要复兴周礼。他要求用周礼来约束人们的一切行动：“非礼勿视，非礼勿听，非礼勿言，非礼勿动。”他非常强调的“正名”，就是要辨证礼制等级的名称和名分，严格遵守“君君、臣臣、父父、子子”的等级秩序，使人人都明白自己在社会之网中的位置，控制自己的“欲”，不超出由“名分”规定的“度量”范围，从而消除争乱。孔子提出这个理想标准的“名”，来纠正那些不符合周礼情况的“实”。孔子这种用名以正实的观点，就是后来所谓的“名教”。

孔子提出正名思想，以求恢复周礼所制定的世袭宗法等级制度。就君臣关系来说，对于君，就应强调君应该享受的权利，对于臣，就应强调臣应该尽的义务。例如，鲁昭公娶同姓女为妻，本来违反周礼，孔子也明知道这一点。但当别人问他时，他却说鲁昭公“知礼”，故意替鲁昭公掩饰。季氏有些僭越的行为，这在当时已经是相当流行的现象了，孔子却特别愤慨：“是可忍也，孰不可忍也!”

孔子要求复兴周礼，但不是完全因袭周礼。他对周礼有一定的补充和发展，这就是他所说的对周礼的“损益”。他对周礼的补充和发展的第一点就是上面所说的，将周礼的根本归纳为正名思想。这样，就使周礼的指导思想更集中、更明确，也更理论化了。他特别提出要掌握周礼的这种思想实质，对周礼的了解不要停留在玉石丝帛这一类礼的形式上，虽然他对有些具体仪式和形式也是很重视的。

其次，他对周礼的补充和发展表现在强调道德教化。他认为，用政令和刑罚这些办法进行统治，只能惩罚犯上作乱于事后，即使可以一时避免犯上作乱的事继续发展，但是人民并不认识这类事件的罪恶而感到羞耻，这类犯上作乱的事仍旧有一天可能爆发出来。如果运用礼治德化和政令刑罚相辅而行，就可以预防犯上作乱于事前，引导他们不敢想和不会想犯上作乱的事，人心自然归服了。这也就是加强人们对自身行为的道德感和人的自觉行为，反对专以政令、刑罚治国。

在儒学里，“礼”的内涵极为丰富。社交礼仪、生活标准、政治秩序、风俗习惯，无不囊括在内。换言之，即完整的社会系统从各个侧面、各个层次、各个角度，细致入微地限定了每个社会成员的地位、责任、义务。从积极的方面看，它承认每个个体的基本生存权利，认为每一个社会成员在获得一份生活资料的同时，又要承担一定的社会责任，从而为整个社会的和谐，预备下一个个安定的“细胞”。从消极的方面看，它又极大地限制、摧残了人的主观能动精神和创造欲望，在严格的社会名分的重压下，剥夺了人的自由意志和人格尊严，这种两重性作用于孔子以后的悠悠岁月，造成中华民族崇奉公德，压抑私欲，蔑视义务，蔑视权利，以及安贫乐道、因循保守等社会文化心理特征。

③孔子的认识论思想

孔子在几十年的教育实践中，积累了丰富的经验，也对人们的认识过程和知识的发展等理论问题有所思考和心得。

孔子强调以知（智）为认知手段，诱导社会成员知仁、循礼、行义。孔子承认人的先天素质有差异，虽然“唯上智与下愚不移”，但是毕竟任何人都有“知”的可能条件。孔子从人们获得知识的途径和学习的态度立论，将人们依认知水平高低排列大致分为四类。对于第一类“生而知之者”，孔子十分欣赏。但他同时也承认，连他也未见过谁是“生而知之者”。他明确地说自己不是“生而知之者”，自己的丰富知识是靠勤奋好学得来的。对于末类“困而不学”者，他明显地带有几分鄙夷，其中包含有道德人格的价值评价。而他讲得最多和突出强调的是“学而知之者”。因此，“学而知之”是孔子知识论的主流。

孔子非常重视耳目见闻，认为它是知识的可靠来源。他说：“多闻，择其善者而从之；多见而识之。”要多听，选择其中合理的部分加以接受，多看而且要记在心里。聪明才智就是这样学来的。而且，他认为学习的机会很多。三个人在一起走，其中就有自己的老师。因此，就应该对他人好的地方加以学习，不好的地方注意借鉴。他“学而不厌，诲人不倦”“入太庙，每事问”。他关于西周礼乐文化的渊博知识，就是通过这样虚心好学、不耻下问和日积月累而得来的。

在学习的过程中，他还强调知行的统一，在他看来，行既是知的目的，又是检验知的标准。学必须与习结合起来，“学而时习之，不亦说乎？”对学过的知识时常温习，这是一件令人高兴的事情。学是知的起源，思是知的途径，习是知的应用。因此，他主张学以致用。他说，一个人若能够做到看重妻子的品德而不是容貌，尽心竭力侍奉父母，服侍君主不惜生命，对待朋友诚实守信，虽然他没有读过什么书，我也一定要说他有学问。他还说，若是熟读诗经三百篇，让你从事政务，却不会办；让你出使各国，又不能独立地谈判交涉。书读得虽多，也是没有什么用的。

他还说，学必须与思结合起来，“学而不思则罔，思而不学则殆”。就是说，只读书而不思考，就会茫然无所得；只思考而不读书，就会困顿不解。后来，儒学经典《中庸》又进一步地将以知为认知手段条理化为“博学之，审问之，慎思之，明辨之，笃行之……人一能之，己百之；人十能之，己千之，果能此道矣，虽愚必明，虽柔必强”，勤奋的学、思、行的一致，既是求学之道，更是为人之道。

孔子还总结了许多的学习原则和教学经验。他认为，学习是一个老老实实的事情，“知之为知之，不知为不知”，这才是明智的态度。在学习的过程中，要力戒主观武断和固执己见，所谓“毋意，毋必，毋固，毋我”，而要采取客观的态度。另外，他还提出因材施教、启发式等教学和学习方法。这些原则和方法是留给后人的一笔宝贵财富。

儒学将对人民的教化寓于日常生活之中，“君子之学也，入乎耳，著乎心，布乎四体，形乎动静，端而言，蠕而动，一可以为法则。……君子之学也以美其身”。一切从自己开始，从身边做起，不需要到彼岸世界的冥冥之中去搜寻，也不需要脱离世俗生活的苦行修炼，就在平凡自然的人生中，实现思想的净化和行动的自如。

这种充满理性实践精神的问学、施教之道，是儒学体系中最具科学意义的组成部分。这一思想精华对于中华民族以入世思想为社会主导心理，全民族的宗教迷狂得以避免，起到了导向作用。

3.2.2 孟子学说及其影响

（1）孟子生平及其事迹

孟子，名轲，生卒年不详，大约为公元前385—公元前304年，是战国中期邹（今山东邹城）人。孟子的祖先也是鲁国公族“三桓”中的孟孙氏，到孟子时代，孟孙氏已经衰落。

孟子幼年丧父，母亲从事女织，家境比较贫寒。孟子年幼时，他家住在坟地不远处，孟子做游戏时便学习埋葬死人，孟母唯恐对孟子影响不好，就搬了家。这回他们住在集市附近，孟子又学商贩叫卖，孟母便再次搬家。这次是搬到学校旁边，孟子便从此学习礼仪，“设俎豆，揖让进退”。这就是“孟母三迁”的故事。另一个传说故事中说，孟子小时候不爱读书，贪玩好耍，孟母质问他，他却说是去找丢失的东西。孟母很生气，就用刀把正织着的布割断，并趁机教育孟子说：“要你读书，就是希望你成名。现在你不读书而去玩耍，就像割裂机上的布一样。学习不努力是不行的。”这就是“断机教子”的故事。

孟子的学术师承于子思的弟子。孟子通晓五经，尤其长于《诗》《书》《春秋》。他虽然没有直接受业于子思，却属于子思学派。他的思想与孔子、子思一脉相承，以子思和孟子为代表，又形成了“思孟学派”。

孟子一生的经历与孔子相似。经过青年时期的刻苦学习和钻研，孟子在后来便开业授徒了。孟子认为，人生最大的快乐便是“得天下英才而教育之”。中年以后，他怀着政治抱负游历魏、齐、宋、鲁、滕等国，虽然他也常受到诸侯国君的优遇，却一直没有受到重用。他的一生除中年以后的二十几年游历各国外，主要从事教育事业。孟子的弟子虽不及孔门弟子的数量多，但仅《孟子》一书中可考者也有十几人，如公孙丑、万章、乐正子、公都子、屋庐子、孟仲子等人。游历各国回到邹地以后，孟子与万章等人序《诗》《书》，述仲尼之意，作《孟子》一书。

孟子所处的时代，是一个诸子并起、百家争鸣的时代。当时与儒家对立的，以墨家和杨朱势力最大，儒、墨、杨有三分鼎足之势。孟子继承孔子的衣钵，以孔子的保护者和儒家的卫道者自居，捍卫孔子之道。他对孔子思想做了系统的阐发，既有继承，又有改造，奠定了孔孟之道的基础，对光大儒学做出了巨大贡献。由于孟子的宣扬，战国时的儒学才成为诸子之学中的“显学”。正因为如此，后世的学者十分推崇孟子，汉朝的学者把《孟子》一书视为辅翼经书的“传”，并设立博士官进行研习；唐朝的韩愈提出道统说，他把孟子看成儒家道统的嫡传；五代时期的后蜀主孟昶刊刻经石，《孟子》亦为其一；宋代以后，随着理学的兴起，学者们更多地谈论心性等问题，由此出现了孟子地位的“升格运动”：北宋神宗时封孟子为邹国公，与颜回、曾子、子思一起配享孔庙；南宋的朱熹则把《孟子》一书列入《四书》，孟子的地位空前提高；元朝，元文宗加封孟子为邹国亚圣公；明朝景泰年间与孔子同去臣爵，尊为亚圣孟子。这样，孟子成了孔子以后被后儒尊崇的又一位“圣人”。

（2）孟子的基本思想

①性善论：仁学的心性学根据

孟子在新的历史条件下开拓和发展了孔子的仁学思想。孟子用来发展仁学的理论基础，是他的天赋道德的“性善”论。

孟子从人的心灵深处探究“仁”的心性学根据。他并没有满足于一般地讲“爱人”，而是透过“爱人”的表层现象，深入到人的心理活动的深层进行探讨。孟子认为，人生来都有一种最基本的共同天赋本性，这就是“不忍人之心”，或者说对别人的“同情心”。孟子举例说：人突然看到小孩子要掉到井里去，都会有惊惧和同情的心情。这种同情心，并不是为了要讨好这小孩子的父母，也不是要在乡亲朋友中获得个好名声，也不是讨厌小孩子的哭叫声，而完全是从人天生的本性中生发出来的，这就是“不忍人之心”。由此，孟子做出结论，他的“仁政”就是根据这种“不忍人之心”提出来的。他说：“人皆有不忍人之心。先王有不忍人之心，斯有不忍人之政矣。以不忍人之心，行不忍人之政，治天下可运诸掌。”这就是说，“仁政”来源于“不忍人之心”的道德观念。古代的帝王所以有“仁”政，那是因为他有“不忍人之心”，有了这种“心”，行了“仁政”，那么治理天下就十分容易而且不会失去。

“不忍人之心”也叫作“恻隐之心”。除此以外，孟子认为人人生来都有的天赋本性还有“羞恶之心”“恭敬之心”（或叫“辞让之心”）、“是非之心”。这四种“心”，就是孟子说明天赋道德观念和论证人性本善的根据。孟子说：“恻隐之心，仁之端也；羞恶之心，义之端也；辞让之心，礼之端也；是非之心，智之端也。”这是说，人最基本的四种道德品质仁、义、礼、智，是从这四种天赋的“心”发端的，也可以说就是这四种心：“恻隐之心，仁也；羞恶之心，义也；恭敬之心，礼也；是非之心，智也。”所以，孟子得出结论说：“仁义礼智，非由外铄我也，我固有之也，弗思耳矣。”意思是，这些“心”、这些道德品质，并不是由外面强加给我的，而是人生来本身就固有的，只不过没有好好想罢了。

所谓“恻隐之心”就是人们在一个特定的情境之下所自然和无意识生发的以痛苦、恐惧、紧张等为主的感情、情绪体验。这是一个非常复杂的情感活动过程。孟子认为，“高不可及”的“仁”就是从人人习见、自然而具的心理过程中产生的。这样，就把关于以仁为代表的人之美德的内在根据的讨论大大地深化了，这是理论上的进步。

孟子从他的天赋“性善”论出发提出了一套修养办法。他认为，人要达到他所讲的这些道德的标准，根本问题在于本人的主观方面，即“反求诸己而已”，也就是在于主观的反省，注意保存天赋的那四种“心”。修养这四种天赋的“心”的最好办法，就是少与外物接触，尽量减少自己的各种欲望。拿孟子的话讲就是“养心莫善于寡欲”。同时，孟子认为，还要培养一种由“义”的道德观念和行为集合（积累）起来的、充塞天地之间的、有巨大力量的神秘的“浩然之气”。有了这种气，人的每一念头、每一行为就都能理直气壮，符合道德标准的要求。

人如果有了违背道德的思想和行为，孟子认为，那就应该闭门思过，检查自己主观上是否放弃了那些天赋的“心”，努力把这些“心”找回来，恢复人的本性。这就是孟子所谓的“求其放心”。同样，如果反省自己，一切都合乎天赋的道德观念，那就是最大的快乐。这也就是孟子所谓的“反身而诚，乐莫大焉”。

孟子对仁爱之心的由近及远的推及过程进行了细致的讨论和规定。

孟子以三个概念：爱、仁、亲来解析“仁”的内部深层结构。三者与“仁”的关系是一般与个别、普遍与特殊的关系。一方面，它们统归于“仁”，都是“仁”；另一方面，它们又都有着各自的规定和内容。它们通过各自施予的对象不同以及亲和力的强弱不同而共同表现着“仁者爱人”；具体说，就是爱之于物、仁之于民、亲之于亲。亲亲、仁民、爱物，它们在本质上统一于“仁”，处于一种由近及远、由浅及深、逐渐递进的联系之中，恰好地构成了“仁”的推衍、引申的现实具体的过程。孔子所没有明确的理论问题在这里得到了较好的解决。

关于“人性”问题，在孔子那里只讲了“性相近也，习相远也”，没有更多地发挥。孟子在中国思想史上第一个系统地阐述了“人性”问题，提出了“性善”论。孟子讲的“性善”，表面上说是人人都具有的普遍的共同的“人性”。其实，他所讲的“人性”只是“仁、义、礼、智”等道德观念。所以，孟子虽然在口头上说“性善”是人人一样，“人皆可以为尧舜”，但在实践中，他严格区分“君子”和“小人”，认为“仁、义、礼、智”这些善性，只有“君子”能保存、能恢复，而“小人”是不会保存，也不可能恢复的。

②“良知”说和“劳心者治人”的社会分工说

孟子认为，道德观念都在人“心”中，都是人生来在本性中就固有的，而不是后天获得的。他称这种不用学习，不用思虑就具有的知识、才能为“良知”“良能”。所以，孟子认为，“学问之道无他，求其放心而已矣”。这是说，学习知识没有别的途径，而只要把他放弃（散失）掉的天赋本性找回来就行了，也就是说，不必要到实际生活中去实践、学习。他还说：“尽其心者，知其性也；知其性则知天矣。”意思是说，人只要充分发挥天赋的那四种“心”，就可以认识自己的本性（即“性善”），进而了解“天”的意思，掌握“天”给人们安排好的“命运”。

“尽心”也就是孟子所谓的“思诚”。在孟子看来“诚者天之道也”，

“诚”是天的根本法则，而“思诚者人之道也”，忠实地实行“诚”是做人的根本法则。“诚”的中心内容是“善”，“思诚”的中心内容也就是要“明乎善”。他说：“不明乎善，不诚其身矣。”所以“思诚”或“减其身”，也就是“尽心”，也就是要恢复和保持“良知”“良能”。能够做到“尽心”“诚其身”，也就可以达到“万物皆备于我矣。反身而诚，乐莫大焉”。即世界上万事万物都具备于我心中，自己确实是做到了“诚其身”，因此没有比这更快乐的了。“万物皆备于我”“反身而诚，乐莫大焉”，这是孟子天赋道德观念论在认识论上的必然结论。一切不必依赖于客观存在，而只要主观上做到“诚”，即“明乎善”，那么，万事万物就都具备于我心中了，同时也就与“天之道”的“诚”完全相符合了。这在孟子看来，也就是具备了一切做人的知识和才能。

孟子还注意到了社会分工的问题。

据《孟子》书中记载，当时孟子还曾与一位个体农业小生产者的代表许行进行过辩论。许行主张，君主必须与人民一起耕种，然后才可以取得粮食，自己动手做饭，同时治理国家。他还主张实物交易，物品在数量上、重量上相等者，价格相等。许行的这些思想反映了小生产者反对统治者不劳而获的剥削行为，有它的进步性。但他从平均主义和否定分工的角度来提出解决阶级对立的矛盾，是不符合当时历史发展的规律的，它反映了小生产者思想的局限性。

孟子揭露了许行思想中的这一局限性，他从社会分工在一定历史阶段的合理性出发，把分工看作社会发展的必然结果。认为，从政治和经济地位看，人生来就分为“君子”和“小人”“劳心者”和“劳力者”。他说：“无君子莫治野人，无野人莫养君子”；“或劳心，或劳力。劳心者治人，劳力者治于人。治于人者食人，治人者食于人，天下之通义也。”这就是说，“君子”“劳心者”，生来就是统治“小人”“劳力者”的，他们是受供养者；而“小人”“劳力者”，则生来就是应该被统治、被剥削的，他们的任务就是供养“君子”“劳心者”。孟子强调指出，这种生来就决定的统治者与被统治者的等级关系，正是社会分工的结果，是天下共同的道理，是不可更易的。

从知识、才能来看，孟子认为人生来就分为“先知先觉”和“后知后觉”。他认为，“天”生下人类来，就是要使先知先觉的人去开导启发后知后觉的人。孟子认为历史的发展，就是靠那些明君、良臣、圣人的先知先觉的智慧和才能。他对古代一些所谓的圣人都十分推崇，其中特别崇拜孔子，他认为孔子是圣人中的集大成者，是自有人类以来最伟大的人物。

③“仁政”学说与民本思想

孟子发展和改造了孔丘的“礼治”和“德政”的理论，提出了“仁政”学说。这是他政治思想的中心。孟子“仁政”的政治主张，是针对当时地主阶级激进派推行的“严刑峻法”的政治措施而提出来的。他对当时新兴地主阶级改革家商鞅主张积极开垦土地、鼓励私人占有土地、招徕劳动力等变革措施表示反对。他认为，这样就会造成互相争夺，出现“私肥于公”的情况。所以，他主张用他自己设想的“仁政”措施，通过“井田制”的形式来推行封建制度。

孟子设想的“井田制”就是国家把土地分给各级官僚地主，即所谓“分田制禄”。然后，由地主把土地出租给农民耕种。具体来讲，就是每平方里（1里＝0.5千米）划分为九百亩，中间一百亩为公田，其余八百亩为私田，分给八家农民，每家种一百亩，八家共同耕种一百亩公田，先把公田种好了，然后才能种自己的私田。这种生产方式也就是后人所谓的“以私养公”的劳役地租的剥削方式，它是封建制初期带有农奴制色彩的剥削方式。孟子一方面希望用这种土地制度来限制由军功、垦荒等上升而来的新兴地主阶级扩大土地的占有；另一方面，又企图用这种剥削方式来束缚农民，把农民牢牢地固定在土地上，以供封建领主的剥削。这就是孟子“井田制”的实质。新兴地主阶级当时通过土地自由买卖、开垦荒地和实行实物地租的剥削方式来不断扩大私产，这是当时在推翻奴隶制后，封建经济得到蓬勃发展的必然现象，是有利于封建制的巩固与发展的。孟子要限制新兴地主阶级暴发户的经济发展，反对土地买卖、反对开辟荒地、反对实物地租、主张劳役地租等，显然是一种保守的思想。

孟子还把他这种“八家皆私百亩，同养公田”的主张，称之为“制民之产”，意思是要分配给农民固定的土地，使他们“死徙无出乡”。他认为：“无恒产者无恒心”，就是说，必须把劳动人民束缚在土地上，否则劳动人民就可能逃亡和起义反抗。孟子把他这种“制民之产”的“仁政”描绘成一种最美好、最理想的社会制度。孟子经常称道的每家给予“五亩之宅”“百亩之田”，使五十岁的人有丝绸衣服穿，七十岁的人有肉吃，八口之家可以不饿肚子，就是他对封建小农经济的一种具体设想。

孟子虽说反对开辟荒地扩大私产，然而对于发展农业生产也还是比较重视的。他提倡“薄赋敛、深耕易耨”，要人们“不违农时”地进行生产，并且主张要给老百姓以一定的生活上的满足。他认为，老百姓连最起码的生活条件都得不到满足，那么“此唯救死而恐不赡，奚暇治礼义哉?”这种重视生产，主张给老百姓以一定的生活上的满足的思想，对于当时发展封建经济，巩固封建秩序具有重要意义。

孟子的仁政学说，在政治上还主张采用“以德服人”的办法。孟子认为，用“力”不能使人心服，只有用“德”才能使人“心悦诚服”。这是公开地反对暴力，主张仁义说教的感化政策。而他所谓的“以德行仁者王”的“王道”“仁政”，实际上是要继续保持住由奴隶主贵族转化过来的封建贵族的原有特权。所以，他说“为政”要“不得罪于巨室”。对于当时地主阶级激进派和代表小生产者利益的墨子等把实际功利放在第一位，而使“义”“礼”等道德规范服从于实际功利的思想，孟子则竭力加以反对。他认为，统治者根本不应当讲“利”，不应当把“利”放在第一位。他认为，如果人人都去追求“利”，就会损害整个统治阶级的利益。所以，他认为必须把“仁”“义”放在第一位，也就是说要从思想意识上使臣民们都自愿地为最高统治者效力。孟子通过提倡“仁”“义”的根本目的，是要人们不后其君，企图用宗法观念维护封建制的统治秩序。

孟子继承老子、孔子以来的“重民”思想，又从新的时代环境中吸取营养，使其宗旨更明确，措施更具体，尤其是在君民关系方面，强调“民”的作用和地位，从而将民本主义发挥到极致。在中国政治思想史上，孟子首先提出“民为贵，社稷次之，君为轻”的辉煌命题。

基于这种认识，孟子提出君主必须“爱民”“利民”，如若不然，而像夏桀、商纣那样“虐民”“残民”“同民”，那就不成其为君主，而成了国人共诛之、共讨之的独夫民贼。孟子还认为，对那些不负责任、“四境不治”的君主，应该撤换；君主有大的过失，经过臣下的谏诤，“反复之而不听，则去”。

孟子有关民本思想的论述有如下几点：

其一，轻刑薄税，制民以产。孟子并不反对剥削，但他认为这种剥削不能超过民众所能忍受的一定的限度。所谓“有恒产者有恒心”，民众有了一定的生产、生活资料，掌握一定的谋生手段，“仰足以事父母，俯足以畜妻子，乐岁终身饱，凶年免于死亡”，当然就不会铤而走险，揭竿而起，君主的统治也就自然平安无事了。

其二，听政于国人。孟子认为，统治者注意倾听民众的意见，用人得当，刑赏有度，是有利于巩固统治的。他建议梁惠王参考民众的意见，作为施政的依据。

其三，与民同乐。孟子建议梁惠王“与百姓同乐”，又建议齐宣王“王如好货，与百姓同”，使得“居者有积仓，行者有裹粮”；“王如好色，与百姓同之”，使得“内无怨女，外无旷夫”。孟子是在提示君主们，用“与民同乐”的手段来争取民心，进而“得天下”。

孟子的上述思想，达到了先秦民本主义的最高峰。殷商末年，统治者自恃“天之骄子”，完全不顾忌民的怨愤，“君本”达到极点。明智的西周开国之君，汲取殷亡之鉴，民本思潮渐次萌生，但此时的民本还仅仅停留在“保民”的层次上。进入春秋战国时期，民重于君的认识，完全是建立在人重于天的理性觉醒的基础之上，这是与西周民本思想的不同之处。当然，归根到底，春秋战国时期的民本主义，还是从维护地主统治的长治久安目的出发的，与产生于资本主义大生产基础之上的近代“民主”，是分属不同历史阶段、不同社会条件、不同理论范畴的问题，绝不可同日而语。

3.3 宋明理学与儒家文化的发展

3.3.1 秦汉至隋唐时期儒家文化地位的演变

(1) 董仲舒进献《天人三策》：儒家文化独尊地位的形成

秦王朝初年，秦始皇听从丞相李斯的建议，下达焚书令，除了医药、卜筮、种植类图书，其余图书尽遭焚烧。后因秦始皇一向厚待的方士侯生、卢生私自逃走，又下令将460名犯禁的儒生全部坑杀在咸阳城外。这就是历史上著名的“焚书坑儒”事件。这一事件给儒学的发展带来了一场劫难，秦以前的儒家经典被焚毁殆尽，形成了中国传统文化历史上极端残酷、极端黑暗又沉重的一页。

西汉初年，由于刚刚经过楚汉战争，山河破败，人民困穷，国家元气大伤。汉初的统治者为了修复战争的创伤，轻徭薄赋，尽量不去干扰人民的生活。在这样的历史背景下，整个朝廷崇尚无为之治，并以黄老之学作为国家的意识形态。在这种无为而治、任民发展的政策下，社会经济恢复得很快，人民安居乐业，因此出现了历史上有名的文景之治。汉武帝继位以后，他觉得整个朝廷无所作为也不是办法，应该有一种积极的精神，打算用儒术治国。但一开始却遭到其祖母、崇尚黄老之学的窦太后的阻挠。窦太后还背地调查主张用儒术治国的王臧、赵绾的受贿行为，汉武帝只好将其下狱处死，连带权臣田蚡和窦婴被罢免。尽管如此，儒家思想在朝廷和民间还是越来越受到重视。

汉武帝建元六年（公元前135年），窦太后死，这就为“罢黜百家”扫除了障碍。第二年，汉武帝下诏要各地官府举荐人才，提出更为积极的治国之策。按照汉代的制度，读书人为国效力，都要先由地方官府以“贤良”

“文学”“方正”“直言”等名目举荐出来，然后坐公家的车船会集到京城长安，在皇宫的金马门外等着回答皇帝提出的问题，这叫作“策问”和“对策”。谁的对策文章做得好，合乎当时的政治需要和皇帝的心意，谁就可能被任命为政府官员。儒家大学者董仲舒，就在这次对策中脱颖而出。

董仲舒（公元前176年—公元前104年），河北广川（今河北衡水市景县广川镇）人，博通六经而专治《春秋公羊传》。他在呈给汉武帝的第一策中，依据《春秋公羊传》和《易经》的阴阳之道，提出了“法天”“正始”“教化”“更化”四策。董仲舒认为，“法天”就是帝王应该上承天命，顺天而行，以德政普被天下；“正始”就是说要重视开始，端正根本。政治之本在百官，百官之本在朝廷，朝廷之本在君主，所以人君正心以正朝廷，正朝廷以正百官，正百官以正万民，正万民以正四方；“教化”就是正民；“更化”则是革除积弊，改革旧制。

汉武帝十分欣赏董仲舒的第一策，又提出“尧舜垂拱无为而治，周文、武王勤勉有为而治，难道帝王致治之道，可以不问吗?”于是，董仲舒又上了第二策，他回答武帝说：“圣王之治之所以有差别，那是因时而异也。无论是黄老的无为而治，还是周文、武王的有为而治都有历史的合理性，不过现在是汉承秦敝，非力行有为不可。”

最后，董仲舒又进献了第三策，他根据《春秋公羊传》“大一统”之义，认为，《春秋》大一统者，是大地的常法，是古今的通义。而现在，人们追求怪异的学说，杂说异端，学术分歧，朝廷没有一个统一的思想，百官也没有一个遵守的准绳，使得在上的君子令不行、禁不止；在下的民众不知所从。他建议：“凡是不在《易》《诗》《书》《礼》《乐》《春秋》六经孔子学说范围内的议论、学术，应该全部罢去不用。”这就是历史上有名的“罢黜百家，独尊儒术”。

汉武帝仔细阅读董仲舒进献的对策，基本上采纳了他的建议。于是，朝廷在京城长安设立了太学。根据当时儒家各学派的流行情况，太学为《易》《书》《诗》《礼》四经各设了三个专科，为《春秋》一经设了两个专科。每个专科都任命相应学派的大学者为博士官，负责传授各自的学说。对于州、郡推荐优秀人才的察举工作，武帝关照要特别注意以儒家道德行为标准。非儒家的百子学说，既不能在太学里讲授，又不能作为察举的依据，仅允许其在民间流行。

(2) 汉末名教信仰危机：儒家文化地位的衰落

所谓“名教”，即指儒家的政治原则，名即名分，教即教化。名教即通过正定名分、教化天下，以维护封建的伦理纲常和等级制度。或者说，名教即是以所谓“三纲六纪”为核心的封建礼教，它倡导孔子所说的“君君、臣臣、父父、子子”，要求上下有别，长幼有序，父子君臣各安其位，以维护封建社会的稳定。

东汉时期，统治者十分重视利用儒家思想作为精神统治的重要武器，特别注重提倡讲经论理，从儒生中选拔人才。一方面，通过学校培养人才，另一方面，又通过察举孝廉等方式罗致人才。东汉王朝通过提倡经学，表彰名节，弘扬了封建礼教思想，从而在社会上逐渐形成了重视名节的风气。这一风气在东汉豪强地主势力迅速发展的时候，仍能得以维持。

然而，东汉末年，人们对儒家所提倡的封建礼教的信仰却出现了危机。一方面，东汉后期以来，政治十分腐败，出现了外戚、宦官当权的黑暗局面，正常的封建秩序几乎完全遭到了破坏。另一方面，东汉末年自黄巾大起义以来，社会一直动荡不安，这对于人们的思想意识是一个极大的刺激。

首先，人们的君臣观念出现了淡漠的趋势。西汉以来大一统局面之下形成的君臣观念，随着察举制的长期推行，逐渐为私家的君臣之义所替代；由于门第势力的不断扩大，作为家族秩序主干的父子之伦，大有超过作为政治秩序主干的君臣之伦的趋势。与之相应，父子、夫妇、朋友等方面的人际关系也都发生了一定的变化。

其次，东汉后期的两次党锢之祸，给官僚士大夫以沉重的打击。在自身的生存都不能保全的情况下，他们无力顾及其他。因此，他们对于如何维系社会的统一与稳定已经不再十分关切。与此同时，经学盛极而衰，儒学威严扫地。在这种背景下，出现了“举秀才，不知书。察孝廉，父别居。寒清素白浊如泥，高第良将怯如鸡”等名位与德行相悖的现象，人们对儒学的信仰开始改变。自东汉以来，一些有识之士深感儒家的思想主张已不能挽救社会危机，因而便对汉代以来的儒家思想进行反思，仲长统提出了“人事为本，天道为末”的叛逆思想，由否定天道到否定三纲，他的主张意味着儒家的三纲在当时已经发生了根本上的动摇。

儒家礼法被打破，学者“末求浮虚者各竞逐”，过去对经学的崇尚和对名教的恪守，变成以“儒家为迂阔，不周世用”。如当时著名的古文经学大师马融，本来他志行高洁，但为了生存，终因饥困难忍而应大将军邓骘之召，后来更是“奢乐恣性”“达生任性”，声色犬马，不拘礼节，如同风流人物。他甚至还把儒学与老庄并举。之所以出现这样的情形，是因为儒家原有的一些社会文化功能在无奈中丧失。于是，世人只能背弃儒学，而生发了倾向道家之心。士大夫在思想上逐渐以易、老、庄“三玄”之学代替了经学就是其具体表现，他们的行为也大都抛弃传统礼教的牢笼，而形成了一种崇尚自然的风气。

（3）唐太宗：儒家文化地位的有力倡导者

唐高祖武德三年（620年），李世民在秦王府设置“文学馆”，聘请了大学者杜如晦等十八人为“学士”，分三班轮流进府值宿，陪他谈论儒家各经经义和天下大事。

李世民（599－649）虽然是行伍出身，但他的文化造诣却不一般。在他做秦王统率大军打天下的时候，就经常对属下说：对一个国家来说，周公、孔子说的道理，就像鸟儿的翅膀，鱼儿的水，离开了它就要死。我真不明白魏晋以来，历朝的皇帝们为什么忽视它！

李世民登位为唐太宗后，又在皇宫正殿的左边设置“弘文馆”，派当朝大臣中著名儒家学者虞世南、褚遂良等人兼任“馆学士”，也像当年的“文学馆”一样，大家也分成数班，每天退朝之后，陪唐太宗研讨儒家经义，规划国家大事。后来，这些学士中出了好几任宰相。以至于后来形成了一条规矩，凡是宰相都要有大学士衔。

唐初，国子学仿照隋朝的规模，学生名额只有几百名。贞观二年（628年），唐太宗开始扩充国子学。他把国子学分设国学、太学、四门、书算等四个大学院，新建校舍1 200余间，把学生名额增加到3 260名，并且在校园里建了一座儒家先圣庙。按照唐太宗的旨意，立孔子为儒学先圣。从此，历朝在国家和地方各级官办的学校里，都立庙祭祀孔子。

从这以后，唐太宗决心以周文王为榜样，以仁义治国，行教化于民。他甚至还派博士官到京城卫戍部队中去为军人们讲课。规定军人有能学通一经以上的，都可以去应科举考试。这一系列举措在全国造成了很大的影响，一时间，各地的读书人都带着自己的经典、笔记到京城里来切磋学问。国子学又经常举行演讲会，请著名学者演讲经义，凡读书人都可以去听讲。有时，演讲会的听众竟达七八千人，会场里里外外坐得满满的，整个国子学被挤得水泄不通。

贞观年间，大唐国势强盛，由于重视文化事业，世界各地的学者纷纷前来交流学问，周边不少国家还把自己的贵族子弟送来求学，如朝鲜半岛上高丽、新罗、百济三国，就是最早派出留学生的国家。后来，在国子学求学的还有日本人、东南亚各国人、波斯人、大食（阿拉伯）人、东罗马人，等等。从此，中国的国家高等学府开始对外接受外国留学生。

文化事业的发达，使国民的道德和文化素质空前提高，相传当时长安城里路不拾遗，夜不闭户。唐太宗尝到文化治国的好处，他对于学术研究的兴趣也越来越浓厚。在学习中，他发现国子学所传的经文也有许多不统一的地方，博士们授课时也往往根据自己的理解各讲一套，甚至有许多互相矛盾的地方，这样就在学生中间引起了思想混乱。于是，他便令中书侍御、大儒颜师古组织一班学者，仔细考据各经，做出统一标准的经文颁布于天下。又令国子祭酒孔子后人、大儒孔颖达负责，组织一班学者一起整理汉末以来流传天下的各家经解，去伪存真，取长补短，写定一百七十卷《五经正义》，颁发全国。从这以后，各官学的教材都统一了，各门各派的门户也被打破，学术研究也出现了兼收并蓄、融会贯通的学风。

贞观二十一年（647年），为了表彰历朝历代对儒学发展做出贡献的文化名人，唐太宗又下诏，将左丘明、伏生、孔安国、毛苌、刘向、郑玄等21人的牌位送进孔庙，和孔子一起接受皇帝和国学师生们的礼敬。

唐太宗如此重视文化建设，不仅本人读书不倦，还在全国大兴读书之风，这在中国历史上实为少见。这对于中国后来各个时代的儒家文化的发展产生了极其深远的影响。

3.3.2 宋明理学的流变

(1)“北宋五子”与宋代理学的开端和奠基

理学，亦称为新儒学。之所以称为理学，是因为两宋诸子所创建的思想体系以“理”为宇宙最高本体，以“理”为哲学思辨结构的最高范畴；之所以称为新儒学，是因为理学虽以儒家礼法、伦理思想为核心，但其张扬的孔孟传统已在融合佛、道思想精粹中被加以改造，具有一种焕然一新的面貌。理学是一种以儒学为主体，吸收、改造释道哲学，在融会三教思想精粹之上建立起来的伦理主体性的本体论。

“北宋五子”指“理学宗主”周敦颐、象数学家邵雍、“关学”领袖张载和理学的奠基者程颢、程颐兄弟。

①周敦颐

周敦颐一向被视为“理学宗主”，理学开山祖。这位被人称为濂溪先生的大学者，对理学的突出贡献有两个方面：

第一，提出了一种新的宇宙观。周敦颐把道教的无极视为宇宙的本原，把儒家的太极视为无极的派生物，由无极而为太极，由太极的阴阳运动而生五行，由五行的运动而生万物，生男女，万物生生变化无穷。由此，周敦颐借助于道教的无极概念便比较好地解决了宇宙万物和人类的发生、发展与统一问题，从而为宋明理学提供了本体论方面的依据。他沿着“出入于释老”而“反求诸六经”的路数，以道教《太极先天之图》与陈抟的《无极图》为主要依据，又参照佛教的《阿黎耶识图》，并融会了自古相传的阴阳、五行、动静等观念，构制了《太极图说》。在《太极图说》中，周敦颐建立了“无极”—“太极”—“阴阳”—“五行”—“男女”—“万物”的宇宙生成图式。

第二，提出了一种新的伦理观。在《通书》中，周敦颐依据《易》与《中庸》之论，以“诚”为最高道德伦理境界，更进一步将《太极图说》中的宇宙图式与“诚”—“几”（善几、恶几）—“德”（爱、宜、理、通、守和仁、义、礼、智、信）的伦理范畴沟通起来，从而显示了理学借释道宇宙论、认识论的理论成果以构造伦理哲学的基本趋向。

周敦颐还提出了“主静立人极”的伦理观。在周敦颐看来，正像世间万物因有不同禀赋而形色不一那样，人也因为心性受感万物而有善恶之分。因此，他主张“主静”而“立人极”“无欲故静”。“主静”就在于“无欲”“无思”“无为”，是一种精神内省功夫，消除欲念，达到无所欲求境界。这样，人通过内心的道德修养，遏制思想，制约情感，不偏不倚，“定之以中正仁义”，使个人行为符合封建伦常标准。从而为理学的发展奠定了方向，以后的理学诸子在修养问题上从未离开过“主静”“窒欲”这条路径。

②邵雍

邵雍长于象数学。他依据道教的《先天图》，提出“先天象数学”，构造了一个包括自然和人类历史在内的世界图式。由于邵学重数术，后人不视他为理学正统，而以他为修仙、占卜、算命的宗师。

邵雍的思想贡献主要在于对宇宙本原及其演化规律的探讨上。其所著《皇极经世》一书，认为，世界万物均由一个总的本体“太极”演化而来，然后“一分为二”生出阴阳，“四分为八”生出八卦……依次分化，遂生世间万物。邵雍还指出太极为心。以心为太极，则宇宙万物生于心；宇宙的法则就是我心的法则；由此，邵雍认为人的认识并不在于如何把握客观外界，而是如何认识自心。他以为宇宙间的万事万物在本质上与人体的构造并无太大等别，天有四时，地有四方，人则有四肢，故而最终天地与人合一。这样，邵雍便将儒学原来的经学传统转换为心性之学，从而为理学的最终形成奠定了基础。

③张载

周敦颐与邵雍是理学的开端发引性人物，而张载与“二程”则为理学真正地奠定了基础。

张载（1020—1077），字子厚，北宋凤翔眉县（今陕西眉县）人。他开创的关学与周敦颐的濂学、二程的洛学、朱熹的闽学并称为理学的四大派。张载的名言“为天地立心，为生民立命，为往圣继绝学，为万世开太平”，一直是后世儒生的座右铭，是他们齐家治国平天下的精神楷模。

张载是一位唯物论的气一元论者，他以“气”为本体，解说了宇宙万物的自然形成、万千变化、动静聚散、生死存亡……驳斥了从原始迷信（鬼神）到释、道理论的各种唯心主义。然而，张载与其他理学家一样，更为关注的还是重建以人的伦常秩序为本体轴心的孔孟之道。在宇宙论的基础上，张载深入地探讨了“天”（宇宙）“人”（伦理）合一的关系。他的代表作《西铭》便体现了把人之为人的“所以然之故”，上升为宇宙（“天地”）的“所以然”的致思趋向，从而将“人性”与“天地之性”浑然一体，使伦理学获得本体论的论证。张载所提出的“心统性情”“天地之性”“气质之性”“德性所知”“见闻之知”等命题亦都关乎伦理行为这一大关目，后来理学诸子无不以上述命题作为理学基本命题。

④二程

“二程”即程颢、程颐两兄弟。他们是周敦颐的学生，邵雍的晚辈，张载的姻亲。二程居住于洛阳，后人便以“洛学”来称呼他们这一学派。

从根本上说，二程的思想具有相当的独创性，从而别具一格，自成体系。较之周敦颐、张载和邵雍，二程进一步摆脱了道教的影响而回归到儒学正宗，朱熹曾说：“孔孟之道不法久矣，自颐兄弟始发明之，而后其道可学而至也。”又说：“夫以二先生倡明道学于孔孟既没，千载不传之后，可谓盛矣。”事实也的确如此，不仅由二程开始充分论证的“理”是宋明时期儒学的最高范畴，而这时期学术思想的体系与规模也是二程确立的，因而，其思想便理所当然地成为理学的正统与典型形态。可以说，程颢、程颐乃是宋明理学的奠基者。

（2）二程天理论：伦理的本体化

二程兄弟在总结了先秦关于理和道的观念以及宋初以来的思想家关于理的论述的基础上，进一步把“理”抽象为宇宙的本体，作为哲学最高范畴提出来，构造了一个以理为最高本体的唯心论体系。

二程兄弟的基本哲学观点是一致的，他们都把“理”作为宇宙万物的本原，或称之为“天理”“道”。程颢说，“天者，理也”，又说，“万物皆只是一个天理”。他认为“理”不仅总摄天地万物，而且存在于一切事物之中。在此以前，虽然也有人提出过“理”，但只是被作为事物的规律提出的，而把它当成万物本原和人类社会的最高准则，则从程颢开始。对此，他曾说：“吾学虽有所授受，‘天理’二字，却是自家体贴出来。”程颐也主张天理论，他说，“天下只有一个理”“万物皆是一理”。世界上只有一个绝对的理，包括人在内的万物都是由“理”派生出来的，它们在“理”的基础上统一起来，是凌驾于万物之上、统驭万物的绝对精神实体。不仅如此，在人类社会中，封建制度和与之相适应的伦理纲常，也是天理的表现。理的原则“推之而四海皆准”，不仅不能违背，而且要顺“理”而行，自觉接受“理”的支配，依“理”行事，具体说来，便是严格遵循封建秩序。二程兄弟把封建主义的等级制度与伦理原则，上升到了哲学本体论的高度。

尽管如此，二程兄弟对于“理”的体认也同中有异。程颢认为，理是自然而然的自然趋势，将道视为无始无终的万物主宰。强调“我”与天地万物不可分，天地万物皆与我浑然一体，只要人们“诚敬存之”，使内心寂然无事，便可达到“仁”的境界。因此，他又认为理心一体，万物皆在我心中，人们不需要去认识了解客观世界，而只需要认识自己的心即可。程颢的这种主观唯心主义思想直接开启了此后的陆王心学（陆九渊、王阳明心学）。程颐所认为的“理”，重在指客观事物之所以然，如水之所以寒，火之所以热，是自然之理。还认为，一物须有一理，但一物之理即是万物之理，而万物之理就是一个天理。很显然，这种主张与程颢的主张有明显的差别。程颐特别强调形而上与形而下的区别，以为一阴一阳之谓道。道非阴阳也，所以阴阳者道也，离开了阴阳便没有道。这就在某种程度上肯定了外部世界的客观性，其客观唯心主义倾向比较明显，他的思想后来由朱熹全面继承并大成。所以，我们通常所说的“程朱理学”中的“程”主要是指程颐，而非程颢。

（3）朱熹：理学的集大成者

①朱熹生平事迹

朱熹知识渊博，造诣高深，形成了自己完整、精密而独特的思想体系。他的思想成为元、明、清时代占统治地位的官方理论，在封建社会的后期产生了重大影响，清朝的康熙皇帝称他“集大成而绍千百年绝传之学”“启愚蒙而定亿万世一定之规”。

朱熹乃安徽婺源人，婺源古属新安郡，所以他常自己署名“新安朱熹”。又因他寓居福建，所以他的学术有“闽学”之称。学者多称他为晦庵先生。朱熹年轻时兴趣很广泛，知识面很宽。五岁即开始跟随父亲读书，十四岁时又遵父命师事于几位二程的信徒，同时也大量阅读其他书籍。朱熹与北宋理学家一样，对释道之学十分留心，年长以后朱熹也潜心于佛。对于道教经典，朱熹也下过许多搜集整理和研读的功夫。他曾托名“空同道士邹䜣”为《参同契》作注，尝自谓“清夜眠斋宇，终朝读道书”，足见他对道教的重视。三十岁时，正式拜程颐的三传弟子李延平为师，专心于性命义理之学。正是在“集游儒之大成”并充分吸取释道哲理的基础上，朱熹对理学展开了一次系统的、创造性的总结，从而成为两宋理学的“集大成者”。

朱熹在中国文化史上的一个重大贡献就是定“四书”。

儒家的经典汗牛充栋，就连最重要的“五经”也是卷帙浩繁，文义艰深，一般人要读懂还真不容易。北宋时的程颢、程颐兄弟有感于此，他们曾经主张重点学习《大学》《中庸》《论语》和《孟子》，循此再深入“五经”。南宋淳熙五年（1178年），朱熹被朝廷任命为南康军（今江西星子县）太守，他一上任首先就修复了白鹿洞书院，并且亲自撰写了书院的学规。为了搞好教学，朱熹继承二程的传统，重点讲授《大学》《中庸》《论语》和《孟子》。他要求学生们首先要读好这四本书。

朱熹还认为：“四书”完整地代表了由孔子经过曾参、子思传到孟子这样一个儒家道统，而二程和自己则是这一久已中绝的道统的继承者和发扬者。因此，朱熹后半生用了大量心血撰写和反复修改“四书”的注释，经过四十余年的研究探索，到七十岁临死前一天还在修改《大学》“诚意”一章的注释。他还给《大学》区分了经传，重新编排了章节，并且将四书作为一部“套书”刊行，“四书”之名由此始定。

②朱熹思想体系及其影响

在自然观方面，他坚持并发展了二程的“理本论”，特别是程颐的理气说，认为“理”或“天理”是宇宙的本原或根本，天、地、人、物都是因“天理”而存在，都是由最根本的“理”所产生、所承载。

朱熹在讲到宇宙的统一性和多样性问题时，着意发挥“理一分殊”的思想，认为“万物各具一理，万理同出一源”。之所以如此，他认为“理”是宇宙万物的唯一本原和共同本质，是多样性之所以统一的根据，他同时还认为由于统一的“理”又使万物表现为多样性。为了更好地说明二者的关系，他借用了佛教的“月印山川”来解释：“本只是一太极，而万物各有禀受，又各自全具一太极耳。如月在天，只一而已，及散在江湖，则随处可见，不可谓月已分也。”

在人性论方面，朱熹继承并改造了张载、程颐等人的思想，把“天地之性”与“气质之性”纳入自己的体系。朱熹认为性是天理的体现，是形而上的本然状态；人禀气而生，是形而下的有形存在。人和万物都是天理的体现，人是禀气而生的，万物也是由气而构成的。据此，人与物一样。然而，从另一个角度讲，人与物又有根本的不同，只有人才具备仁、义、礼、智、信，而物则没有。人的这种本性就是天理，天理从来就不可能有不善的状态。天命之性与气质之性分别的意义在于强调人的根本使命就是要认识人自身，就是要克服人类的那些本然的劣根性，即要在气质之性上下功夫。

朱熹的修养论大体上是继承二程尤其是程颐的思想而又有所发展。在持敬问题上，程颐把“涵养须用敬，进学在致知”作为修养的两大纲目，朱熹进而发挥为“持敬说”和“格物致知论”，认为敬是为学修养的立足点，居敬并不是目的，而只是功夫，居敬的目的在于“穷理”，而穷理又是“格物致知”的功夫。

朱熹所构建的理学体系，不仅将纲常伦理确立为“天理”，即万事万物之所以然，而且高度强调人们对“天理”的自觉意识。人们的伦理行为不应是盲目、自发的，而应是高度自觉，即具有自我意识的。为指明自觉认识天理的途径，朱熹精心改造了汉儒编纂的《大学》，突出了“正心—诚意”的“修身”公式：“古之欲明明德于天下者，先治其国；欲治其国者，先齐其家；欲齐其家者，先修其身；欲修其身者，先正其心；欲正其心者，先诚其意；欲诚其意者，先致其知；致知在格物。”在这一系列范畴中，“格物—致知”是基本出发点。所谓“格物”，便是体验作为外在性规范的“天理”；所谓“致知”，即悟到伦理本体并贯彻到自己的行动中。从“格物”到“致知”，实质上便是将外在规范转化为内在的主动欲求，即伦理学上的“自律”。有了这一自律，方有诚意—正心—修身乃至齐家、治国，明德于天下的功业。

于是，经朱熹构造，一个庞大的以人的伦常秩序为本体轴心的儒学体系得以建立。其价值在于总结先前儒家学者的贡献，回答了当时所能回答的一系列问题，从而使儒学真正摆脱几百年来佛教与道教的冲击，重新恢复了权威和信心。孔、孟的一系列思想在这一体系中被加以新的形而上的解释，释道两教关于个体修炼与宇宙论、认识论的思想精粹亦被广为摄取入内。自两汉以来多元发展的思想意识形态进入“合”的集大成境地，朱熹亦因此成为儒学“正宗”承统者和“礼教”的圣人。

两宋以后，以程颐和朱熹为代表的“程朱理学”地位的日益上升。朱熹死后，朝廷便将他所编定注释的“四书”审定为官方教材，从此盛行起来。元代延祐年间（1314－1320）恢复科举考试，朝廷正式把出题范围限制在朱注“四书”之内。明清沿袭而衍出“八股文”考试制度，题目也都是出自朱注“四书”。从此以后一直到近代，“四书”不仅是儒家的重要经典，是每个读书人的必读书，而且是全国统一的标准的小学教科书。

(4)“宇宙即吾心”：陆九渊心学

①陆九渊生平事迹

陆九渊是宋代理学之心学的创始人。陆九渊（1139－1192），字子静，江西抚州金溪（今江西临川县）人。由于他曾经在江西的贵溪象山讲学，又自号“象山居士”，所以历史上称他为象山先生。

陆氏家道整肃，以诗书传家，州里闻名，宗法伦理十分严格，宋孝宗曾称赞陆氏“满门孝悌”。陆九渊的父亲陆贺，被赠宣教郎，以“究心典籍，见于躬行”著称，这种环境的熏陶，对陆九渊一生的活动起了不小的作用。陆九渊自幼聪明好学，他从小就不爱玩耍，却善于思考，经常提出一些连大人也想不到的问题。陆九渊四岁那年，一日，他吃完午饭就走出屋外，直望着天空发呆，父亲见状，连忙过来问他在想什么。陆九渊指着蓝蓝的天说，天何其大，但怎么才能穷尽它的边呢？父亲一听连连称奇，不过他无法回答儿子提出的问题，陆九渊则一直深思到晚上。

陆九渊二十四岁以《周礼》中举，三十三岁又以《易经》中进士。四十三岁时赴国学，讲习《春秋》。四十七岁回乡讲学，听者甚众。五十岁开讲于象山，名讲堂为精舍，又于山间设方丈，四方学者云集。他居山五年，来见求学者逾数千人。此时，他的心学经过不断地深化和完善，已经达到了完成阶段。

②陆九渊思想及其地位、影响

陆九渊在象山书院讲学，主要就是讲自己创立的心学，他的名言是“吾心即宇宙”。他的学生一开始很不理解，于是他耐心解释这个命题：吾心的这个“心”，是根据孟子“万物皆备于我”而来的。此心此理，我固有之，这就是“万物皆备于我”。从前的圣贤之心，同我的心是一致的，只是先于我心所得而已。

从“吾心即宇宙”出发，陆九渊进一步提出：“人皆有是心，心皆具是理。心即理也。”在陆九渊看来，人的“心”与二程与朱熹说的“理”是同一个概念，它们是一个东西，同是宇宙的本原，同是天地自然、人类社会的总规律；同时，人的仁、义、礼、智四端也是天赋予的，是人内心根本就有的，完全不必向外探求。

从“心即理”这一基本前提出发，陆九渊教人的易简功夫就是“自存本心”。他认为，“自存本心”是人生的基本功，只要“自存本心”，就可以充分了解和认识天下之事物以及该事物之理，做到一理通则万理通。所以，做学问最重要的是向内心用功，发明本心，不必向外去探求。只要按照发明本心的理去做，一言一行，自然都是对的，都是按照圣人的教导去做的。

陆九渊的观点来自程颢，也远承了孟子“尽心”的学说。他充分发挥了孟子的一系列思想学说，认为首先应该“先立其大”，然后再反身内求，这样就能达到自我反省、自我认识、自我完善的境界。不仅如此，陆九渊的心学形成过程中，还受到了禅学的影响。如他认为人不应受外物所累，“收拾精神，自作主宰”，成为“似个无所不知无所不能之人”。陆九渊主张“安坐瞑目”，时常夜以继日，修身养性，不仅自己这么做，他也教人这样养心，这显然是受了佛教禅宗“顿悟”修炼方法的启示。

在建立伦理学主体性的本体论上，无论程朱理学还是象山心学都指归一致，殊途同归。但由于心学更为强调感性，实际上已为理学分裂并最终走向瓦解潜埋下种子，而这一任务，将由明代王阳明来完成。陆九渊所建立的“心学”，经明代王阳明的扩充和发挥，成为儒学史上的一个重要学派。

(5) 鹅湖之会：南宋理学辩论会

鹅湖之会是南宋时期以朱熹为代表的理学学派与以陆九渊为代表的心学学派进行的一次学术辩论会，于淳熙二年（1175 年）在信州（今江西上饶市）鹅湖寺举行。此年四月，婺学代表人物吕祖谦邀请朱、陆两人和两派学人到鹅湖寺聚会。与会者除朱熹、陆九渊之外，还有陆九渊的兄长陆九龄、临川太守赵景明及其所邀请的刘子澄、赵景昭诸人。

以朱熹为代表的理学学派与以陆九渊为代表的心学学派，是当时新儒学内部两大对立的学派。从其哲学基础到方法，以至最终目标，朱熹与陆九渊二人在一系列问题上存在着很大分歧。吕祖谦为了调和二人在方法论等方面的分歧，写信给陆九渊兄弟，邀请他们来鹅湖聚会，希望通过他们之间的自由讨论，使两个分歧的学派统一起来。

鹅湖之会的中心议题是修养方法，同时也涉及本体论上的问题。在修养方法上，朱熹主张“泛观博览而后归之约”，即从博览群书和观察外物来启发对理的认识，强调的重点是“道问学”和即物穷理；陆九渊从心即理的本体论出发，在修养方法上主张“先发明本心，而后使之博览”，反对朱熹多在读书穷理上下功夫，他强调的重点是“尊德性”。鹅湖会议上，陆氏兄弟在诗中以“心”为基础，把他们的方法概括为易简功夫，而把朱熹的方法讥讽为烦琐破碎的“支离事业”，引起朱熹的十分不满，朱熹指责陆氏兄弟的方法为“空疏”。双方不断提出自己的主张，辩论非常激烈。

这次集会，对于所争执的问题并未明定结果，没能消除歧见。从此，朱、陆的信奉者各为一派，朱学被称为“理学”，陆学被称为“心学”。鹅湖之会实际上是以朱熹、陆九渊、吕祖谦为首的南宋理学三大学派举行的一次规模盛大的学术研讨会。三大学派齐聚共商，相互切磋，是南宋学术史上最重要的一次集会，在理学史上有很大的影响。

(6) 王阳明心学：高扬人的主体性

①王阳明生平

王守仁字伯安，生于明宪宗成化八年（1472年），死于明世宗嘉靖七年（1528年），谥文成。他的祖籍是浙江余姚，青年时，随父迁家于山阴（越城），后来他结庐于距越城不远的会稽山阳明洞，自号阳明子，学者都称他阳明先生。

王阳明的父亲王华，是成化十七年进士第一。王阳明本人也于二十六岁时中进士。后授刑部云南清吏司主事，后改兵部主事。正德元年（1506年），一度被权宦刘瑾排挤，谪贵州龙场驿驿丞。1508年，到龙场，著名的"龙场悟道"就发生于此。1519年6月，率部镇压福建农民起义军，于丰城途中获悉宁王反，即返安吉起义兵，水陆并进捣南昌，连下九江、南康，费时35天，平叛擒宸濠。9月抵杭州献俘，因宦官许泰、张忠谗言，非但无功，反遭诬获咎。正德十六年初始于南昌揭示"致良知"学说，终完成心学体系，该年6月升南京兵部尚书。

王阳明的主要著作为《传习录》，后人把他的思想材料编为《阳明全书》，共三十七卷。

②以"心"为主体

王阳明是继张载、朱熹之后宋明理学全程中的关键性人物。张载建立理学，朱熹集大成，而王阳明则造成理学的瓦解，其武器便是他承陆九渊而发展起来的"心学"。

"心学"是一种高扬"心"亦即人的主体性的主观唯心主义的哲学。作为理学家，王阳明与朱熹同样以建立伦理学主体性的本体论为目标，同样鼓吹"明天理去人欲"。然而，朱熹与王阳明的思维走向却大不一样：程朱以"理"为本体，充分肯定理的客观性和人的理性认识客观的理的可能性。但是，"理"哲学更多地突出了超感性现实的先验规范，而没有给人以应有的地位。对于它来说，人是受外部的天理或自身的人欲支配的客体，而不是具有自主性、能动性的主体；而"心"哲学则以心为主体，从而导出了人的主体性这一主调。

王阳明的"心"本体论，以"心"为天地万物主宰，进而从主体的角度去观照万物。"我的灵明，便是天地鬼神的主宰。天没有我的灵明，谁去仰他高？地没有我的灵明，谁去俯他深？鬼神没有我的灵明，谁去辨他吉凶灾祥？天地鬼神万物离却我的灵明，便没有天地鬼神万物了，我的灵明离却天地鬼神万物，亦没有我的灵明。"对于王阳明此论，当然可以用唯心主义谬论一语加以批评，但是细加推敲，却可觉察出其间所蕴有的主体自觉的意蕴：自然的天永远存在，但是没有作为认识主体的人去仰视它，它就没有高的意义，也不作为高的事物存在；大地永远存在，但如果没有作为认识主体的人去俯瞰它，它就没有深的意义，也不作为深的事物存在。（如果说）世间有鬼神存在，但如果没有主体的分辨，它就没有吉凶灾祥的价值，鬼神也就不能作为有这种价值的事物存在；同样，离开价值的世界，主体也就不能作为主体存在。显而易见，王阳明通过“心”本体论，充分肯定了人的主体性、能动性，指明了人是世界的主体，人所生活的世界离不开人的主观能动性。当然，王阳明对人的能动性的认识是全然唯心的。他把这种能动性仅仅归结为人的仁爱之心对他人及天地万物的爱怜，以及由此情感而产生的仁民爱物、修齐治平等伦理、政治行动，而完全不领会人的最基本实践活动——生产活动的意义。

立足于“心”本体论，王阳明又提出“心即理”“心外无理”的著名命题。既然世上人人有心，人人也就心中有理。以“心”去裁判外间事物，一切是非的价值便有了重估的必要。是与非，不听任于众口之然否，而决定于吾心之会契与否。在这样的价值判定原则面前，圣人的权威也发生了动摇。不仅如此，王阳明甚至认为人人都是圣人。其弟子董萝石出游回来说：“今日见一异事。……见满街都是圣人。”王阳明则说：“此亦常事耳，何足为异。”“满街圣人”是王阳明讲堂里的流行话语，它意味着世人皆圣人。对于虔诚顶礼膜拜圣人，以为“天不生仲尼，万古如长夜”的朱子学派来说，这确是狂悖之论，其害不下于异端。

③知行合一与致良知

“知行合一”是阳明“心学”的又一重要命题。而这一命题同样是在极大地强调主体实践（道德行为）的能动性。所谓“知行合一”，即“知之真切笃实处即是行，行之明觉精义处即是知”，这实际上是把一切道德归结为个体的自觉行为。

针对当时人们知道应该孝敬父母和友善兄弟但在行动上又出现不孝不悌的社会现象，王阳明解释说：不能孝，不能悌，这是被私欲隔断了，不是知行的本体了，没有知而不行的。知而不行是未知。圣贤教人知行，正是要恢复那本体。王阳明曾经说：知是行的主意，行是知的功夫；知是行之始，行是知之成。如果能够真正理解，只说一个知，已经自有行在，只说一个行，已自有知在。他还进一步解释说：说一个人知孝，必定指此人曾真行孝；说一个人知味，此人一定尝过此味；说一个人知路之险夷，一定是他亲身履历过这条路。总之，知与行是不能分开的。学习书法，就必须每天临池挥笔；学习骑射，就必须引弓挟矢，经常练习。

为达到“知行合一”的境界，王阳明提出了“致良知”的纲领性口号。“良知者，孟子所谓是非之心，人皆有之者也。是非之心，不待虑而知，不待学而能，是故谓之良知。”良知既是本体，就无待于外，“致良知”也就意味着在自觉的伦理行为中，去证实、肯定和扩展人的存在，“致吾心良知之天理于事事物物”。这就在强调伦理学的意志自律的原则上，极大地突出了个体的历史责任感以及道德的自我意识。

④王阳明学说的影响

从其初衷而言，王阳明建立心学体系，是要修补由于程朱理学僵化所造成的封建意识形态的缺漏。他的“破心中贼”论便鲜明地表露出他巩固封建秩序的宗旨。然而，由于王阳明感应明朝中叶以来社会氛围和心理状态的变迁，从人的主动性、能动性上顺次展开他的宇宙论、认识论、价值主体论，从而否认了用外在规范来人为地管辖“心”禁锢“欲”的必要，高扬了人的主体性地位，造成对正宗统治思想的一种反叛。比较程朱理学，陆王的心学更具有哲学的思辨色彩，并且对后世主张独立思考、冲破“坐而论道、不求开拓进取”的学术之风起到了振聋发聩的作用，客观上起到了思想解放的作用。正因为如此，明代统治者曾一度以“心学”为“诋毁先儒”“传习邪说”的“向导”；而士子们则从“王学”中感悟到“震霆启寐，烈耀破迷”的思想启蒙。在四方热烈响应的氛围中，“王学”如洪波急流，泛滥天下，成为晚明人文思潮的哲学基础。

随着哲学家们关注的重心从外在的“天理”规范秩序转向内在的人的主体性，人的自然之性的合理性与正当性也在明代中后期被加以注意和强调。王阳明的门下弟子王艮，是明朝中叶率先高扬人自然之性的先导性人物。王艮之学“非名教之所能羁络”，王阳明学说中的若干异端萌芽，在这位“泰州学派”的创立者手中有了创造性的发展。

王艮改造了陆王心学所确定的“心”的伦理特性，而赋予“心”一种自然本质：“天性之体，本是活泼，鸢飞鱼跃，便是此体”“凡涉人为，便是作伪”。王艮所强调的，显然是人的自然而然的不受既有观念污染的纯真的本性，以此来对抗仁义道德的“天理”决定论。王艮又有“百姓日用即道”的著名命题，这个“百姓日用”，包含了老百姓日常生活的物质和精神的需要。这样一来，理学家视为万般邪恶的“人欲”，在王艮那儿反而成了天经地义的“道”。泯灭人欲，窒息人自然之性的理学禁欲主义，在“泰州学派”日渐强大的势力面前，受到强劲的冲击。明清许多思想家，如唐甄、李贽、谭嗣同等人，也曾利用陆王心学的一些理论反对权威崇拜，破除教条，宣传革新思想。

思考题：

1. 周文化对儒家思想有哪些影响？

2. 孔子对中国传统文化有哪些贡献？

3. 孔子思想有哪些基本内容？

4. 孟子性善论的基本内容有哪些？

5. 孟子仁政说与民本思想及其评价。

6. 汉武帝“罢黜百家，独尊儒术”的原因是什么？

7. 比较程颢、程颐在思想上的异同点。

8. 朱熹思想体系的基本内容及其影响。

9. 陆九渊思想渊源是什么？陆九渊思想有什么影响？

10. 王阳明以心为主体的学说有哪些内容？对中国古代文化有哪些影响？

4 崇尚自然无为的道家

对于中国文化中的儒、道、佛的关系，一个较为普遍的看法是：儒家治世，道家治身，佛家治心。这种看法未必全面，但应该说基本抓住了儒家、道家、佛家思想的基本特质。儒家治世，提倡“士以天下为己任”，故而深得统治阶级和那些忧国忧民、有“平治天下”宏大抱负的知识分子的青睐。自西汉董仲舒“罢黜百家，独尊儒术”后，儒家思想就一直成为历代统治者推崇的“显学”。道家思想吸引人的地方并非它玄妙高深的宇宙观，而恰恰在于它“独善其身”的“治身”之道。作为芸芸众生的下层百姓，他们成天为生计忙碌、劳累，道家思想能在精神上让他们获得某种轻松、解脱，比起儒家那种沉重的社会责任和道德说教，当然对他们就更有吸引力了。

此外，某些研究中国文化的西方人也特别喜欢道家思想，特别是《老子》中讲的“恍兮惚兮”的“道”，与西方哲学追求的宇宙“本体”极为相似，让人沉思，奥妙无穷。

4.1 老子：道家文化的创始人

4.1.1 老子的生平与故事

老子，又称老聃，姓李，名耳，楚苦县厉乡曲仁里人（今安徽涡阳县）。大约2 500年前，老子降生在这里一个背山依水的小村庄。这里风景秀丽，环境清幽。山坡上松柏交翠，楝槐茁壮，古桐参天，浓荫蔽日。村子四周，是成片茂密的李子林。

老子从小就是一个勤于用脑的孩子。他喜欢与小朋友在家乡的河滩、林间玩耍。独自一人时，常常面对昊昊天穹和河中的流水久久无语，似乎在揣摩着大自然的奥秘。

老子最喜欢家乡的小河。它不仅默默流淌，日夜不息，滋润着两岸的土地，而且能够包容忍让，有东西挡道便悄然绕道离去，从不嫌弃污浊和阴暗。虽然有时候它是涓涓细流，看似柔弱，可一旦到了洪水季节，它又像脱缰的野马，浩浩荡荡，无坚不摧，正所谓“天下莫柔弱于水，而攻坚强者莫之能胜”。家乡的小河就像一本读不完的书，使老子获益匪浅。它“善利万物而不争”的禀性，对老子后来哲学思想的形成，产生了重大的影响。

少年时期，经族人介绍，老子拜商容为师。一次，他听说商容得了重病，前去探望。据说当时商容问了老子三个极富哲理的问题。

商容首先问：“不论什么人，经过故乡时都要下车，你知道这是为什么吗?”老子答：“这是表示人不论如何腾达，都不应忘记家乡、忘记根本。”商容点了点头，表示赞许，又问：“人从高大的树木旁边经过时，要弯腰鞠躬，这又是为什么?”老子说：“在高大的树下弯腰，是表示敬老的意思。”商容见老子聪明过人，十分满意。接着，商容又问了第三个难度更大的问题。他先张开嘴让老子看，然后问：“我的舌头在吗?”老子答：“在。”又问：“我的牙齿还在吗?”老子摇了摇头：“没有了。”商容接着问道：“知道这是为什么吗?”老子略加思索，答：“舌头还存在，是因为它柔弱；牙齿掉光了，那是因为它太刚强。”商容没有想到老子小小的年纪竟能对这些深奥问题有如此深刻的理解，心里非常高兴。他进一步教诲说：“要记住，水虽是至柔之物，但滴水却能穿石；舌头虽然没有牙齿的坚硬，但舌头却能以柔克刚。最柔软的东西里，蕴藏着人们不容易看见的巨大力量，这种力量甚至能够穿透世上最坚硬的东西。现在我已经把天下最根本的道理都告诉你了，再也没有什么可以教你了。”

随着老子人品和学识的不断长进，他的名气也越来越大。公元前551年前后，朝廷史官空缺时，老子被选中，担任了守藏吏，相当于周王室典籍图书档案馆的馆长。因为从事图书管理工作，老子得以博览群书，特别是熟读了《诗》《易》《尚书》等图书文献，成为一名精通周礼的学者。作为史官，老子还负责记录一切官场重大活动。

当时，周王室由甘简公执政，他与族人甘成公、甘景公不和。公元前535年，也许是因为记事不合甘简公的意思，老子被免去了史官之职。免职后，老子出游鲁国。同年，孔子曾从老子“助葬于巷党”。鲁昭公十二年（公元前530年），甘平公登基，老子被召回守藏室继续任职。几年后，孔子到周，再次向老子请教。鲁昭公二十二年（公元前520年），周王室内乱再起，王子朝杀王子猛（周悼王），自立为王。五年后，王子朝被众诸侯赶下台，携带大批周朝典籍逃往楚国，老子因此被追究失职之责，再次被免去守藏吏之职而回到阔别多年的故乡。

在故乡，老子目睹了连年战火带来的恶果：土地荒芜，满目疮痍，民不聊生。这使他更加痛恨朝政的腐败，对“仁义”的看法彻底动摇，毅然与周礼决裂。从此，老子把对现行制度的批判以及救世方略的思考，升华为对宇宙生成及万物本原的探索，成为中国古代著名的哲学家。

老子著有《老子》一书，该书又称《道德经》，共五千余字。1973 年，湖南长沙马王堆三号汉墓曾出土两本抄在帛书上的《老子》，与通行本大同小异。1993 年，湖北荆门郭店一号战国楚墓又发现抄在竹简上的部分《老子》内容。可以认为，《老子》一书基本上为老聃自著，在流传过程中也有一些变动。

关于《道德经》的由来，有一个历史传说。

春秋末年，在东周王朝都城洛邑（现河南洛阳东）通往西部边陲——函谷关（函谷关位于现河南省灵宝市境内西南，是周王朝西去秦国的重要关隘）的漫漫长路上，一位满头白发的老人骑着青牛缓缓西行。自武王姬发灭商起，周王朝历经数百年，曾经有过那么多的辉煌。如今却群雄并起，战乱频仍，简直没有一块安静的地方让人打理生计，更不用说做学问了，因此每天经由这里出关躲避战乱的人不少，那位老者就是李聃（即老子）。

负责守卫函谷关的关令名叫尹喜（又称关尹），据传说，他自幼聪慧过人，好观天文，精通占星之术，并能根据星体的明昏和位置来预测人的吉凶祸福。尹喜曾在朝廷中担任大夫，他廉洁勤政，学识高深，颇受王室赏识，如果继续做下去，应该前途无量。不过尹喜的志向并不在此。据说，他有一天观看天象，发现有一团祥瑞的紫气在东方聚集并缓缓向西移动，便知有圣人将要经函谷关西去。于是，主动辞去大夫的职务，到这个偏僻的边防关隘当了关令。

尹喜早就仰慕老子的学说，如今与老子不期而遇，高兴万分，连忙对老子说：“我早知道先生是一个学问高深的人，提起先生大名，犹如霹雳在耳，让人仰慕不已。我知道，先生一出函谷关，必然行影无踪，不知道是否还有再见面的机会。所以，尽管先生自己不愿意，但我希望在先生离去之前，为我作一部书，将高深的学问留下，以免遗忘于世。”

老子见尹喜一片诚意，又是个可度之才，便答应在函谷关暂住。

于是，尹喜在官邸设座，行弟子礼，拜老者为师。

老子在函谷关住了一百多天，常常与尹喜彻夜长谈，向尹喜传授内外修炼的方法。经尹喜再三恳求，著书五千余字后出关西去。

据说临别前，尹喜曾要求随老子一同西行，表示：“即使蹈火赴渊，上天下地，灭身舍命，也在所不辞。”老子说：“我不是不想带你走，而是你现在修行的功夫不到家，需要继续修炼。”

传说老子离开函谷关入秦后，遍游秦国各地的名山大川，最后隐居于扶风一带。由于老子学识高深，宽以待人，深受当地百姓爱戴。老子曾在槐里讲学，老子去世后，那里的百姓怀念他，将他葬于槐里，就是现在陕西省周至县东南的终南山麓。

4.1.2 老子的宇宙观

老子创立的学派之所以称为道家，就在于他提出了一个以“道”为最高范畴的完整的思想体系，从“道”的眼光和高度考察自然、社会和人生问题。“道”论是中国哲学史上第一个系统的宇宙论，对后世的哲学产生了重大而深远的影响。

（1）宇宙本源论——“道生万物”

老子的“道”究竟是什么？老子似乎自己也说不清楚，因为它“视之不见”“听之不闻”“搏之不得”“绳绳不可名”。“道”虽然不可感知，不可名状，但又确实是真实的存在：“道之为物，惟恍惟惚。惚兮恍兮，其中有像；恍兮惚兮，其中有物。窈兮冥兮，其中有精；其精甚真，其中有信。”

就是这样一个说不清、道不明的神秘兮兮的“道”，它却“先天地生”，是“万物之宗”“天下母”，万物都是“道”创生的，“道”是万物之本源。“道”创生万物的具体过程是：

“道生一，一生二，二生三，三生万物。”

“道”首先生出个阴阳未分的混沌的宇宙；混沌的宇宙变生出阴、阳二气两个对立面；阴阳二气产生之后交感和合，产生了蕴涵阴、阳二气于一体的“和”合之气，即衍生万物的“三”。“三”如何衍生万物？按老子的说法是“万物负阴而抱阳，冲气以为和”。

可见，“道生万物”的过程实际上是一个从“无”到“有”的过程，即老子所说：“天下万物生于有，有生于无。”（《道德经》第四十章）这里的“无中生有”决不能把它归结为唯心主义。因为老子讲的“无”并非“虚无”，而是“有”出现之前的孕育、萌生状态。正如“猴子变人”的过程就是人类从“无”到“有”的过程一样。

大千世界，芸芸众生，层出不穷，生生不息，老子从这纷乱的世界中找出了一条规律，那就是“万物并作，吾以观复。夫物芸芸，各复归其根。”万事万物最终都不可避免地要向自己的本根复归。“树高千丈，落叶归根”，老子关于万物“各复归其根”的思想启示人们，归根就意味着新生。由于万物的复归，“道”中又凝聚着新的生命力，集结着新的创造力，孕育着新的事物，酝酿着另一轮循环过程。这就是老子向人们描述的关于

“道”与万物运动的永恒过程。

(2) 宇宙法则论——“道法自然”

“道”不仅是万物之本源，而且为万物提供“自然主义”的普遍法则。

老子讲：“人法地，地法天，天法道，道法自然。”老子所谓的“自然”，不是现代人所谓的“自然界”或“大自然”，而是自己如此、本来如此、自然而然的意思。这里的“法”是效法、取法的意思：人取法于地，地取法于天，天取法于“道”，“道”则取法于“自然”。老子讲：“莫之命而常自然”（《道德经》第五十一章），“道常无为而无不为”（《道德经》第三十七章），这就是说，“道”的作用是自然而然，顺其自然，并不想有所“为”，然而却没有一件事不是它所为。

“万物莫不尊道而贵德。”“道”所以受万物尊崇，就在于它从不对万物发号施令，从不对万物进行丝毫的限制与干扰，完全顺其自然地任万物自我化育、自我完成。这里面隐含着老子思想中的一个深层观念，那就是：自然的便是最尊贵的，自然是最高的价值，也是事物存在与发展的最佳状态。

“道”创造和成就万物并不含有目的性，从不将万物据为己有而宰制之，也不试图得到回报，所以说“生而不有，为而不恃，长而不宰”。这里的“不有”“不恃”“不宰”都是说明“道”没有占有的意欲，“道”只是辅助万物的生长，即所谓“辅万物之自然而不敢为”。“道”的这样一种品德，就是“玄德”，即最高的品德。

4.1.3 老子的辩证法

老子在中国哲学史上第一次提出了系统而丰富的辩证法思想，老子辩证法最著名的命题就是“反者道之动”，揭示了“对立统一”这个辩证法的核心规律。

(1)“反者道之动”揭示了事物运动变化的动因

“反者道之动”这一命题有着丰富而深刻的涵义，它揭示了世界万物运动变化的原因和动力，那就是“反”，即“阴”和“阳”矛盾双方的相互斗争。

老子认为世界万物都处于永恒不息的运动变化之中，那么，这种运动变化的动力来自哪里呢？或者说，是什么原因使得事物在不断运动变化呢？是神意的安排吗？是由于某种外在力量的推动吗？老子的回答都是否定的。在老子看来，事物运动变化的原因就在事物的内部，它们是自己运动、自己变化的。“道”在自身中潜在地蕴含有两种对立相反的力量——“阴”和

“阳”，而一切事物都内在包含着“阴”和“阳”，通过“阴”和“阳”的相互斗争，“万物负阴而抱阳，冲气以为和”，“道”才能“周行而不殆”。

总之，从本原的“道”到具体的万物，无不内在包含着对立相反的作用——“反”，正是由于这种内在作用的存在，才使得“道”能够循环不止、化生万物，才使得万物能够变动不居、生生不息。因而我们说，“反者道之动”揭示了事物运动变化的内在动因。

(2)“反者道之动”揭示了事物运动的规律性

“反者道之动”的命题不仅解释了事物运动变化的动因，也揭示了事物运动的规律性。老子认为，自然界中事物的运动和变化莫不遵循着一定的规律，其中的一个总规律就是“反”，即事物无不向相反的方向运动发展；同时，事物的运动发展总要返回到原来的出发点。因而，“反”的总规律中蕴涵了两个重要的思想：

其一，对立面的相互依存与相互转化。

老子指出，任何事物都有它的反面，同时又都依赖它的反面而存在，这种相反亦相成的对立依存关系在自然界和社会现象中是普遍存在的。老子以人们熟悉的美与丑（恶）、善与不善为例，精辟地分析了对立双方的相互依存。他分析说：有了美的观念，丑（恶）的观念也就产生了；知道了什么是善，也就知道了什么是不善。美与丑、善与不善是相对立而存在的。根据这一道理，老子指出，一切事物及其特性，都是在相反对立的关系中产生和存在的。有无相生，难易相成，长短相形，高下相倾，音声相和，前后相随，等等。

在老子看来，事物间对立相反的关系不是僵死的、凝固的，而是可以变动的，当事物发展到某种极限的程度时，便会改变原有的状态，而向反面转化，这就是古语所说的“物极必反”。老子以祸福转化为例：“祸兮！福之所倚；福兮！祸之所伏。”人们通常只看到事物的表面，难以透视其中隐藏着相反的可能性。老子却看到了事物的发展往往是盛极必衰、乐极生悲、否极泰来，所以他主张“贵柔守雌”，反对刚强和进取。

其二，返本复初的循环运动。

“反者道之动”的另一层涵义是：一切事物的运动变化都是循环往复的。在古汉语中，“返”是“反”的涵义之一，因而可以借为“反”。1993年，在湖北荆门郭店发现的战国楚墓竹简《老子》中，“反”字正作“返”，可知“反者道之动”的“反”最初用的是“返”字。

老子十分重视返本复初的思想。他概括万物生灭变化的规律说：“夫物芸芸，各复归其根。”万物为什么一定要返回根本呢？原来万物返本归根，是为了从本根处获得新的生命力，重新聚集能量，再次投入到新的一轮循环。这种终而复始的循环运动生生不已，永不止息，这就是宇宙大化的真谛。可见，老子关于循环运动规律的思想中，蕴涵着更始新生的重要观念。

在《老子》中，与“返”同义的还有“复”“归”“周行”，都是循环的意思。这种回到原来出发点的循环往复的运动，鲜明地表现了事物运动的规律性。老子第一个揭示了这种回到原来出发点的运动，并把它看作宇宙万物运动的总规律，这是他的重大贡献。从形式上看，这一规律同西方近代哲学十分注重的“仿佛又回到原来的出发点”的否定之否定规律是相吻合的。当然，老子只发现了这一规律的循环性，而没有发现这种循环中还有前进和上升，这是时代的局限。

4.1.4 老子的处世方法：贵柔守雌

老子观察到，凡是柔弱的东西都是充满生机和具有发展前途的，凡是刚强的东西都是快要走下坡路的。他举例说：“人之生也柔弱，其死也坚强；草木之生也柔脆，其死也枯槁。故坚强者死之徒，柔弱者生之徒。是以兵强则灭，木强则折。坚强处下，柔弱处上。”（《道德经》第七十六章）

老子由此得出结论：“柔弱胜刚强。”这句话后来成为千古流传的格言。老子喜欢以水为例来说明“柔弱胜刚强”的道理，他说：“天下莫柔弱于水，而攻坚强者莫之能胜。”天下没有什么东西比水更柔弱的了，但任何坚强的东西都不能改变水的本性；相反，滴水可以穿石，洪水可以冲决一切坚固的东西。因而，水是最柔弱的，但又是最强大的。

在老子看来，柔弱与刚强是对立相反的双方，任何事物在它新生的时候都是柔软和弱小的，事物成长的过程也就是由柔弱而刚强的过程，并通过刚强最终走向死灭。既然如此，只要事物尽量保持柔弱的状态，经常处于不盈满、不旺盛的状态，就可以延缓乃至防止向刚强的转化，从而推迟乃至避免死灭的到来。老子称这种方法为“守柔”“守雌”“不盈”。老子不崇尚刚强，不主张从正面积极进取，而是以柔弱的、反面的姿态出现，应当说这种方法在实际生活中并非总是有效的，有其局限性。但老子善于提出与常识常规相反的观念和方法，往往可以在实际运用中收到意想不到的效果。从思维方式上来看，这种方法属于辩证思维中的逆向思维，其中包含着深刻的哲理和高超的智慧。

老子的辩证法是中国最古老而庞大的辩证法思想体系，在历史上产生了重大而深远的影响。它的影响不仅表现在哲学思维的领域，而且渗透到社会生活的各个方面，在一定程度上决定着中国人的思维方式和生活态度。

老子提出的以及由老子思想衍生出来的许多极富辩证意味的格言警句，如柔弱胜刚强、以柔克刚、相反相成、物极必反、欲取故与、欲擒故纵、祸福相依、大器晚成、大智若愚、功成身退、知足常乐、不争而善胜、无为而无不为等，早已深入人心，成为中华民族的宝贵精神财富和智慧源泉。

4.1.5 老子的政治观、人生观：清静无为

从自然现象中确定社会、人生的法则，是中国传统哲学的一个基本套路或特征。这一基本套路或特征被史家概括为“究天人之际，通古今之变”。

（1）“无为而治”的政治观

人们常用“自然无为”来概括老子的思想。所谓“自然无为”是指顺任事物之自然，排除不必要的作为或妄为。顺其自然不妄为，实际上也是“为”，是一种独到的、有深刻意蕴的“为”，这就是老子所说的“为无为，事无事”，即以“无为”的态度去“为”，以清静无事的方式去“事”。

老子认为，要治理好一个国家，就必须采取这种顺其自然不妄为的方式。他以烹鱼为例来说明这一道理：“治大国，若烹小鲜。”治理国家就好比煎小鱼，不能多搅动，否则鱼就会烂，这就是“无为”；而鱼还是要烹的，国还是要治的，并且还要烹得好，治得好，这又是“为”；如能按照“无为”的原则去“为”，不妄加搅动，任其自成其功，就可以把鱼烹好，把国治好，这就是“无为而无不为”。可见，“无为”只是一种手段，“无不为”才是所要达到的目的。

“无为而治”是老子为解救社会危机而提出的一种独特的、极具启发意义的政治主张。具体来讲，“无为而治”包括如下一些具体的内容：

首先，统治者要“少私寡欲”。老子所处的时代，列国的统治者无不穷奢极欲、贪得无厌，致使民不聊生，危及国家社稷。老子指出：“祸莫大于不知足，咎莫大于欲得。”（《道德经》第四十六章）老子认为，只要统治者减少私心，降低欲望，就能恢复清静无为的政治，人民自然就会安居乐业，社会自然就会走上正轨。

其次，实行“清静”“无事”的政治。老子指出：“民之难治，以其上之有为，是以难治。”（《道德经》第七十五章）统治者的贪得无厌，决定了他们必然要推行“有为”的政治，“有为”的政治必然会造成成堆的问题。正是由于看到了统治者的所作所为是社会治乱的关键，所以老子才提出了“清静”和“无事”的主张：轻徭薄赋，减轻人民的负担；谨慎用兵，不要发动不义的战争；减轻刑罚，删简法令，不要用高压政策对付老百姓，等等。从这些具体的主张来看，老子是一个对劳动人民的疾苦富有同情心，

对国家社会具有高度责任心的进步思想家。

从“无为而治”的政治主张出发，老子描述了“小国寡民”的理想社会：

“使有什伯之器而不用；使民重死而不远徙。虽有舟舆，无所乘之；虽有甲兵，无所陈之。使人复结绳而用之。甘其食，美其服，安其居，乐其俗。邻国相望，鸡犬之声相闻，民至老死，不相往来。”（《道德经》第八十章）

在这样的社会里，国家小，人民少；虽然有各种各样的先进器具，却并不使用；人们爱惜自己的生命，不轻易冒险向远处迁徙；人们不出远门，虽有车辆和船只等便利的交通工具，却没有必要去乘坐；人与人之间没有争斗，国与国之间没有战争，所以虽有兵器铠甲等暴力用具，却派不上用场；人们的生活简单淳朴，不需要高深的文化知识，仅用祖先们用过的结绳记事的原始方法就足够了；人们的饮食不必很丰盛，却吃得很香甜；人们的衣服不必很奢华，却觉得很美观；人们的住所不必很豪华，却觉得很安适；人们习惯了简单朴实的生活，过得很快乐；邻国之间可以看得见，连鸡鸣犬吠之声都可以互相听得见，但彼此间互不干扰，相安无事，直到老死也无须互相往来。这简直是一首和谐美妙的田园诗，一个充满和平与欢乐的桃花源。

过去不少人批评老子“小国寡民”的思想是企图使历史倒退回原始社会的时代，这种评价过于严厉。“小国寡民”的思想实际上表达了老子对当时列国争强、权贵者贪得无厌物欲横流社会风气的强烈不满。当然，老子为了让人们保持纯真质朴的天性，主张放弃先进的文明成果而不用，“使民复结绳而用之”，这种对待人类文明成果的态度是不足取的。然而，当今世界各国，无不争相发展，从而使人类面临资源枯竭、能源危机、环境污染、生态失衡、人口爆炸诸多问题，人类社会发展何去何从面临严峻挑战，“小国寡民”所表达的“返璞归真”“知足常乐”的价值取向值得当今人类深思。

（2）“见素抱朴”的人生观

老子“见素抱朴”的主张，贯穿了自然主义的人生态度。“素”是未经染色的丝，“朴”是未经雕饰的木，本是指事物的自然状态与本来面貌，老子这里借以比喻不加任何人为的巧饰、拘束与扭曲的人心的自然状态。

“见素抱朴”是老子针对当时社会的道德状况提出来的。在老子看来，有出自人类朴素无性的自然的道德，也有矫揉造作、被人利用的人为的道德。人心本是朴素自然的，并不受也无须受任何道德观念的制约，甚至也不知道仁义礼智等道德规范为何物。人的行为若是出于这样的本性，便与

“道”自然相合，虽不知道德为何物，却又是最道德的。因而，从价值观上看，自然的道德要高于人为的道德。老子认为，正是由于这种自然道德的失落，才有了人为提倡的道德。换言之，道德观念和道德规范的出现标志着人们对于道德的自觉，而对道德的自觉恰恰表明了真朴的失落和人类自然天性的迷失。

当人们失去了一种本不该失去的东西之后，才会真正感到它的可贵。出于对人类纯真质朴的自然天性的挚爱，更出于对恢复这种自然天性的执着，老子赋予“朴”以极高的价值，主张人心应该向真朴的自然之性复归。在老子看来，返璞归真、回归自然，是人生修养的终极目标。

关于返璞归真的道德追求和价值取向，老子还有一个生动形象的说法，即“复归于婴儿”。婴儿象征着纯真，老子认为，具有高尚道德修养的人，其内心就如婴儿般纯洁天真，没有半点虚饰和杂念。因而在《老子》一书中，婴儿乃是一种极高的境界，亦即自然的境界。

“见素抱朴”、回归自然是老子的人生价值取向，若要实现这样的价值目标，使人心恢复和保持自然的状态，还需要通过一些具体的途径和方法。

首先是“少私寡欲”。

在老子看来，私欲是污染心灵、损害人生的主要原因之一。他指出：“五色令人目盲；五音令人耳聋；五味令人口爽；驰骋攻猎，令人心发狂；难得之货，使人行妨。”（《道德经》第十二章）

然而，人生来就有私有欲，这是不可消除的。老子对此当然是十分清楚的，他的“少私寡欲”并不是要灭绝私欲，而是主张恬淡为上，把私欲控制在一定的限度之内，使其不至于对社会和人的身心造成危害。因而老子又提出了“知足”“知止”的主张，告诫人们凡事都要适可而止。他说：“知足不辱，知止不殆，可以长久。”（《道德经》第四十四章）“知足之足，常足矣。”（《道德经》第四十六章）人类最大的祸患莫过于不知足，无休止地追求名利，结果必然是招致物质和精神上的严重损失。只有“知足”“知止”，才能“不辱”“不殆”，才是长久的、真正的富足，才符合自然之道。

其次是“绝圣弃智”“绝仁弃义”“绝巧弃利”。

就一般人的看法而言，“圣智”“仁义”“巧利”是求之不得的，而在崇尚自然主义的老子看来却是“慧智出，有大伪”（《道德经》第十八章）。老子这里所批评的“慧智”，显然不是今天我们所谓的聪明、智力，而是指心机、奸猾、狡诈、巧伪，它不是出于人的自然本真之性，不符合自然的原则，所以老子称其为“大伪”。老子认为，世俗之人攻心斗智、奸巧诈伪，这不仅造成了社会的混乱，而且破坏了人类纯真朴实的自然之性。有见于

此，老子主张："绝圣弃智，民利百倍；绝仁弃义，民复孝慈；绝巧弃利，盗贼无有。"（《道德经》第十九章）

弃绝了智巧诈伪、假仁假义，人心就恢复了淳朴自然的本来状态，社会也就恢复了人人安居乐业的正常生活。

4.2 庄子：道家文化的继承者与传播者

4.2.1 庄子的生平与故事

庄周，宋国蒙邑人（今安徽蒙城县）。大约生于公元前369年，周烈王七年；卒于公元前286年，周赧王二十九年。他和儒家学派的孟子，诡辩派的惠施，属于同一个历史时代，他比孟子大，比惠施小，惠施是同庄周经常在一起交谈论辩的朋友。老子在函谷关著《道德经》，先交由尹喜保留，后经列子传诸后代，再经庄子的大力宣传，老子深邃的道家思想才得以广泛地流传。

庄周自幼家贫，一生没有什么辉煌的历史。仅仅作过管理漆园的小官吏，究竟是怎样离开的，是自动离职，是被上级革除，就不得而知了。

庄子有过那么一次交上了官运的好机遇，比孔子作鲁国的司法大臣（司寇）还大的官运，是威王让他作楚国的宰相。和孔子不一样，他竟没有孔子那种"吾岂匏瓜也哉？焉能系而食"。求官不得的急切心情，反而视位极人臣的相国之尊为用于祭祀的大黄牛。司马迁在《史记》中记载：

楚威王闻庄周贤，使使厚币迎之，许以为相。庄周笑谓楚使者曰："千金，重利；卿相，尊位也。子独不见郊祭之牺牛乎？养之数岁，衣以文绣，以入大庙。当是之时，虽欲为孤豚，岂可得乎？子亟去，无污我。我宁游戏于污渎之中自快，无为有国者所羁，终身不仕，以快吾志焉。"

辞官后的庄子生活窘迫，常有断炊之虞，不得不向人借米度日。不过，庄子是一个交游很广的人，在社会上的名气很大。有一次他去拜访魏王，尽管事前刻意准备了一番，但也只是穿着带有补丁的粗麻衣服，仅仅整理一下腰带、绑绑鞋子而已。魏王见他这模样，问道："何先生之惫（颓废潦倒）邪？"庄子曰："贫也，非惫也。士有道德不能行，惫也；衣弊履穿，贫也，非惫也，此所谓非遭时也……今处昏上乱相之间而欲无惫，奚可得邪？此比干之见剖心徵也夫！"（《山木》）由于对时代和社会有切肤的感受，所以庄子始终抱着与统治者不合作的态度。

庄子不仅视权贵如粪土，而且极度厌恶那种有权力欲的人。他和名辩家惠施是好朋友，当惠施在大梁为相时，庄子前去拜访他。然而事前惠施听人说，庄子是冲着他的相位来的，十分担心庄子有取而代之的意思，因此派人在国中整整搜查了三天三夜，想捉拿庄子。看到惠施这副势利相，庄子真是又好气又好笑。便向惠施讲了一个故事：一种叫鹓（“鸢”）雏的南方鸟，从南海出发飞往北海，一路上非梧桐不栖，非楝实不食，非甘泉不饮。鸱鹰得到一只腐烂的死鼠，十分得意，正要享用时，鹓（“鸢”）雏从它的头上飞过。鸱鹰以为它要与自己争食，惊恐地“哎呀”了一声，紧紧地把死鼠捂住。其实，鹓（“鸢”）雏之志岂在死鼠呢？在这个故事里，庄子用鹓（“鸢”）雏表示自己的高洁，以鸱鹰比喻惠施担心自己的相位。

庄子向往那种能达到忘却是非，挣脱名利枷锁，不受任何世俗牵累，精神自由快乐的人生境界，他把这样的人称为“至人”，并说：“至人神矣，大泽焚而不能热，河汉沍（‘互’，冻）而不能寒，疾雷破山，飘风振海而不能惊。若然者，乘云气，骑日月，而游乎四海之外。死生无变于己，而况利害之端乎！”

由于庄子继承和发展了老子的道家思想，后来的道家把老子与庄子并称“老庄”。在道教中，庄子被奉为真人，他写的《庄子》也被奉为道教经典。到了唐天宝六年，庄子被诏封为“南华真人”，《庄子》诏号为《南华真经》。

4.2.2　逍遥避世的人生观

道家虽以老庄并称，但庄子的思想同老子相比，有许多重要的变化和发展。这些变化和发展，当然是主要体现在他们思想体系的核心——“道”这一概念上。庄子虽然在本体论和宇宙论上继承了老子的思想，认为“道”是天地万物的根源，但由于时代的变化和人们关注的问题不同，庄子的“道”论与老子的“道”论在理论的重心上有着很大的不同：老子的“道”，本体论和宇宙论的意味较浓重，且特别强调“道”的“反”的规律，特别强调“道”的无为、不争、柔弱、处后、谦下等特性以及这些特性在社会活动中的策略性意义；而庄子则将“道”论的重点转移到讨论心灵的境界，追求精神上对世俗的超越。

(1) 追求“无已”“无待”的精神自由

庄子希望按人的自然本性生活，从仁义礼智的桎梏下解放出来，以求得精神上的自由，而现实生活却与他的理想大相径庭。于是，生活于苦闷现实中的他，只好从思想上寻求解脱的办法，在自己构筑的精神王国去作“逍遥游”。

在庄子看来，人之所以有痛苦、不自由，是因为受到现实世界的是非之辨、贵贱升降、贫富变迁、生死祸福等的困扰，受到各种物质条件的限制，人们有所依赖，有所期待，有所追求而造成的。这叫作“有待”。大船在江中航行，须依赖水；大鹏奋飞，直冲云天九万里，但离不开风。这都是“有待”，都不是真正的自由。同样，如果“有己”，即有自我意识，也是不自由的，因为“有己”会使人分善恶、辨是非、别祸福，从而引起种种苦闷。要达到没有痛苦，实现真正的自由，就必须“无己”“无待”。“无己”，即从精神上超越一切自然和社会的限制，泯灭物我的对立，忘记社会和自我。“无待”，即不依赖任何条件。在庄子看来，不是客观必然束缚了人的自由，而是人们的思想束缚了自己。只有做到“无己”才能做到“无待”，也才能获得精神上的“逍遥游”。“至人无已，神人无功，圣人无名”，在庄子眼里，“至人”“神人”“圣人”，他们实现了对世俗人生的精神超越，是庄子心目中的理想人格。

在庄子看来，世俗之人沉溺于追逐名利而不能自拔，他们虽说人还活着，心却接近了死亡，这样的人生是非常可悲的，所以他沉痛地指出：“哀莫大于心死。”通过对世俗人生的反思，他提出了一个深刻而严肃的问题：人生应该追求的价值是什么？什么样的人生才是有意义的？庄子希望人们从世俗的价值和观念中解脱出来，过一种高尚的、理性的、自由的生活，认为这样的人生才是有意义的。由此可见，庄子虽然是冷眼看世界，但他对于人生却是高度负责的。

庄子关于精神自由的思想对于战国中期那种宗法等级制和专制政体表现了极大的蔑视，揭露了统治者的虚伪嘴脸，对不与统治者合作的隐士们起到精神安慰的作用，在当时条件下具有一定的积极意义。但庄子这种反对一切制度规范，不辨是非、知足安命的思想从本质上讲乃是反对文明进步的颓废历史观。这是庄子思想的历史局限。

（2）“心斋”“坐忘”的修养方法

在庄子的哲学中，最高的精神境界就是“道”的境界，他把绝对的精神自由的获得称为“得道”和“体道”。

“道”的境界，需要通过特定的修养方法才能达到。“体道”的方法，庄子称之为“心斋”和“坐忘”。在《人间世》篇中，庄子提出“心斋”的方法，用祭祀时的斋戒来比喻“得道”前的特定精神状态。这种方法的关键在一个“虚”字，即排除任何感觉、嗜欲、情感和思虑，停止任何感官和思维的活动，使心灵超然物外，保持绝对的虚静、安宁、凝聚与和谐，这样的心灵就可以与“大道”自然相接了。《大宗师》篇以寓言的手法，借孔子和弟子颜回之口，提出了“坐忘”的方法。颜回做到了“忘礼乐”，自以为有了进步，孔子认为这还不够；进而颜回做到了“忘仁义”，孔子却说还要继续努力；最后颜回做到了“坐忘”，这才得到孔子的嘉许。

什么是“坐忘”呢？庄子说：“堕肢体，黜聪明，离形去知，同于大通，此谓坐忘。”“堕肢体”与“离形”同义，并不是要抛弃形体，而是要摆脱形体对心灵的束缚，排除由肉体感官产生的贪欲。“黜聪明”与“去知”同义，指的是停止思虑活动，摒弃心智作用而产生的机巧和诈伪。贪欲和智巧都足以扰乱心灵，妨碍“得道”，必须通过“离形”和“去知”两种递进的功夫将其彻底洗净，使心灵获得自由。“坐忘”的结果，是形神两忘、物我两忘，忘掉了一切，使心灵达到绝对虚静的状态，毫无滞碍地“同于大通”，与“大道”自然相合。

可见，“道”的境界实际上就是摒除了世俗的欲望、观念、价值、规范的自由超脱的心灵或精神状态，“心斋”和“坐忘”就是达到这种超凡脱俗的精神状态的修养功夫。

（3）愤世嫉俗与安时处顺

同先秦的许多哲学不同的是，庄子的哲学不是一种救世的哲学，而是一种寻求自我解脱和精神自救的哲学，是一种在乱世中如何做人的哲学。

庄子是一个愤世嫉俗的人，他对现实社会的失望和厌倦，致使他采取了避世的态度。然而，庄子的避世只是躲避政治，而不是逃避人世、逃避现实。他对官场的黑暗、龌龊和危险有清醒而深刻的认识，所以他坚决不与统治者合作，拒绝了楚王的“千金之利”和“卿相之位”。在他看来，政治就是网罗和陷阱，用功名利禄作诱饵来吸引那些过往的人，使他们“中于机辟，死于网罟”，成为政治斗争的牺牲品。他宁愿作一只“曳尾于涂中”的自由自在的乌龟，也不愿为帝王们卖命；宁愿像“泽雉”那样“十步一啄，百步一饮”，过着清苦的生活，也不愿“畜于樊中”，失去宝贵的自由。庄子为不愿投身政治的人们树立了榜样，他的这些思想，成为后世的隐士们洁身自好的精神源泉。同时我们也应看到，不直接投身政治不等于不关心政治，处身于政治旋涡之外的庄子，事实上是以批判者的身份或反面的姿态来关心政治的。

对于世俗社会的种种道德规范和价值观念，庄子也有自己独特的见解。在他看来，列国统治者倡导仁义，正是社会道德沦丧的表现。他尖锐地提出：“彼窃钩者诛，窃国者为诸侯，诸侯之门而仁义存焉。”（《庄子·胠箧》）仁义等道德规范早已沦为统治者掩饰自己道德沦丧和用以控制人民的工具。

应当指出的是，庄子反对的并不是仁义本身，而是被统治者歪曲和盗用的仁义。因而在《庄子》中，我们可以看到两种似乎矛盾的现象，一方面是“剽剥儒墨”，揭露仁义的虚伪和多余，另一方面又宣扬“大仁”“大义”“至仁”“至义”。庄子倡导的仁义同儒墨宣扬的仁义有两点不同，其一是其真实性，不加任何虚饰和扭曲；其二是其自然性，即无目的、无意识性，丝毫不勉强，“端正而不知以为义，相爱而不知以为仁”。这样的仁义，无论是施行的一方还是受惠的一方，都是在不知不觉、自然而然中进行的，就像时刻都在呼吸着空气却又感觉不到空气的存在一样。这也进一步说明，庄子不但以自己独特的方式关心着政治，也以同样的方式关心着社会与人生，我们不能简单地认为他逃避现实。他的避世，其实是以批判和超越现实的方式表现的。

虽然庄子可以使自己的心灵遨游于“无何有之乡”。但他毕竟不能生活在“无何有之乡”，他虽然厌弃现实，却又不得不在自己无法改变的现实中生活。于是，庄子就有了一套应付现实的方法，那就是看破红尘，“安时而处顺”，“知其不可奈何而安之若命”。具体的做法就是，不谴是非，不违逆众人，不伸张自己的意志，不以人力改变自然，不为外物而动心，不以喜怒哀乐好恶内伤其身，甚至对死生也无动于衷。

庄子的妻子死后，惠子到庄子家中，却没有看到应有的伤心场景。庄子正对着妻子的尸体席地而坐，两腿像簸箕一样随意屈伸着，一边敲着盆状的瓦缶，一边高声歌唱。其声慷慨激昂，响遏行云。

惠子十分气愤，走上前对他说：“你与死去的妻子共同生活了一辈子，她为你生儿育女，日夜操劳。现在她因衰老而死，你不哭也就罢了，居然敲着瓦缶高歌，你不觉得太过分了吗?”

庄子放下手中乐器，缓缓回答道：“并非如此！你没有看到我悲伤，是因为我的悲伤已经过去了！她刚死的时候，我悲痛万分。每次我看到家里她曾经用过的一切，就不禁回想起她平日的一言一行，心里如同刀割一般。”

“但后来，我忽然领悟了!”庄子站起身，继续说道，“你看那春夏秋冬自然变化。春天，芳草萋萋；夏天，绿树成荫；秋天，果实累累；到了冬天，万物凋零，一片萧瑟。从春到冬，再从冬到春，一切都自然而然地变化着。人的生命正如这春夏秋冬的变化一样。人起初是没有生命的，更不用说形体和气息了。恍恍惚惚的世界，经过变化形成了气，气再经过变化成为形体，形体又变成生命，现在又经过变化回到死亡。她现在安安静静地躺在大地之间，而我却在为她哭泣，这不是没有明白天命的表现吗？所以，我停止哭泣而放声高歌。”

庄子虽然在外在行为上采取了“安之若命”的处世态度，而在内心却时刻保持着超拔的意志和孤傲的性格，时刻没有放弃独立、自由的精神追求。《知北游》称此为“外化而内不化”，《人间世》称此为“内直而外曲”。“外化”“外曲”即安于自然，随外在的一切变化而变化；“内不化”“内直”即保持内心的独立、宁静、自由与纯洁，在精神上超越世俗。总之，在现实中随遇而安，在精神上坚持自由与理想，构成了庄子人生哲学的一个鲜明的特色。前者表明了庄子哲学的消极保守性，后者则是庄子对中国哲学的重要贡献。

4.2.3 相对主义的认识论

庄子的认识论是从怀疑主义开始的，相对主义是其认识论的主要方法和特点。庄子认为：事物的存在是暂时的、变动不居的，它们的性质是相对的、不确定的，认识对象的不可捉摸性决定了它们是不可知的。他说：

“天下莫大于秋毫之末，而泰山为小；莫寿于殇子（死于襁褓中的孩子），而彭祖为夭。”

在他看来，事物的差异和性质不是客观的，而是决定于观察者采取的标准和他们的看法。秋毫之末是人的眼睛所能观察到的最小的东西了，但同“其小无内”的无限小相比，则可以说是极大；泰山虽大，但同“其大无外”的无限大相比，又可以说是极小。死于襁褓中的孩子和有些转瞬间即逝的生物比起来可算得上是长寿了；彭祖据说活了八百多岁，但同永恒的宇宙相比，八百岁又是极为短暂的。

同理，美与丑、贵与贱、祸与福、是与非、梦与醒、生与死等，也莫不如此。他举例说，西施是人们公认的美人，但鸟儿见了高飞，鱼儿见了深潜，麋鹿见了赶紧逃走，谁能说清她到底美不美呢？谁又能证明自己的判断是正确的呢？庄子又以辩论为例，有辩论就会有胜负，但胜的一方就一定正确吗？负的一方就一定错了吗？一定是一对一错吗？会不会是两人都错了或两人都对了呢？这些都是无法确认的，可见辩论的胜负与是非对错没有必然的联系。他还进一步认为，由于人们的是非标准各不相同，不但辩论的双方无法判定谁是谁非，其他任何人也无法断定他们谁是谁非，因而辩论是徒劳的。他由此得出了“万物齐一，孰短孰长”的结论，否认了事物的差别，从而也就否认了认识的前提。

庄子将事物性质的相对性夸大到不适当的程度，否认了事物的相对静止和质的稳定性，从而否认了认识的可能性；由于夸大认识主体的“主观性”，否认判断是非曲直有客观标准，这就使庄子最终陷入了诡辩论。

应该承认，庄子在中国哲学史上第一次指出了事物性质的相对性，开阔了人们的眼界和思路，是有贡献的。

庄子强调认识的相对性，具有破除主观偏见和独断僵化的意义。

庄子指出，人们已经获得的认识成就都只是局部性的，他称之为“小成”。在获得了“小成”之后，最容易犯的错误就是满足于这种局部、片面的认识，误以为已经获得了全面的、最高的真理而停步不前，并对其他人的意见采取排斥的态度。这样，这种已知的片面、局部的认识就会成为成见、偏见，妨碍人们去获得更多、更全面、更正确的认识。被“小成”所障蔽的人，好比井底之蛙，不知外面还有更广阔的天地。在《秋水》篇中，庄子用寓言的形式讲述了执着于“小成”的危害。河伯自以为“天下之美为尽在己”“以为莫己若者”，及至见到了大海，才知道自己原来很渺小很浅薄。庄子告诫人们，要时刻警惕主观偏见禁锢了自己的头脑，面对无限广大的世界，应该永远承认自己的无知，不能小有成就便沾沾自喜、故步自封。

人们看待事物、思考问题，极容易形成以自我为中心的思维局限，这种自我中心主义必然会使人产生主观成见和认识上的片面性，庄子称之为“成心”。“成心”会障蔽人们的心灵，妨碍人们获得正确、全面的认识，排斥与自己不同的意见。庄子认为，以儒、墨为代表的学派之争就是这样。他说：“故有儒墨之是非，以是其所非，而非其所是。”

在“成心”的作用下，人们会认为只有自己的意见是正确的，而武断地认为与己不同的意见一定是错误的。庄子指出，这是独断地以自己的意见作为判断是非的标准，如果这样，那么谁没有自己的标准呢？这都是顽固地坚持自我中心而导致的思维僵化的结果。

庄子还指出，不仅辩论的双方习惯于以自我为中心，整个人类都习惯于以人类为价值判断的中心来观察和思考问题，这种人类中心主义也是一种严重的成见和偏见。他举例说，人睡在潮湿的地方就会腰腿痛，泥鳅却专在潮湿的地方生活，谁能说潮湿的地方不适于居住呢？人爬到高处就会害怕发抖，猿猴却专在高处翻腾跳跃，谁能断定哪里是最好的处所呢？《至乐》篇讲了一个故事，说的是鲁侯得到了一只海鸟，为它准备了上好的筵席，还为它演奏宫廷的音乐，此鸟却三日不吃不喝，忧悲惊惧而死。庄子指出，这是“以己养养鸟，非以鸟养养鸟也”。可见，人类的标准并不适合于万物，人类中心主义足以构成对万物的危害。庄子的某些比喻虽然有诡辩之嫌，但他对人类中心主义的剖析却是深刻的，对于现代人的环境保护工作很有启发意义。

4.3 黄老之学：道家文化的新形态

4.3.1 黄老之学产生的历史与学术背景

黄老之学的产生有着独特的社会历史根源和思想文化背景。

首先，它是战国中期一部分热衷于为政之道的道家学者为适应当时的政治需要，将老子之学同春秋以来流行的“黄帝之言”结合起来，进行综合改造的结果。战国中期，百家争鸣进入高潮，各主要学派为了提高本学派的声望，以便在争鸣中处于有利的地位，于是纷纷打起了远古帝王的旗号，以示源远流长。儒、墨被称为当时两大显学，儒家“祖述尧舜，宪章文武”，墨家也声称自己的学说是“禹之道”。道家仅凭创始人老子的声望难以与儒墨抗衡，处于十分不利的地位。于是，一部分道家学者打起了中华人文之祖黄帝的旗号，把黄帝加在老子之上，声称自己的学派乃是直接继承了黄帝的传统，因而比儒墨渊源更久远，道术比儒墨更高明，地位也比儒墨更显赫。这一举措不仅使道家学派在百家争鸣中一举改变了原先的不利地位，更为重要的是，使道家学者得以借用黄帝的名义，名正言顺地改造传统的道家理论，根据自己的需要为道家学说增加了许多新的内容，从而开辟了道家思想发展的新局面、新领域和新方向。

其次，它是学术思想互补、融合的结果。战国以来，列国政治舞台的主旋律是变法图强，法家的主张因而受到了列国统治者的重视。在黄老之学产生以前，主要流传于三晋一带的法家学派主张以法治国和严刑峻法，只重视种粮和打仗两件事，只要求人们服从统治者的意志，对自己的主张缺乏理论上的论证，给人以阴森森的感觉。儒家学派的主张同法家大体上是对立的，他们强调仁德，主张以礼治国，重视道德教化和民心。儒家的主张虽然在当时被认为是“迂阔”而不被重视，但它却代表了统治者长治久安的长远利益。道家学派对从政不感兴趣，同统治者始终保持距离，他们对社会政治基本上是持批判态度的，儒家的礼和法家的法都是他们批评的对象，这一倾向在庄子一派的道家学者那里得到了突出和强化。然而，道家的深邃哲理和高超的辩证思维却倾倒了诸子百家，在当时广为流行。随着变法图强呼声的日渐高涨，一些道家学者一改对政治的冷漠态度，开始积极地与统治者合作，将道家的理论同变法的社会实践结合起来，对以法治国的现实需要进行理论上的论证，努力寻找一条更为适合现实政治需要的新路。这样的一批人就是所谓的黄老学者。他们打着黄帝与老子两面旗帜，用虚设假托的所谓黄帝之言改造了老子的学说，将探讨高深哲理、热衷社会批判、阐扬清静无为和柔退不争的处世之道的老子之学，改造为集中探讨如何才能富国强兵的为政之道的黄老之学。黄老之学从传统道家思想中择取的，实际上只有其“道”论的宇宙观以及由此衍生出的自然无为的方法论，并以此作为自己政治主张的哲学基础，却为道家学说注入了全新的内容，使其在社会政治实践中具有了更高的实用价值。

4.3.2 黄老之学的学术特征

黄老之学是在战国百家争鸣的思想基础上出现的，它具有综合的性质，吸收了其他学派的许多思想成果。

《史记·太史公自序》中所说的“道家”，实际上就是这样一种新道家，它“因阴阳之大顺，采儒墨之善，撮名法之要”，集中了先秦各主要学派的优势。可以将黄老之学的学术特征概括为“道法结合、以道论法、兼采百家”。黄老之学虽然兼采百家学说，但仍以道、法两家学说为主，其学说的最主要内容就是为法家的政治主张寻找哲学依据，用道家哲理论证以法治国的必要性与合理性。黄老之学“道法结合、以道论法、兼采百家”的学术特征，十分适合当时的政治需要。这样的学说既符合列国统治者急于富国强兵的眼前需要，又符合他们的长远利益，同时也顺应了学术思想发展的潮流，因而代表了战国中后期学术思想发展的一般趋势。

黄老之学的深刻之处就在于找到了道法结合、以道论法这条路子，充分论证了实行法治是顺应天道、符合天道的。他们发现传统的道家学说虽然反对法治，但其中顺应天道和人的本性、崇尚自然、反对人为干预的思想内容正好可以用来作为变法的理论根据，论证实行法治的合理性、必要性和可行性。

1973年，长沙马王堆汉墓出土的帛书《黄帝四经》，是现今发现的最早的黄老著作，这部书开宗明义，第一句话就是“道生法”。“道生法”堪称黄老之学的第一命题，确立了黄老之学的基本思路。这一命题首次将道与法统一了起来，明确地揭示了道与法的基本关系——法是由道派生的，是道这一宇宙间的根本法则在社会领域的落实和体现。这就不仅从宇宙观的高度为法治找到了理论根据，而且也为“道”这一抽象的本体和法则在社会政治领域中找到了归结点，使“道”不再高高在上、虚无缥缈，从而大大增强了“道”的实用性。

“道生法”的命题包含着一些具体的涵义。第一，法不是君主按照自己的意愿制定的，而是君主依据“大道”的原则制定出来的，所以又说“执道者生法”。第二，法的公正性和权威性来自最高的“大道”，因而可以作为判断一切是非曲直的标准，人们的一切行为都必须在法的准许下进行。第三，法既然是由“大道”派生的，它的权威性对于任何人来说就都应该是普遍有效的，即使是立法的君主也不能例外。在变法实践中，对法的破坏主要来自以君主为代表的各级权力所有者，《黄帝四经·经法》要求君主带头守法，“执道者，生法而弗敢犯也，法立而弗敢废也”，从“道”的高度对君权进行了限制。《黄帝四经》确立的这些原则，在后来的黄老学者那里得到了继承和进一步阐述。

4.3.3 “因人之情”的人性理论

人性论的问题在战国时期受到了各家学派的广泛关注，他们都根据自己对人性的判断导出了各自的政治主张。

认为自私自利、趋利避害是人的自然本性，这是黄老学者对人性问题的共同看法，他们对此有精到的阐述。慎到认为，“人情每狎于所私”，又说“人莫不自为也”。田骈也指出“人皆自为，而不能为人”。《管子·禁藏》认为：“凡人之情，见利莫能勿就，见害莫能勿避。”《管子·形势》也指出：“民之情，莫不欲生而恶死，莫不欲利而恶害。”慎到举例说，制作棺材的匠人希望死人，并不是心地不善良，而是“利之所在，忘其丑也”。《管子》用水往低处流来比喻人的自私好利本性，并举例说，商人贩运货物，日夜兼行，虽千里而不远，是因为前面有利可图；渔人出没于汹涌的波涛之中，不顾凶险，是因为“利在水也”。黄老之学对人的本性的揭示，应该说是准确而深刻的。

黄老之学揭示出人的好利恶害的自然本性，并论证了它的合理性，是为了对以法治国的政治主张进行理论论证。黄老之学认为，自私自利、趋利避害的本性不仅是普遍的，而且是不可改变的，所以统治者在制定法律和政策时就不能试图违背它，而应该顺应这一自然本性，这叫“因人之情”。在他们看来，人的这一本性对于统治者来说不但不是坏事，反而是求之不得的好事，因为统治者正好可以利用人的这一本性来推行法治，达到统治他们的目的，《管子·权修》称此为“民情可得而御也”。具体来说，就是一方面用“利禄”和“庆赏”吸引、激励人民为统治者出力卖命，另一方面用“罚”和“杀”迫使人民服从，使他们不敢反抗。有了这软硬两手，就可以随心所欲地让人民围着统治者的指挥棒转了。

黄老之学从老子的“道”论那里，为“因人之情”的主张找到了理论依据。早在《黄帝四经》中，就有“因天时”的主张，强调人的行为必须遵循天道运行的自然规律。慎到将这一原则运用于人性理论和社会政治领域，他说：

“天道因则大，化则细。因也者，因人之情也。”

慎到认为，“因天道”是一个基本的原则，运用于社会政治领域，就是“因人之情”。“因人之情”就是顺应、因任人的自然本性，而不能企图变化它。老子主张“道法自然”，顺任自然是道家的一个基本观念，从“天道”那里为人类社会确立行为的根据，是道家一贯遵循的做法，人为地改变事物的本来状态和性质，是道家最为反对的。所以，从“因天道”到“因人情”，是道家理论的合理推展，是道家自然主义的必然要求。田骈也主张“因性任物”，不仅要因人之性，还要因万物之性。《管子·心术上》提出了“静因之道”，并解释说，“因也者，无益无损也”，“因也者，舍己而以物为法也”，这些都是对道家顺任万物不妄为的自然主义原则的阐发和应用。这样，黄老之学通过对人的自然本性的阐发，通过“因”这一重要的方法论原则，将他们政治思想的核心概念“法”同道家的最高概念“道”联系起来，从而为法治的政治主张找到了天道观方面的根据。

4.4　魏晋玄学与儒道合流

4.4.1　西汉初年的黄老之术

(1) 反思秦亡教训与提出“无为而治”

秦始皇父子急功近利，严刑峻法，想保家天下传之万世，结果却适得其反。秦帝国维持不过十五年光景，便在农民大起义的烈焰中轰然坍塌，其后又经过三年的楚汉战争，整个社会都付出了惨重代价，才由刘邦建立起新的统一的西汉王朝。秦朝统治思想选择的失误对地主阶级造成的严重后果，逼迫这个阶级的思想家痛定思痛，深刻反省，进行新的抉择。

陆贾是第一个代表地主阶级进行这种反省和抉择的思想家。陆贾以为：“善言古者，合之于今；能述远者，考之以近。”他从巩固新王朝统治的政治目的出发，检讨秦亡的根本原因，陆贾提出：“秦以刑罚为巢，故有覆巢破卵之患；以赵高、李斯为杖，故有顿仆跌伤之祸。”（《新语·辅政》）并对刘邦进言道：“乡使秦已并天下，行仁义，法先圣，陛下安得而有之？”“君马上得之，宁可以马上治之乎？且汤武逆取而以顺守之，文武并用，长久之术也。”（《史记·郦生陆贾列传》）

然而，如何才能“文武并用”，而施“长久之术”呢？陆贾提出了“无所为而无所不为”的治国命题。他说：“昔虞舜治天下，弹五弦之琴，歌《南风》之诗，寂然无治国之意，漠若无扰民之心，然天下治。故无为也，乃无不为也。”陆贾“无为而无不为”的思想，为汉初的政治、文化定下了基调。六十年间，“君臣俱欲休息乎无为”“汉兴，扫除烦苛，与民休息”。

（2）黄老之学的兴衰

陆贾本人，更近于儒。他的“无为而无不为”，实际上是熔儒家的“仁义”于道家的“无为”之中，以积极的“仁义”来补充、改造消极的“无为”，从而收到“无不为”的功效。汉初的文化主流，本质上正是这种以道家学说为基础，吸收儒学而形成的所谓新道家思想，亦即所谓“黄老之学”。

据《史记》《汉书》记载，汉初，黄老之学在从最高统治者皇帝、太后到外戚、官僚、学者直至民间士人、卜者的社会各阶层中受到普遍的崇奉。

在汉初，真正建立起黄老之学系统理论体系的，一是司马迁之父司马谈，二是以刘安为领袖的淮南学派。

司马谈“论大道则先黄老而后六经”，其代表作是《论六家要旨》。司马谈品评先秦至汉初各家短长，认为“道家使人精神专一，动合无形，赡足万物。其为术也，因阴阳之大顺，采儒墨之善，撮名法之要，与时迁移，应物变化，立俗施事，无所不宜，指约而易操，事少而功多。”显然，他这里评论的，已经不是老、庄代表的先秦道家了。在老、庄眼里，儒、墨均在基本排斥之列，绝无“采儒、墨之善”的倾向，也谈不上“因阴阳之大顺，撮名法之要”。因此，司马谈这里赞扬的，其实是汉初大兴的“新道家”，即以先秦道家理论为基础，综合阴阳、儒、墨、名、法各家之善而形成的黄老之学。据考证，《论六家要旨》出现在文、景之际，正是窦太后得势，力行黄老政治之时，因此可以看作是汉初黄老政治的理论总结。

淮南学派的代表作是《淮南子》，亦称《淮南鸿烈》。由淮南王刘安及其宾客苏非、李尚、伍被等著，大约成书于景、武之间。在综合百家方面，《淮南子》与《吕氏春秋》一脉相承。所不同的是，它更多地吸取了《老子》《庄子》，特别是《黄老帛书》的思想资料，成为集黄老之学大成的理论著作。侯外庐指出，《淮南子》企图以道家“总统百家”，并且以这种“总统百家”的道家自居，这正点出《淮南子》与《吕氏春秋》的不同。

《淮南子》与《论六家要旨》一样，在诸多方面，发展了先秦道家。“纪纲道德，经纬人事”的积极人生态度，是黄老之学“新道家”区别于先秦道家的基本点。据此，《淮南子》对先秦道家的“无为”，做了新的阐释和发挥：

“所谓无为者，不先物为也；所谓无不为者，因物之所为。所谓无治者，不易自然也；所谓无不治者，因物之相然也。”

这正与《论六家要旨》的“道家无为，又曰无不为，……不为物先，不为物后，故能为万物主”的旨意相合，都是强调遵循客观规律，因时而动，建功立业。《淮南子》批评那种守株待兔式的消极“无为”论，主张积极的“无为”思想。《淮南子》总结秦亡教训，批判法家专制主义“背道德之本”，主张“上无苛令，官无烦治”“仁义者治之本也”，提出“因民之性而治天下”的统治政策。显而易见，这正是汉初六七十年间清静宁一的时代政治与社会风尚的理论概括。

《淮南子》出现于西汉封建统治阶级羽翼逐渐丰满，力量日益强大，时代精神正由休养生息、清静宁一重新返回积极有为的转折关头。虽然刘安因其“辩博善为文辞”而受到武帝“尊重之”，其所作《内篇》也为武帝“爱秘之”，但其“变相的有为论”还是不合一心施展雄图大略的汉武帝的胃口。所以，刘安及其同党终以“谋反”罪而遭诛灭，恰是黄老之学由兴盛而衰败的形象结局。

4.4.2 名教危机与玄学的兴起

(1) 名教危机

所谓名教，亦即礼教，是儒学体系中至关紧要的内容，也是中国封建社会特有的道德文化形态。它以儒家哲理化的道德学说为内涵，以承继西周宗法礼制的程式化的礼仪规则为形式，具有教化与制约相统一的特征。两汉时期，是名教体系定型时期，其标志便在“三纲五常”的提出。名教的道德规则、礼仪程式全然围绕“君为臣纲、父为子纲、夫为妻纲”“仁、义、礼、智、信”全面展开。然而，与儒学失落同步，名教也在魏晋南北朝时期陷入深刻的危机之中。

名教危机的第一标志便在于名教的道德哲学受到全面挑战。

“夫君臣父子，名教之本也”。然而，恰在君臣、父子理论上，名教遇到严厉的责难。阮籍在《大人先生传》中云：

“盖无君而庶物定，无臣而万事理。……君立而虐兴，臣设而贼生。坐制礼法，束缚下民。……竭天地万物之至，以奉声色无穷之欲，此非所以养百姓也。”

依据阮籍的理论，无君无臣，天下太平；而一旦君臣设立，天下万弊丛生。这无疑是对名教君臣理论的沉重打击。鲍敬言更为激烈，他以为“古者无君，胜于今世”，自从有了国君之后，人民深陷无穷灾难，而国君之所以能够“肆酷恣欲，屠割天下”，只是由于他处于统治地位，能够为所欲为。因此，鲍敬言主张消灭国君，建立一个“无君无臣”的乌托邦社会。由阮籍、鲍敬言所伸张的非君论构成中国政治文化中与专制主义理论针锋相对的反文化思潮，它不仅惊世骇俗地引发当时士人更为深刻地反省现实的不合理，而且将其遗波流泽，曳于后世。

名教之本的父子理论也遭到魏晋人的非议。孔融曾与祢衡“跌宕放言”：“父之于子，当有何亲？论其本意，实为情欲发耳。子之于母，亦复奚为？譬如寄物瓶中，出则离矣。”

孔融从纯生物学的角度，指出子女只不过是父母“情欲”的产物，从这一意义上讲，子女并不承担“孝顺”父母的必然义务。此种违反儒家伦理观念的叛逆性言论出于孔圣人二十世裔孙，真是莫大的讽刺。

名教的危机还表现在其制定的“君子风范”“妇德、妇言”等封建礼教遭到全面冲击。士人的放达，妇女的求平等成为时尚。这一时期史书中记载的所谓“儒者之风益衰”，所谓“为儒者盖寡”，所谓“百余年间，儒教尽矣”，皆描绘出儒学式微的情景。

（2）玄学的兴起与代表人物

汉代以来的仕进制度以察举、征辟为主要方式，以维护名教为宗旨。其中的举孝廉、茂才两科就是以乡里舆论为依据，以道德判断录取人才，全然不管“人才”是否有实际能力。这种仕进制度造成东汉后期“窃名伪服”“纯盗虚声”的时代流弊。《抱朴子·察举》抨击这种察举制：“举秀才，不知书；察孝廉，父别居；寒素清白浊如泥，高第良将怯如鸡。”名士赵宣“葬亲而不闭埏隧，因居其中行服二十余年，乡邑称孝，州郡数礼请之”，名盛一时，结果被人发现他在墓道中生了五个儿子，不仅传为笑谈，也是对名教的绝妙讽刺。

时事纷纭，社会动荡，名教虚伪，人生意义何求，把魏晋思想引向玄学。玄学是由老庄哲学发展而来。玄学的主要经典是《老子》《庄子》和《周易》，合称“三玄”。“玄”作为一种哲学概念，其发明权本在老庄。《老子》论“有”与“无”：“此两者同出而异名，同谓之玄。玄之又玄。众妙之门”。《庄子·天地》《老子·天道》也大讲“玄德”“玄圣”，以“玄”为哲学论题。老庄哲学追求自然，玄学家们纷纷从道家立场出发，以“无”为本，不为身外之物所累，放达任情，宣扬精神上的逍遥游。然而，玄学家们一方面提出要“越名教而任自然”，一方面又大谈“圣人明乎天人之理”，以“建天地之位，守尊卑之制”；一方面自称“老子、庄周是吾师”，一方面又鼓吹要“怀忠抱义，而不觉其所以然”。可见，玄学家们骨子里仍浸润着儒家思想，只不过以“新瓶”装“旧酒”，借尸还魂罢了。难怪鲁迅先生一语中的："魏晋的破坏礼教者，实在是相信礼教到固执之极的"。

不过，玄学家们对名教虚伪礼仪的抨击在客观上也助长了当时纵情声色、放浪形骸的社会风气。何晏、王弼、阮籍、嵇康、向秀、郭象便是那一时期风度飘然潇洒的人物。

魏晋玄学的实际开创者王弼，是中国哲学史上罕见的哲学天才。在仅二十四年的人生旅程中，他为后人留下了《老子注》《老子指略》《周易注》《周易略例》《论语释疑》等众多著作，对哲学的发展产生了广泛的影响。

嵇康有奇才，但喜欢发表议论而口无遮拦。他的朋友山涛曾举荐他担任吏部侍郎一职。山涛对他说："您有旷世奇才，为何不在朝廷担任官职，参与治理国家呢？君主希望您能担任吏部侍郎一职，您同意吗？"

嵇康断然拒绝道："当今的世道是贼臣当道，我怎么会为贼臣效力呢？"司马氏集团当时正在打算夺取曹魏政权，嵇康的这种反对态度和嘲讽口吻触怒了司马氏统治集团。司马昭勃然大怒说："嵇康不识时务也就罢了，可他总是口无遮拦，对我们极尽嘲讽之能，这是让我们无法忍受的啊！"后来，司马昭就借一个与嵇康不相干的所谓的"不孝"的罪名，指使钟会诬陷嵇康，把他杀了。

嵇康在东市被杀的时候，神志镇定，脸上毫无恐惧的表情。他向人要过自己的琴，仔细地抚摸了很久，然后弹了一曲《广陵散》。《广陵散》音律婉转而悠扬，节奏美妙而动人。在场的人无不为之而陶醉，就连树上的鸟儿也停止了鸣叫，含苞的花骨朵也在瞬间绽放，丝毫感觉不到死亡的迫近。

曲子奏完，嵇康慷慨地说道："袁孝尼曾经请求向我学习这首绝世名曲，我却没有舍得传授给他。《广陵散》从今以后就要失传了！"

当时，有三千名太学生联名上书朝廷，请求赦免嵇康，让嵇康当老师传授《广陵散》，但没有得到准许。嵇康被杀后不久，司马昭就对此感到后悔了。

面对死亡，嵇康却挥琴弹奏《广陵散》一曲。嵇康之超脱不羁，可见一斑。在道家眼中，死亡是很自然的事情。面对死亡，没有必要过分地悲伤，一切顺应自然即可。这就是所谓的安时处顺、率性而为。

刘伶，"竹林七贤"之一，曾为建威参军。刘伶虽然才高八斗，学富五车，却嗜酒如命，不能自已。每当他口渴得厉害时，就向夫人要酒喝。于是，夫人只好把酒倒掉，把酒具毁坏，并流着泪规劝他说："你喝得太过分了。这样喝酒不是养生之道啊。你一定要戒掉它！"刘伶说道："夫人说得很对，但我自己管不住，只有向鬼神发誓才能戒掉。你就给我准备些酒肉祭品吧。”夫人说：“好吧。就依你说的做！”夫人很快就把酒肉祭品供奉在神灵前，请刘伶祈祷发誓。刘伶跪下，却祷告说：“苍天让刘伶降生，就是为喝酒的。饮一壶酒，要用五壶酒来醒酒。妇人说的话，千万不能相信！”于是饮酒吃肉，不一会又烂醉如泥了。

有一次，刘伶喝醉了酒，脱光了衣服，赤裸着身体在屋里吟诗作赋。有人从门前经过，看见刘伶赤身裸体在那里，就讥笑他说：“你怎么光着身子在屋里呢？你难道连遮蔽身体的衣服也没有吗？”刘伶醉眼惺忪，笑着说道：“谁说我光着身子？我以天地为房屋，以房屋为衣裤。这房屋就是我的衣服！你进了我的房屋，就是钻到我的裤子里了。我正要问你，你为什么要到我的裤子里来呢？”

任性而为，放荡不羁，是道家精神的外在体现，而逍遥处世，以达于心灵的自由超脱，则是其内在本质。刘伶虽嗜酒如命，但其自由逍遥又怎么能与常人相比？魏晋名士的放荡不羁、放任自达，由此可见一斑。

（3）玄学的文化特色

玄学是一种主体面貌与两汉儒学大不相同的学术思潮，两汉儒学着眼于实实在在的王道秩序与名教秩序的建构，玄学却以探求理想人格的本体为中心课题。两汉儒学热衷于“天人感应”的神学目的论，魏晋玄学却从汉代的宇宙论转向思辨的本体论。哲学是文化的魂灵，玄学的特质自然而然地在魏晋南北朝人文化心态上打下了深刻烙印。

魏晋时期理性思辨空前活跃，使魏晋学术富于谈“玄”析理的特色。名士们口若悬河，剖玄析微，“注而不竭”，其风度飘然潇洒。玄学思辨深刻地影响了魏晋各方面的学人。那一时期的文学批评著作如刘勰的《文心雕龙》、钟嵘的《诗品》，都具有前代所少见的严密的理论系统性和深刻的美学内涵。魏晋六朝是“中国周秦诸子以后第二度的哲学时代”，这一时代以其饱蕴哲理的理论思辨在中华民族的精神史上留下了辉煌的一章。

与哲学领域将本体论推为哲学首要课题的趋向相呼应，魏晋六朝人的审美对象亦从外在的纷繁现象转向内在本体。汉末以来风靡社会的人伦品藻，由可见之形、可见之才的审视折变为超乎外在物象的内在精神性的考察。这一时期的人们贬拒、超越外在形象，摆脱道德实践性与政治实用性，从人的本体精神去把握人格美的真谛。勃兴于魏晋时期的才性论，正是从气质差异的内在把握上去诠释人的才性的不同，与两汉时“由外貌差别谁知其体内五行之不同”的致思趋向全然相异。

然而，本体把握总是带有一种模糊性、直觉性。老子观念中的“道”便“惟恍惟惚。惚兮恍兮，其中有象；恍兮惚兮，其中有物”。佛教宣扬的万物本体“真如”“实相”也是“不可思议，不可言说”。魏晋六朝时期的“神鉴”也同样如此。人的内在“神”视之于无形，听之于无音，只可意会，不可言宣，遂“入于虚无难言之域”。陶渊明的名句：“山气日夕佳，飞鸟相与还。此中有真意，欲辩已忘言”；便形象地传达了一种“言不尽意”的意绪。陆机、刘勰等文论家对文学创作中“言”“意”“物”的关系加以多方面探讨，提出了颇多精彩议论。如陆机论“精骛八极，心游万仞”的艺术想象的作用，将作家“最杰出的艺术本领”——想象率先导入中国文学创作论领域。钟嵘的“文已尽而意有余”论则将含蓄美自觉地引入中国文化的审美殿堂。

魏晋六朝的“神鉴”风气深切渗透于同时代文化人的艺术价值观念与审美意绪。顾恺之作人物画“或数年不点目睛”，人问其故，顾曰：“四体妍蚩，本无关妙处，传神写照，正在阿堵中。”从而将把握人格本体的审美意向导入绘画领域。稍后于顾氏的谢赫将顾恺之的“传神”论具体化、精密化。他在《古画品录》中提出的绘画方法将“气韵生动”规定为技法的第一位，而“应物象形”的写实性技巧则置于第三位。宋人邓椿曾在《画继》中论“气韵生动”的紧要性，以为只有把住“传神”这一要谛，才能“曲尽”天地万物之态，“故画法以气韵生动为第一”。正是经顾恺之、谢赫的开创性努力，“传神”——“气韵生动”成为中国绘画乃至艺术作品不可动摇的美学传统。

幽远清雅的山水诗与潇洒玄远的山水画一样，亦脱胎于对形而上之“道”的追求。山水诗是从对玄理的苦思转向对自然的静观，以清丽葱郁的词句去传递主体精神对“道”的冥悟。诵读山水诗一如观赏山水画，令人油然而生“神超形越”的悟“道”之感。

魏晋士人多徜徉山水，寄情丘林，“琴诗自乐”，追求一种“不与时务经怀”的“萧条高寄”的生活。陶渊明的名篇《饮酒诗》恰是魏晋士人追求隐逸生活的生动描写：“结庐在人境，而无车马喧。问君何能尔，心远地自偏。采菊东篱下，悠然见南山。山气日夕佳，飞鸟相与还。此中有真意，欲辩已忘言。”隐逸之风在魏晋六朝大为盛行。

追求无为当然非魏晋人本性所使然，而只是他们在理想无法改造、征服苦难现实面前所采取的一种维护自我精神，维护人格理想的方式。这在中国文化人的心态上留下了深重而又绵长的影响。后世在理想与现实碰撞中败下阵来的士子，往往不自觉地引魏晋名士的行为模式作为平衡心理的典范，铸造了中国士子玄、远、清、虚的生活情趣。

4.5 道教的产生与特点

4.5.1 道教的发展历程

（1）前道教时期

道教的发生发展至魏晋南北朝，经历了三个阶段，即前道教时期，开教时代、确立时代。所谓前道教时期，实际上是道教思想的酝酿期。

道教思想的酝酿是围绕“神仙说”展开的。神仙是随灵魂不死观念逐渐具体化而产生的一种想象的或半想象的人物。

神仙之说，早在先秦道教著述中便颇为流行。《庄子》有言，“藐姑射之山，有神人居焉”，这些神人“不食五谷，吸风饮露，乘云气，御飞龙，而游乎四海之外”。《史记·封禅书》载：渤海中有蓬莱、方壶和瀛洲三神山，“诸仙人及不死之药在焉”。神仙世界的构造，实际上是每一民族在生长过程中必有的不死追求的童稚之梦：神仙的存在，使人们生命不死的愿望合理化，而神仙不死的信念又推动人们展开狂热的求仙活动。先秦时期的齐威王、齐宣王，不断派人前往海外仙山，寻求不死之药。统一天下的秦始皇，遣徐福率数千童男童女出海觅仙。雄才大略的汉武帝喜好神仙方术。公元前109年，武帝在方士耸动下，下令“郡国各除道，缮治宫观名山神祠所，以望幸（指神仙降临）矣”，其心情何等迫切。神仙之说的泛滥，成为道教勃兴的前奏。

与神仙之说泛滥的同时，又有黄老思想与神仙方术的结合。黄老学说起于稷下道家学者，他们同尊传说中的黄帝和老子为道家创始人。黄老思想本来就蕴含大量神秘主义因素，一些方士便将神仙长生思想与黄老之学中的神秘主义相糅合，继而称“老子之道，为可度世”，着重尊崇神化的老子，从而为道教的勃兴准备了宗教领袖。

（2）道教开教时代

道教开教时代大致在东汉末年，此时期开始出现雏形宗教形态。道派繁多，是道教“开教时代”的特点，北方有张角的太平道，太平道奉《太平经》为经典，以“中黄太一”为其至尊天神，倡言“黄天太平”。南方有五斗米道，五斗米道创于东汉张陵，以符水为人治病，奉《老子》为经典。由于张陵号为天师，故这派又称为天师道。此外还有葛洪创立的金丹道，力主炼服金丹是长生成仙的唯一秘诀。创立于晋代的灵宝派，奉元始天尊为教主，以《灵宝经》为首经。杂散道派更多，有依托帛和的“帛家道”，李阿的

"李家道"，孙恩的"紫道"，民间俗信的"清水道"，华存的"茅山道"。

张陵创立的五斗米道，大约在东汉顺帝年间，流行于汉中、川北一带。它起初也带有组织下层民众互相帮助、反抗官府的性质。如《三国志·张鲁传》记载："祖父陵，客蜀，学道鹤鸣山中，造作道书，以惑百姓。从受道者，出五斗米，故世号称米贼。陵死，子衡行其道。衡死，鲁复行之。"又说："鲁遂据汉中，以鬼道教民，自号师君。其来学道者，初皆名鬼卒，受本道已信，号祭酒，各领部众，多者为治头大祭酒。皆教以诚信不欺诈，有疾自首其过，大都与黄巾相似。诸祭酒皆作义舍，如今之亭传，又置义米肉，悬于义舍，行路者量腹取足，若过多，鬼道辄病之。犯法者，三原然后乃行刑，不置长吏，皆以祭酒为治，民夷便乐之，雄踞巴汉垂三十年。"

由上述可见，以太平道、五斗米道为代表的早期道教，还只是一种民间宗教。它活动于下层民众中，并与农民起义相结合，起到了宣传和组织农民起义的作用。张角领导的太平道的政治目的是很明确的，那就是要推翻"苍天"（东汉皇朝），代之以"黄天"（农民起义军的政权）。

（3）道教确立时代

随着黄巾起义的被镇压，张鲁的被招降，初期道教作为民间宗教的历史基本上也就此告终。南北朝时期，道教规模大成。北魏嵩山道士寇谦之，刘宋庐山道士陆修静藉政权之力清整民间道派，并首次使用"道教"一词统一各道派。与此同时，道教逐步形成一套完整的宗教仪式、道德戒律、道德教义、经书典籍，修炼方术也日趋完备。道教徒也业已在固定的宫观修行，形成按教阶组织起来的道士集团。萧梁陶弘景更以"天子师"之尊构造道教神仙谱系，叙述道教传授历史。道教作为一个完整意义上的宗教流派至此基本上定型。两晋以后，道教经过了一系列的改造，使原有的民间道教变成为朝廷所支持的官方道教，从而使得道教无论在宗教教义和理论上，还是在宗教组织上，都得到了极大的发展，道教走上了成熟发展的时期，形成了儒、佛、道三教鼎立的局面。有唐代，道教得到了李唐王朝的大力支持，道教更为繁荣昌盛。宋元明时期，虽然道教宗派林立，组织更趋严密，道教典籍不断编纂刊印，对宋明理学也有相当大的影响，但总的来说，它在教义和理论上已没有太多的新发展。明万历以后，道教趋于衰退。

4.5.2 道教的基本特色

作为宗教的一大流派，道教具有宗教的一般性特征。它所信仰和崇拜的神仙，实际上就是支配着人们日常生活的外部力量在人们头脑中的幻想的反映。在这种幻想中，自然和社会的外力采取了超人间的力量的形式。它制造出的长生不死、超越时空的神仙世界也不过是形式别具的超越现实世俗生活的彼岸世界。然而，道教毕竟生长于中华文化土壤，具有与作为世界三大宗教的基督教、伊斯兰教、佛教大不相似的本土性特征。

（1）思想渊源与宗教内容的本土性

道教作为中华民族创立的宗教，其民族性特征首先表现在它的思想渊源的本土性。

道教的思想渊源“杂而多端”。道家哲学是道教的重要思想渊源与宗教理论的主干：道家视“道”为超越形器的宇宙最高法则，道教的信仰也是“道”，它从宗教的角度把“道”说成“神异之物，灵而有信”“为一切之祖首，万物之父母”，进一步突出了“道”的超越性、绝对性、神秘性；道家宣扬清静养生、无为治世。道教发挥此种离俗超脱精神，形成出世的心性炼养理论；道家的创立者是老、庄。道教则把老子神秘化，奉为“混沌之祖宗，天地之父母，阴阳之主宰，万神之帝君”。与老子被奉为道教教主的同时，庄子也被列为道教尊神，而《老子》《庄子》二书亦被奉为道教经典《道德真经》与《南华真经》。道教与道家纠缠成一团，颇难分开。两者之间的共通之处，以致若干国外汉学家认为“道教是道家思想的继续和延长”。

道教也从儒家思想中吸取养料。儒家主纲常名教，道教则将伦理道德与它的长生成仙思想结合起来。葛洪在《抱朴子·对俗》中言：“欲求仙者，要当以忠、孝、和、顺、仁、信为本。若德行不修，而但务方术，皆不得长生也。”《天师教诫科经》也称：“诸欲修道者，务必臣忠、子孝、夫信、妇贞、兄敬、弟顺。”此外，如北魏寇谦之的天师道以礼度为首，南朝宋道士顾欢以华夏文化正宗身份排斥佛教，均流露出儒家思想的性格。汉代阴阳五行化了的儒家经学对道教也具有重要影响。

道教还吸取了墨家思想，章太炎在《检论》中曾言，道教思想“本诸墨氏，源远流长”。墨家尊天明鬼思想，显然为道教所吸取。上古传统鬼神观念、殷周巫史之说，以及秦汉神仙家更为道教广为博采。

道教的思想与宗教成分的渊源中，还有远古以来流传于民间的巫术、神仙传说、成仙方术、谶纬之学以及黄老思想等。

（2）神仙世界的本土性

道教的教旨是成仙。道教的开创者们竭力从流传于古代中国尤其是流传于楚文化圈的种种神话中采撷出神鬼精灵，构造出一个长生不死、超越时空的神仙世界。在这神仙世界里，众仙熙攘。据宋以前的几种道教经籍《列仙传》《神仙传》《续仙传》《集私录》《集仙传》等记载，道教诸神共达四百余人。

道教的主神在早期具有多元性，所谓中黄太一、太上老君、元始天尊、玉皇都为道教所尊奉。至宋代以轩辕为圣祖，称昊天玉皇大帝，玉皇大帝遂成为道教最高神。道教所崇拜的天神，具有农业宗法社会中人间天子的形象，他们品格完美无缺，具有无上权威，实际上是人间皇权的投影。主神以下的道教诸神有许多来自汉民族的古代神话传说，如玄女、西王母、赤松子、彭祖、鬼谷子、广成子等，也有古代贤哲与著名方士，如老子、墨子、吕尚、尹喜、东方朔、淮南王，还有张道陵、于吉、帛和一类修道者。历史上声名显赫的英雄，也颇有被道家尊为神者，如关圣帝君即关羽，门神乃秦叔宝与尉迟敬德。

（3）教旨上的本土性

道教在教旨上以长生成仙为目标，从而与世界宗教的风貌大相径庭。佛教、基督教、伊斯兰教，无不漠视此岸世界而热衷于“人死后如何”的命题；而道教所追求的却是“人如何不死”，在长生中永远享受人间的幸福和快乐。此种教旨诚如日本学者崔德忠所言：“在其他国家是没有的。”佛教、基督教、伊斯兰教无不宣扬人的命运由冥冥之中的神主宰，在自身的命运上，人是消极无为的。道教却认为“我命在我不在天”，人只要善于修道养生，生道相保，安神固形，便能获得现世存在的保证。为此，道教不仅讲求归本返朴、归根复命的养气健身术，而且倡导以长寿去病为宗旨的“房中术”，钻研追求不死的炼金服丹之术，民间劾治恶鬼、躲避死亡的种种迷信手段如臂悬五彩，悬苇画鸡、桃印桃符、治邪驱鬼等也网罗无遗，发展成为禁咒、符箓、印镜等法术。总之，道教浓烈地表现出人的生存欲望，具有一种“不信天命，不信业果，力抗自然”的“勇猛”气势，此种特质恰是中华民族重现世、重现实的民族性格的体现。

4.5.3 道教在中国文化中的功能

道教自东汉末开始形成，迅速扩张，终在南北朝成长为与儒、佛抗衡的一大宗教流派。南北朝以后，道教仍长足发展，经历了隋唐、北宋的兴盛期，南宋、金元的革新期，直至清代，才逐渐趋向式微。道教在中国社会结构中的承传不息以及在民间生活中的重大影响，充分显示出道教绝不是统治者以一己私愿“超越地添设于人类文化的整个结构之上的一种东西”，而是有其发生发展的必然性，具备特定功能的文化现象。

道教的文化功能首先体现在它以“长生不死”的追求满足了人们惧死乐生的心理愿望。长生不死是不可能的，在无可抗拒的衰老死亡面前，人们不可避免地潜藏有惧死乐生的意绪与长生不死的愿望。道教否定死亡，鼓吹通过修炼达到长生不死，使幻想长生的人们颇受鼓舞。尤为重要的是，道教所鼓吹的学道求仙绝非帝王贵族的专利，平民也一样能“举形轻飞”，因而极大地吸引了一般百姓，在动乱时代尤其如此。

除惧死乐生外，人们还普遍具有对社会和谐安乐的追求，而道教所构筑的“神仙乐园”便有满足人们对社会和谐安乐的追求这一心理愿望的功能。道教所塑造的“神仙乐园”，集人间理想生活的美之极致，所有意识与潜意识中不能满足的愿望都投射到乐园的塑造之上。在乱世之际，这种乐园神话往往具有一种政治理念的色彩，成为人们革故鼎新的思想武器。

在社会涵盖面上，道教是一个包括了宗教化的道家学说、神仙说和修仙方术以及民间疗病去灾的鬼道在内的多层次的宗教体系。在教团组织上，道教分为上层神仙道教和下层符水道教两大层次。神仙道教以长生修仙为本，主要在皇帝、士大夫中间活动，符水道教以治病却祸为务，适应下层劳苦大众的需要。多层次的宗教内涵以及组织、传播方式使道教能适应不同阶层的喜好、需要与文化水平，而广泛的适应性又反过来强化了道教的内在生命力。

多方面的文化功能使道教在长远的时空中深深地植根于中国社会，强韧地存在与发展。自此，中国文化中自有一支道教文化，民俗、民风、文学、科技、建筑及至政治斗争都不可避免地浸染上道教文化的色彩。

思考题：

1. 简述老子的宇宙观。
2. 谈谈你对“反者道之动”涵义的理解。
3. 老子为何主张“贵柔守雌”？你怎样看待这种处世方法？
4. 谈谈你对老子“无为而治”思想的理解。
5. 简评庄子的自由观。
6. 简述庄子的相对主义认识论及其对我们的启示。
7. 简述黄老之学的学术特征。
8. 魏晋玄学对中国文学艺术产生了什么影响？
9. 简述道教的基本特征。
10. 简评道教的文化功能。

5 主张超尘绝俗的佛家

佛教是人类社会历史上最宏大的神学唯心主义体系，也是世界上所有宗教类别中内容最复杂、文献典籍最多的宗教。在世界三大宗教中，佛教创立最早，传入中国也最早。佛教传入中国后，与中国传统思想实现完美结合而成为中国传统文化的一个重要组成部分，对中国人的思维方式、行为信仰、道德观念、文化艺术、生活习俗诸多方面，都产生了十分深刻、极为广泛的社会影响。

5.1 佛教的产生、传播及三藏佛典的形成

5.1.1 佛教的产生

当今世界三大宗教之一的佛教，是距今二千五百多年前古印度一个神色憔悴、面容枯槁的青年，经过七天七夜冥思苦想而创造产生的。这个青年是古印度北部迦毗罗卫国的太子，姓乔达摩，名悉达多，是印度释迦族人，后世佛教徒尊称他为“释迦牟尼”意为“释迦族的圣人”。尽管佛经对释迦牟尼生卒之年有多种不同记载，但通常认为，释迦牟尼于公元前565—公元前486年生活于世，相当于中国的春秋后期，与中国古代文化圣人孔子大约是同时代人。

释迦牟尼的父亲是古印度北部迦毗罗卫国（又译作净饭国，在今尼泊尔南部）国王，母亲摩耶夫人，生下释迦七天后去世，释迦牟尼由姨母抚养长大。传说摩耶夫人梦六牙白象从右肋入腹，逐怀孕并于四月初八生下释迦牟尼太子。太子诞生时，天上飞龙吐水为他沐浴并伴有种种祥瑞之相，所以国王为他取名悉达多，是为吉祥之意。

释迦牟尼勤奋好学，逐渐成长为学问渊博、智勇超群的英俊青年。尽管个人生活极其富贵优越，但目睹了世人生老病死诸多悲惨痛苦的生活状况后，释迦牟尼开始对人生问题进行深入思考，开始反复思索如何解除苦难、摆脱生死苦恼的人生道理。二十九岁那年，为了寻求解脱人生痛苦的真谛，释迦牟尼放弃豪华宫廷生活，剃去头发，出家修道。经过六年艰辛

苦修，释迦牟尼身体衰弱，骨瘦如柴，却没有找到解脱人生苦难的方法，于是放弃苦行，来到尼连禅河，用清水洗去六年的积垢，接受牧女奉献的乳粥，然后在一棵巨大的毕钵罗树（后被改称为菩提树）下静坐深思，发誓悟道。经过七天七夜禅定苦思，到腊月初八这天，忽见天空明星闪耀，顿时豁然开朗，大彻大悟，洞悉了宇宙人生的真谛，终于得道成佛。

释迦牟尼悟道成佛之后，将自己觉悟的人生解脱道理向人们宣说，由此建立了佛教僧团组织。由于是在毕钵罗树下得道成佛，获得了至高无上的彻底觉悟，所以佛教徒把毕钵罗树改名为菩提树，菩提为梵文“觉悟”之意，菩提树意即“觉树”或“道树。”释迦牟尼创立的宗教为什么定名为佛教？“佛”是梵文“佛陀”的简称，意为“觉者”，即觉悟了人生真谛的智者，佛教意即觉悟者的言教。释迦牟尼是第一个大彻大悟的“觉者”，因此把释迦牟尼称为“佛”或“佛陀”，是佛教教主；而释迦牟尼将他觉悟的道理宣讲出来，教导众生怎样做人，怎样修行成佛，这就是法即佛法，是佛教的教理教义；那些虔诚信佛，出家修行之人则称为“法众”或“僧伽”，简称为“僧”，是佛教的基本信徒。佛、法、僧被称为“三宝”，成为佛教代名词。佛、法、僧三宝合一，构成了佛教一整套完整的唯心主义神学思想体系极其庞大的僧众群团实体宗教组织。

5.1.2 佛教的对外传播

公元前 6 世纪至公元前 4 世纪为印度佛教发展的原始阶段，这是释迦牟尼创教、传教及弟子整理、汇集、传诵及传播佛陀言论的阶段。随着佛教在印度的影响越来越大，其传播范围也随之不断扩大。大约在公元前 3 世纪，佛教开始向外扩散，传入印度本土以外的其他国家和地区，逐渐发展演变成为信徒众多的世界性宗教。在印度佛教对外传播的过程中，因传播线路或传播方向的不同，形成佛教传播发展史上所谓南传佛教和北传佛教的不同区别。

(1) 南传佛教。大约在公元前 3 世纪，笃信佛教的印度孔雀王朝统治者阿育王派人分赴四方传播佛法，其子摩哂陀（一说为其兄弟）带领一批佛徒向南方行进，渡海来到斯里兰卡（即锡兰岛），此为佛教迈出印度本土的开端。此后，以斯里兰卡为基地，佛教传入泰国、缅甸、柬埔寨、老挝等国。由于此次佛教初始外传，是从印度本土往印度以南的方向传播，所以这些国家的佛教通称为南传佛教。南传佛教自身具有非常明显的两大特点：其一，在佛教派别分类上，南传佛教属小乘佛教，亦称为南传上座部佛教。其二，南传佛教以巴利文经典为依据，故又称巴利语系佛教。

我国云南地区的佛教来源于南传小乘佛教，分布在西双版纳、德宏、思茅、保山等地，小乘佛教在傣族、布朗族、德昂、阿昌族等少数民族中有较大影响。

（2）北传佛教。按佛教从印度向外部世界传播的线路或方向，佛教从印度北部再往北传，传入中亚地区，然后经中亚、西域传入中国，再以中国为基地传入朝鲜、日本、越南、蒙古等国，这些国家的佛教通称为北传佛教。与南传佛教相比，北传佛教有其两大显著不同特点：其一，在佛教派别分类上，北传佛教以大乘佛教为主，属早期印度佛教派别中的大众部教派。其二，北传佛教经典主要为梵文经典，所以又称为梵语系佛教。

5.1.3 佛教“三藏”典籍的形成与《大藏经》的出现

（1）“三藏”典籍的形成。“三藏”是佛教所有典籍的总称。“藏”的原意是容器或盛东西的竹箧，“三藏”是指佛教全部典籍分为经、律、论三大部类。第一部类为经类佛典，称为“经藏”，是释迦牟尼讲解佛教的要义，涉及佛教的一系列理论、教义和基本观点。第二部类为律类佛典，称为“律藏”，是释迦牟尼为弟子们制定的佛门戒规，是佛教僧人所应遵守的各种宗教生活的规范戒条。第三部类为论类即“论藏”，是指释迦牟尼去世后，佛门僧人对佛教“经”和“律”的种种解释，把这些议论和解释系统化整理出来，归入论的部类统称“论藏”。所有佛教典籍被分别归入经、律、论不同的部类，合起来称为“三藏”。凡是精通经、律、论三藏典籍的僧人，被称为“三藏法师”。我国唐朝的佛学高僧玄奘，就曾获得“三藏法师”的殊荣。

佛教三藏典籍的形成，是释迦牟尼死后，由他的弟子以及后来的弟子们，通过多次佛门集结分类整理出来的。由于释迦牟尼时代以及其后一段时期，古印度没有文字，佛经不能记录成文，只凭口诵传授。代代口耳相传，用心去记忆，难免不发生误差。因此，过一段时间之后，需要佛门僧人集合起来，推选一个博学多闻的高僧口诵释迦牟尼所讲过的一切经、律言论，由其他僧人一一加以印证，这样就形成了佛教经、律的“集结”。后来有了文字，集结的任务就是将流传下来的佛说经、律进行审定，清除谬误，统一诸种不同说法。

在佛教发展史上，比较有重要的大型集结，通常认为有六次。第一次佛门大集结，是在释迦牟尼去世后不久。弟子们为了使佛陀所说的佛法不至于疏漏或中断，在印度王舍城外的七叶窟举行集结。佛陀弟子中学业最优者 500 人参加了这次集结，号称 500 罗汉。这次集结的目的，是把释迦牟尼一生中所说的佛教言论全部背诵出来，让大家铭记于心，以传后世。这次集结盛会，由当时学经第一并被称为“多闻第一”的阿难陀把释迦牟尼一生中所讲述的佛经全部复述出来，另由学律第一的优婆离复述背诵释迦牟尼所讲述过的全部佛门戒律，然后由500罗汉一一印证确认。由于当时没有文字，经500罗汉集结确认后的经、律不能附诸书面记录，只能由集结众僧再次铭记于心，口诵传授后学僧人。这次佛门集结，在印度佛教史上称为“五百集结”。

在第一次大集结以后一百年左右，印度佛教界又举行了第二次大集结，有700僧人参加，以后又举行了第三次、第四次、第五次、第六次等大规模佛门集结活动。通过这些佛门集结，释迦牟尼一生讲佛的经、律言论，被分类陆续整理出来。以后有了书面文字，这些由佛门僧人口诵心记的释迦牟尼经、律言论被付诸文字记录，再加上把释迦牟尼以后的佛学高僧对经、律的议论和解释整理出来，汇为论藏，最终形成佛教文献规模巨大的经、律、论佛教三藏典籍。三藏典籍有大小乘之分，分别为大乘经、小乘经；大乘律、小乘律；大乘论、小乘论。

(2)《大藏经》的产生。《大藏经》是一部关于佛教典籍的大型汇编丛书，是把佛教经、律、论三藏典籍汇集起来，分部类编撰的佛教文献总汇。佛教传入中国后，梵文佛典在魏晋南北朝时期逐渐增多，这些不同的佛教梵文经典被翻译成汉文，在南北朝时期被通称为“一切经”。从隋朝开始，中国佛典文献开始出现“大藏经”这一名称，再后来，“大藏经”成为所有汉文佛教典籍的总称。

唐代以前的佛典传播，完全靠人工手书抄写，直到唐朝晚期，才出现刻印的佛教经典。世界上现存最早的刻本佛经，是唐代咸通九年（868年）所刻印的《金刚经》。

汉文佛教典籍第一次以《大藏经》名称全部付诸刻印，是在北宋开宝四年（971年）开始的，历经12年全部刻印完成。这部《大藏经》因刻印于开宝年间而称为“开宝藏”，又因为刊刻于四川，故又称为“蜀版《大藏经》”，是中国佛教发展史上第一次刊刻的大藏经。从北宋到后来的元、明、清，历代刻印《大藏经》大约有20余次。除了中国以外，朝鲜、日本历史上也曾经多次刻印汉文版《大藏经》。

需要说明的是，“大藏经”最初是指汉语语种的所有佛教典籍，现今则泛指一切语种的佛教典籍总汇。现存的佛典总汇丛书，除了汉文《大藏经》以外，还有藏文《大藏经》、蒙文《大藏经》、满文《大藏经》、日文《大藏经》等。

关于佛教文献典籍的形成问题，著名学者梁启超先生在其佛典文献研究过程中，总结了这样两条重要的基本认识：其一，凡佛经皆非佛在世所有，一切佛经，皆佛灭后佛徒所追述。其二，凡佛经最初皆无写本，念诵相传。文字写本于佛灭后数百年，各以其本土语言所书写。换言之，凡佛经皆为翻译文字。

5.2 佛教的基本教义

5.2.1 四圣谛与八正道

(1) 四圣谛简称“四谛”，是佛教关于人生为什么会有痛苦和烦恼的“四条真理。”谛为真理之意，“四谛”分别是苦、集、灭、道四条真理。

①苦谛，指社会人生充满各种痛苦，人的生命与各种烦恼痛苦相始相终。《增一阿含经·四谛品》：“所谓苦谛者，生苦、老苦、病苦、死苦、忧悲恼苦、怨憎会苦、恩爱离别苦、所欲不得苦……是谓名为苦谛。”苦谛表明，凡是有生命的个人，苦是不可避免的，人的生活及人的存在，本身就是一场痛苦。苦谛把世俗社会生活看成一场永恒的苦难，表明佛教对现世人生持悲观消极态度。

②集谛，也称“因谛”，指造成人世苦难的原因，是佛教对人生痛苦原因进行探讨的真谛。佛教认为，人的贪求欲望是一切痛苦烦恼的根源，即“贪、痴、嗔”为万恶之源。由贪而生出各种欲望，充满欲望之人对人生的真谛便必然无知，这就形成所谓的“痴”即愚蠢。由于愚蠢无知，欲望得不到满足，便产生“嗔”的愤怒情绪，在这种情绪的支配下，往往与别人发生冲突矛盾，从而烦恼丛生，导致内心痛苦。总之，造成人生苦的原因，在于人本身的贪欲，是人性贪婪的弱点造成自身的种种烦恼。集是苦因，苦是结果，这个真理叫作集谛。

③灭谛，指消灭烦恼与痛苦，获得彻底解脱与自由的真谛。灭的意思是指欲念的寂灭。《大乘义章》卷十八：“灭诸烦恼故，灭生死故，大寂静故，名之为灭。”怎样去消灭欲念呢？这就要通过佛教的修行，使人的意识处于寂静状态，不为一切外在事物所诱惑。

④道谛，指灭除烦恼的修行之道，是揭示灭苦的具体方法即通向涅槃或达到涅槃境界的正道。换言之，灭除烦恼必须修道，这个真理叫作道谛。

在以上佛教“四谛”中，苦谛和集谛，是用以说明人生痛苦烦恼的本质及形成原因；灭谛和道谛，是用以说明人生解脱的归宿和解脱的方法道路。

(2)“八正道”。亦称为“圣贤八道”，是“道谛”的具体修行理论与方法。具体分为正见、正志、正语、正业、正命、正精进、正念、正定。八正道从思想、言论和行动方面，规定了佛门僧人的具体修行原则。佛教经典《中阿含经·分别圣谛经》对八正道做了具体的解释：正见即对“四谛”的正确理解；正志亦称正思维，是在正见的基础上对“四谛”作认真细致的思考；正语，指语言正确，不说谎不骂人，不作一切非佛理之语；正业，指行为正确，不盗、不淫、不杀生等；正命，指修行过程中克己知足，所作所为符合佛门戒律规定的正当生活；正精进，集中精力，正确修行；正念，随时忆念佛教“四谛”真理；正定，根据“四谛”道理，专心正确修习佛法禅定。

八正道是佛门僧人八种正确的思维和修行方法。佛教认为，按这八种方法修行便可由“凡”入“圣”，从世俗迷界的此岸达到佛教悟界的彼岸，故把八正道比喻为“八筏”“八船”，即由迷界此岸到悟界彼岸的必须工具。

5.2.2 “戒定慧”三学

在佛教教义中，“戒定慧”是与“八正道”密切相关的修行途径或修行理论方法，被称为“佛教三学”，涵盖了佛教的基本内容。释道安《比丘大戒序》：“世尊（释迦牟尼）立教法有三焉，一者戒律也，二者禅定也，三者智慧也。”

(1) 戒，指佛门僧人的自我节制或强制性约束，包括用戒律戒条对僧人的行为、语言、思想进行种种规范。佛教的戒律条规可按数目或按修行对象分为两大类：按数目分类有五戒、八戒、十戒、具足戒等；按修行对象分类有居士戒、沙弥戒、比丘戒、比丘尼戒等。在所有佛门戒律中，五戒是最根本的戒律，针对的是一切在家的佛教信徒，故亦称为在家戒或居士戒，其内容包括不杀生、不偷盗、不邪淫、不妄语、不饮酒等五项具体戒条。五戒是一切戒律的基础，其他种种佛门戒律，都是由五戒所派生发展而成的。

佛教戒律的基本要求是“诸恶莫作”，杜绝佛门僧人一切不利于修行的邪念行为产生。“戒”作为佛教信徒安身立命、修行解脱的外在规范，被列入“佛教三学”体系之首，成为佛教的基本教理教义内容之一。

(2) 定，指禅定，是一种要求修行者思虑集中，凝心入定，以消除内心杂念烦恼的具体修行方法。这种方法的外在表现形式是“打坐”，内在的要求是用自己的意念、用自身的心灵力量对自己的欲望、感情进行自觉的调节约束。换言之，“定”是佛门僧人追求寂静心境的一种具体技术方法，目的是通过打坐禅定的方式体悟佛理，灭除欲念烦恼。

(3) 慧，是指通过守持戒律，修习禅定而获得体悟佛理的智慧。佛门僧人从其独特的宗教立场出发，用理性的态度，以理性的思维方式对世俗生活，对人生因果关系以及大千世界本来面目进行观察思考，进行分析反思，从而达到一种洞察世俗人生、洞察宇宙世界的宗教理性认识。这种带有浓厚宗教理性的体悟，即为“佛教三学”中的“慧”。比如，佛教僧人从“一切皆空”的理性思维出发，认为事物的现象和本质只不过是一种感觉的合成，大千世界万事万物都处在刹那间或生或灭的无常变幻之中，一切事物皆为虚幻，从而在理智上抛弃对外在表相的执着，抛弃对世俗事物的迷恋情感，由此在理智上得到人生的解脱。这种体悟佛理的理性认识，便是佛教僧人的一种“慧”的表现。

“戒定慧”三学构成了佛教教义教法的重要内容，而一切佛教的教理教义，其核心本旨是教人如何解脱人生苦海，“戒定慧”三学则是具体解脱的理论方法或实践修行途径之一。

5.2.3 因果报应与生死轮回

(1) 因果报应

“因果”是指佛教用于说明世界一切关系的理论，并构成佛教各种学说的理论基础。因果报应也称为“业报”。所谓“业”，泛指人的一切身心活动，包括“三业”即身业（人的行为）、口业（人的语言）、意业（人的意念思想）。业报，指人的一切行为、言论、思想即身、口、意三业，都一定会产生相应的果报。任何人都不能消除、不能避免因果报应的作用，众生在因果业报面前人人平等。

(2) 生死轮回

与因果报应之说密切相关的，是佛教的生死轮回理论。佛教认为，大千世界芸芸众生，在没有得到“涅槃”解脱之前，人人都处在生死世界的轮回中循环不已。人在此处此时死去，意味着在彼处彼时再生，人死之后，灵魂不灭，投胎转世，通过轮回成为新的生命。至于人死后，转生在什么地方？灵魂投胎变成什么？则完全根据死者生前所作所为即善恶“业因”所决定。

(3) 对因果报应轮回之说的简要评析

佛教站在彻底的唯心主义立场，把世俗人生的种种不平等现象如贫穷与富贵、幸福与痛苦、疾病与健康以至来世命运的差异等，统统归咎于个体生命善恶行为的因果业报。这一解释完全忽视造成人世社会不平等的社会关系、生产关系因素，完全否认阶级压迫或阶级剥削给社会民众造成的种种苦难。因此，佛教因果报应及生死轮回教义学说，对统治阶级压迫民众造成的种种不平等，对地主阶级剥削穷人带来的种种社会苦难，具有极大的蒙蔽辩护作用。

佛教因果报应及生死轮回之说极力宣扬地狱的恐怖，对古代社会民众造成巨大的心理震慑作用。与传统儒家伦理规范相比较，佛教因果报应之说在加强社会民众的心理控制和行为约束方面，更具有欺骗性和蒙蔽性。“彼愚夫愚妇，喻理之不可，法禁之不可，有鬼神轮回之说，驱而诱之，其不入井者几希”。由此可知，佛教因果报应和生死轮回的教义理论，在中国古代世俗生活中已经成为约束世人行为，控制民众心理的一种强大精神力量，成为恐吓百姓、麻痹民众行之有效的一种强大的神学观念意识。

佛教的因果报应与生死轮回思想，随着佛教长期传播发展而深入植根于中国古代民间社会，这一教义学说与中国传统思想文化原有的信仰观念相比，有以下三个方面的重大区别：

其一，传统儒家文化把社会成员个人的命运好坏归结为“天命”所致，即所谓“生死有命，富贵在天”，而佛教则把个体社会成员命运的好坏归结为其个人所作所为的善恶“业因”所为。两相比较，佛教自我行为决定自身命运较之儒家人生命运由“天”支配，更具有人伦思想的进步意义。

其二，中国传统思想观念认为，祖先积德或作恶的种种行为，将会影响殃及后代子孙即所谓“积善之家，必有余庆；积不善之家，必有余殃”。而佛教因果报应的作用或影响只涉及本人，与他人无关，并不株连后代或殃及他人。两相比较，佛教因果报应强调个人对自己的一切行为负责，强调靠自己改变自己的命运，比之中国传统文化靠天命、靠祖宗改变命运的观念，更具有人格独立的伦理价值意义。

其三，中国传统文化信仰没有关于灵魂去向的明确说法，而佛教则把灵魂去向导入一个清晰明白的投胎转世、生死轮回的生命循环过程，彻底解决了中国传统文化信仰中没能解决的关于灵魂的归宿、灵魂的安放问题。佛教把个人生前的善恶行为与身后的灵魂走向归宿密切相联系，其一系列关于灵魂转生的宗教观念，不仅给中国传统信仰文化带来强烈的思想震撼，而且对古代社会民众的心灵意识及行为规范，均产生了极为深刻广泛的重要作用或影响。

5.2.4　慈悲行善与众生平等

（1）慈悲行善

“慈悲”是佛教专有名词，“慈”是指佛教爱护众生，给予众生以欢乐即“与乐”；“悲”是怜悯众生，拔除众生的苦难即“拔苦”。佛经阐述佛教慈悲教理称：“大慈与一切众生乐（与乐），大悲拔一切众生苦（拔苦）。大慈者，念念众生得乐，亦与乐事；大悲者，怜悯众生苦，亦能脱苦。”佛经认为：“慈悲是佛道之根本……一切诸佛法中，慈悲为大。”佛教把慈悲作为佛法的根本，充分说明慈悲这一佛法教义在整个佛教思想体系中具有非常重要的地位。

在佛门僧人持戒修身的宗教生活中，慈悲具体表现为对生命的关爱，对众生的怜悯与同情，以及在此基础上形成的戒杀放生，利人利他，助人为乐，知恩图报，无私奉献等种种佛教伦理行为。把慈悲为怀的佛教伦理原则推广到人间世俗社会，由此形成中国民间社会长盛不衰的行善积德人文关怀。由于慈悲之心只有在关爱他人，多做善事的具体行为中才能真正体现出来，所以，行善助人是佛教慈悲教义最根本的行为实践。而一切善行善事的助人活动，同时也是行善者为自身修福的积德过程。佛教劝诫世俗之人要“广种福田”，所谓“福田”就是指多做善事，为来世播下幸福的种子，积下幸福的善德，以便在佛教因果报应的轮回中收获善果，得到一个好的来世去处。在这里，慈悲行善的宗教伦理修身，与其因果报应的教理思想，是密不可分连同一体的。

佛教宣传“慈悲”，传统儒家文化讲求“仁爱”，基督教文化倡导“博爱”，尽管文化背景、思想渊源各有差异，但结果殊途同归，佛的慈悲、儒的仁爱与上帝的博爱，三者在人文精神上完全契合相通，在人类伦理道德这一根本的文化品质上，各种宗教思想或政治思想，往往具有共性的文化内涵。

（2）众生平等

众生平等作为佛教宣扬的基本教义之一，具有非常广阔的人文精神内涵。众生不仅仅包括人，而且包括所有有知觉、有肉体痛苦感知的一切生命体，涉及飞禽走兽及牲畜、昆虫等一切世间生命动物。众生平等不仅意味着人与人之间的关系平等，而且意味着人与动物之间的关系也必须平等。换言之，众生平等体现为对每一个人和每一个自然界的动物生命，都给予同样的关爱和尊重。佛教的大慈大悲思想，通过对所有自然界动物生命以“众生平等”的关爱保护，表现出极其博大开阔的胸怀。从众生平等的原则出发，凡是自然界有苦乐感知的动物生命，都是慈悲所及、慈悲所加的具体对象。佛教的不杀生、放生等宗教行为规范，就是众生平等、慈悲怜悯之心施于大自然动物生命领域的具体体现。佛门僧人常说“救人一命，胜造七级浮屠（即佛塔）”，这句佛门俗语所表述的是对人的生命的尊重与关爱；而佛教不杀生、放生，包括不吃肉类荤腥，其所体现的则是佛教对大千世界一切动物生命的尊重与关爱。

佛教众生平等的教义阐说，有其十分广阔深远的社会意义，表现在：其一，对世俗社会消除等级特权，消弭人际关系的矛盾对立，对倡扬人类互助友爱，建立良好人际关系的和谐社会，有积极的宗教启示作用。其二，对当代社会开展环境生态保护，尤其是保护动物生态资源，建构人与动物、人与自然的和谐关系，有积极的现实借鉴意义。

5.3 佛教的宇宙哲学观

5.3.1 须弥山与大千世界

须弥山原本是印度民间神话传说中的著名神山，“须弥”是梵文的音译，意为“妙光”或“妙高。”佛教创立，借用印度民间古老神话传说，把须弥山作为宇宙的中心。佛教认为，须弥山是耸立在宇宙中心的一座高山，其他海洋、山川、河流、大地等，均是围绕须弥山而依次排列、无限延伸而构成宇宙世界。

在宇宙结构观方面，佛教主张宇宙空间无限论，认为宇宙是由无量无限的世界构成的。以须弥山为中心，同一个太阳和月亮照耀的地方，就叫作一个小世界。宇宙是由小世界为基本单位所构成的，一千个小世界称为“小千世界”，一千个“小千世界”称为“中千世界”，一千个“中千世界”称为“大千世界”。大千世界包含着小千、中千、大千三种“千世界”，合称“三千大世界”。佛教认为，宇宙是由无量无数个“三千大世界”组合构成的，宽广无垠，无边无际。

佛教这种以须弥山为中心而不断向四周无限延伸的宇宙观，虽然是宗教的想象和虚构，但其中却包含了宇宙无限性这一认识的合理成分。

5.3.2 色与空

“色”与“空”是构成佛教宇宙观中的一对非常重要的哲学认识概念。所谓“色”，是指佛教把有形质、能感觉到的东西称为“色”，具有“物质”

的概念。“色蕴”是佛教关于物质世界的重要哲学名词，“蕴”是梵文的意译，意为积聚、聚合、类别。佛教把广义的物质世界称为“色蕴”，而狭义的“色蕴”则指构成人的身体的物质。佛教的所谓“空”，是指一切事物皆虚幻不实。佛教认为，世间一切事物都是由它的因和缘所产生的，因和缘处于刹那间或生或灭的变化中，任何事物均没有长久不变的实体，假而不实，没有质的规定性和独立性，故谓之空。

佛教的色空观不承认事物的质的规定性，否认事物的客观真实存在，认为除了佛性是世间唯一的真实以外，其他一切皆虚幻不实，没有质的差异。大乘佛教《般若心经》：“色不异空，空不异色，色即是空，空即是色。”色与空混而为一，一种事物区别于其他事物的质的差异性全然消失，一切事物现象和精神现象皆为虚幻，包括世俗世界的一切，都是人们认识幻化的产物。佛教把这种对事物的感悟称为“悟空”，由于“悟空”是佛门僧人修行进入涅槃境界的必须门径，所以又把佛教或佛门称为“空门”。

5.3.3　四大皆空与不二法门

(1) 四大皆空

佛教从一切皆空的哲学思维意识出发，提出“四大皆空”的认识论命题。“四大”亦称“四界”，指地、水、火、风等四种构成物质世界的基本元素，其属性分别为坚、温、暖、动。佛教认为，宇宙世界万事万物包括人的身体，虽说是由地、水、火、风四种元素及其属性构成的，但四大元素本身处在刹那间或聚或散，或生或灭的瞬息变化之中，因此一切物质的存在包括人的身体，都是虚幻不实的。大乘佛教《圆觉经》：“我今此身，四大和合……四大各离，身当在何处?”由地、水、火、风四大聚合构成的人的身体，因四大的离散而不复存在，四大的聚合离散，由其因缘关系的瞬息变化而变化，四大本身皆为虚幻，人的存在本身，自然也是一种虚幻不实的现象。“四大皆空”和佛教宣扬的“诸色皆空”“诸法皆空”，在对世界宇宙的认识上，其所表达的，均是同样的概念：客观外在世界，外在事物，并不是一种真实的存在，一切皆为虚幻，万物皆空，万事皆空，大千世界，空空如也。

(2) 不二法门

“不二”亦称“无二”，法门是指佛教入道的门径。何谓“不二”?《大乘义章》卷一：“言不二者，无异之谓也。”佛经的解释言简意赅，意即世间一切事物或一切现象，统统没有质的差异。作为佛教哲学观察世界重要的认识论或方法论之一，“不二”对世界对宇宙的认识，超越了事物的各种区别，泯灭了一切相对概念的差异。按佛教"不二"的认识论观点，对任何事物都不能执有偏见，不执着，不妄迷，超越事物的对立，或者把各种对立统一起来，才能达到真理之门，这样一种认识论方法，就是佛教所谓的不二法门。后来，不二法门用意被佛门僧人引申，认为佛教的认识论或方法论是最好的，是世间独一无二最正确的修行方法。

佛教对世界宇宙的认识虽然充满智慧，有其合理的成分，但总的来讲，是典型的唯心主义世界观，属于主观唯心主义的哲学范畴。

5.4 佛教传入中国及其演变与发展

5.4.1 两汉之际：佛教传入中国

大约在公元前2世纪，印度佛教沿着亚欧大陆的丝绸之路传入西域的大月氏、康居、大夏、安息等地以及我国的于阗、龟兹地区。其后，佛教继续蔓延扩展，经玉门关、河西走廊传入中国内地。

佛教究竟何时传入中国内地？长期以来众说纷纭，影响较大的说法有两种。一种说法是西汉末期汉哀帝元寿元年（公元2年），西域大月氏国派使者伊存出使长安，向长安博士弟子秦景宪口授佛经，佛教由此传入中国内地。《魏书·释老志》载："哀帝元寿元年，博士弟子秦景宪受大月氏王使伊存口授《浮屠经》（浮屠即佛陀，为梵文译音）中土闻之，未之信也。"此段材料中的"博士"是指太学的学官，"博士弟子"是太学中跟随"博士"学习儒经的学生。大月氏的使者于西汉末年向京师长安太学的博士弟子口授《浮屠经》，学术界普遍把这件事作为佛教传入中国内地的开始。

另一种说法源于中国佛教史上的一个神奇的传说：东汉永平十年（公元67年），汉明帝在某个夜晚梦见一位神人，身上闪耀着太阳般的光辉，在宫殿前飞绕而行，明帝甚为欣喜，次日就梦中神人之事询问大臣。大臣傅奕回答说：西方有号称为"佛"的得道者，身有日光，能飞行虚空，陛下所梦见的神人就是"佛"。于是，汉明帝派遣蔡愔等使臣赴西域求佛法。蔡愔等人在大月氏遇到来自天竺的僧人迦叶摩腾和竺法兰，把他们迎入中国，并用白马驮回佛像佛经。次年，汉明帝专门为此事于洛阳城郊建白马寺存放佛经，佛教由此传入中国内地，史称"永平求法"。

以上关于大月氏使者伊存向汉朝博士弟子口授佛经以及汉明帝感梦神人遣使求法，均见于相关历史文献记载，虽然时间相差约半个世纪，但均发生在公元1世纪两汉交替之际。换言之，佛教是在两汉之际由西域大月氏传入我国内地的。

从两汉之际到东汉末年约二百年间，是佛教在中国的初传时期。这一时期的佛教，尚未有经典传译，只是口头传述，人们对它了解甚少，多把它看作是与当时人们所熟悉的黄老道、神仙方术等相类似的学说。如袁宏《后汉纪》对佛教这样解释说："其教以修慈善心为主，不杀生，专务清净，其精者号为沙门。沙门者，汉言息心，盖息意去欲，而归于无为。"以"务清净""息心""无为"阐述佛教宗旨，此类评议，把佛教思想与中国古代老子道家思想完全等同。

在东汉二百年间，由于国家法律明令规定"汉人皆不得出家"，因此，内地社会没有出家修行的僧人，也没有专门奉佛的寺院，佛教只是在上层社会的少数人中间流行传播。释迦牟尼同中国的老子一样，被高高供奉于贵族神坛，为少数上层分子所斋戒祀奉，既没有被社会各阶层人士所认识了解，更没有被下层民众所信仰接受。

5.4.2 魏晋南北朝：佛教的迅猛发展

(1) 佛教的发展

佛教传入中国后，在魏晋南北朝时期迎来了它的第一个历史发展高峰期。史载北朝，"佛经流通，大集中国……僧尼大众二百万，其寺三万有余"。南朝的情形是"比来慕法，普天信佛，家家斋戒，人人礼忏""佛化被于中国，塔寺形象，所在千计"。中华南北大地，奉佛之风非常浓厚。概括而言，佛教在魏晋南北朝时期的迅猛发展，主要表现在以下方面：

其一，出家人数众多，形成若干规模庞大的传教僧团。据有关文献记载，公元260年，颍川人朱士行受戒出家赴西域求法。据说，这是内地第一个正式出家为僧的汉人，也是朝廷法令"汉人皆不得出家"破禁的开始。此后，内地民众出家之风逐渐盛行，从陆续有人出家演变为"民多奉佛……竞相出家"的事佛热潮。随着出家人数日益增多，各地区逐渐形成一批规模庞大的僧众群团传教组织。如佛图澄僧团、鸠摩罗什僧团、释道安僧团、慧远僧团等，僧众动辄数百上千，声势显赫，影响巨大，有力地推动着佛教事业的不断发展。

其二，译经事业兴盛，翻译佛经卷帙浩繁，数量巨大。佛教在中国的传播，佛经翻译是一条极为重要的途径。魏晋南北朝时期，相当数量的梵文佛经随着源源不断的西域高僧的到来而传入中国。封建朝廷拨出巨资，建立庞大译场，无数僧人孜孜矻矻，数十年如一日献身于译经事业，结果，"佛经流通，大集中国"，丰富浩瀚的佛典文献翻译，大大促进了佛教文化的传播发展。

其三，佛教建筑普遍兴起，气势恢宏，规模巨大。魏晋南北朝是中国佛教造像建筑发展史上的黄金时代，无数的佛塔寺庙拔地而起，各种佛教造像栩栩如生，众多佛教石窟建筑工程浩大，精美绝伦，叹为观止。就寺庙数量而言，仅仅在北齐境内，“见成寺庙，出四十千”。石窟艺术方面，敦煌石窟、云冈石窟、龙门石窟、麦积山石窟等一大批规模宏大的佛事工程，均是在魏晋南北朝时期开工修造的。这些技艺精湛的石窟造像保留至今，不仅是中国佛教艺术的瑰宝，也是世界著名的佛教文化旅游胜地。

（2）佛教发展原因探析

魏晋南北朝是佛教传入中国后迅猛传播发展的重要历史时期，也是佛入中国之后逐渐中国化的一个重要历史阶段。国家分裂，政治黑暗，无休止的战争，持续不断的社会动乱，饥荒、瘟疫普遍发生，社会苦难深重，民众颠沛流离，痛苦不堪。所有这一切，为佛教势力在东土社会的传播蔓延，提供了非常适宜的政治气候和社会土壤。

宗教作为人类社会普遍存在的一种文化形态，其发生、传播及其发展，有其大体相似的共性原因。列宁指出：“被剥削阶级由于没有力量同剥削阶级进行斗争，必然会产生对死后幸福生活的憧憬，正如野蛮人没有力量同大自然搏斗而产生对上帝、魔鬼、奇迹等的信仰一样，对于工作一生而贫困一生的人，宗教教导他们在人间要顺从和忍耐，劝他们把希望寄托在天国的恩赐上。对于依靠他人劳动而过活的人，宗教教导他们要在人间行善，廉价地为他们整个剥削阶级生活辩护，廉价地售给他们享受天国幸福的门票。”列宁关于宗教现象的这一精辟论述，完全适用于佛教传播发展的原因探讨。佛教传入中国后，在魏晋南北朝时期迅猛传播发展，有其深刻的社会根源。

汉末以来的社会大动荡以及西晋、十六国时期持续不断的军事战乱，传统儒家“大一统”思想及其以德治国的“仁政”思想被国家分裂、民众苦难的社会现实无情嘲弄。人们对儒学思想普遍产生怀疑，社会陷入信仰危机。佛教乘虚而入，迅速走进人们心灵深处，成为人们摆脱苦难、寻求精神慰藉的心理需要。被压迫者需要佛教，是因为这一历史时期充满太多的苦难，下层民众对贫困、屈辱、痛苦的现实生活感到绝望，只好把希望寄托在佛教给他们指出的未来世界的幸福上。佛教提倡忍受人世间的苦难，给现实生活中找不到出路的下层民众一种麻醉剂或镇静剂的安抚作用。宗教是被压迫者心灵的叹息，是无情世界的情感。佛教之所以对魏晋南北朝时期的下层民众具有巨大的吸引力，是因为它给处境悲惨的下层民众一种重要的心理补偿，使他们在宗教的幻想世界中获得了在现实社会中所没有的幸福和谐感，满足了他们人格自尊的精神需要。

而对统治阶级、对压迫者来说，他们发现佛教提倡忍耐，教人安于现状，其“不抗恶”主义及其因果轮回那一套理论对他们压迫人民，维持统治，具有非常重要的政治利用价值，于是对这一外来宗教迅速加以改造利用，把它作为巩固统治、麻痹人民的政治工具。“佛之为教也，劝臣以忠、劝子以孝、劝国以治、劝家以和；弘善示天堂之乐，惩非显地狱之苦。”正是佛教在维护封建伦理纲常及统治秩序方面所具有的这样一种特殊的社会功能，使它最终成为统治阶级维持统治的一种政治需要。

另外，由于社会动乱频率增加，兵祸、篡夺、内乱接踵而至，政权走马灯似的不断更换，统治阶级自身也受到严重威胁，其荣华富贵乃至身家性命，统统缺乏牢固的安全感。家道沦落，失意潦倒，仕途坎坷，怀才不遇；人生的悲伤，现实的恐怖，命运的不可捉摸，各种社会心理阴影，照样对统治阶级成员产生作用或影响。他们同样对现实社会感到绝望，同样需要寻求一种新的精神解脱。传统的孔孟儒家思想无法驱除他们的心理阴影，于是，佛教进入他们的心灵。佛教的“人生苦海”“四大皆空”“因果报应”等宿命论思想，同样成为统治阶级成员回避矛盾、逃避现实，进行自我内心调节的一种麻醉剂。

由此一来，佛教之所以在魏晋南北朝时期迅猛传播发展，不仅仅是被压迫者的需要，同时也是压迫者自身的需要。正如著名美学家李泽厚先生指出：“被压迫者跪倒在佛像前，是为了解除苦难，祈求来生幸福。统治者匍匐在佛像前，也要求人民像他匍匐在神的脚下一样，他要作为神的化身来永远统治人间。”这一精辟论述，揭示出佛教在魏晋南北朝时期得以迅猛发展的深刻社会根源。

5.4.3 隋唐：中国佛教的繁荣鼎盛

(1) 隋唐佛教繁荣鼎盛原因

隋唐时期，中国历史经历了东汉末年以来数百年的分裂战乱重新走向统一，中国封建社会的发展迎来了它成熟定型的盛年岁月。国家统一，政局稳定，经济发展，政策宽松，是隋唐佛教文化繁荣鼎盛的历史前提。在中国佛教发展史上，隋唐堪称中国佛教文化鼎盛的黄金岁月，分析隋唐佛教鼎盛发展之原因，有如下一些方面：

其一，隋唐封建国家在政治上较为长期的稳定统一以及社会经济的兴盛繁荣，为中国佛教文化的鼎盛发展，提供了相对安定的社会环境和雄厚的物质经济基础。

其二，魏晋南北朝以来佛教文化的长期积累，留给了隋唐社会丰富的佛教文化遗产，民间社会奉佛成风的潮流趋势，推动着中国佛教文化迈向隋唐时期鼎盛发展的历史高峰。

其三，隋唐封建国家兼容并包，相对宽松开放的文化政策，有利于促进隋唐佛教文化的发展提高。

在上述隋唐佛教繁荣鼎盛的三方面因素中，隋唐统治者宽松开放的宗教文化政策，与佛教的兴盛发展关系尤为密切。史载隋文帝杨坚倡扬佛教，专门下诏声称："朕于佛教，敬信并重……发心立愿，必许护持。"隋炀帝杨广，曾专门举办佛法大会，接受佛门高僧智　所授佛戒——菩萨戒（佛教戒律之一种，可授世俗居家之人），成为佛门菩萨戒俗家子弟。唐代帝王虽然奉老子李耳为祖先，把道教排名于佛教之前，但除个别君主外，大多奉行宽松宗教政策，允许佛教自由竞争，承认佛教开宗立派个性化发展。史载唐代社会政策开放，各种外来宗教如景教（基督教的一个派别）、摩尼教（伊朗古代宗教）、祆教（亦称拜火教，古波斯宗教）、伊斯兰教等，均在唐代进入中国并传播发展。

各种宗教自由竞争，同时并存、相互影响，这种兼容并包的宽松、开放的宗教政策，为隋唐佛教文化的兴盛发展，提供了一个良好的社会文化氛围。

(2) 隋唐佛教繁荣鼎盛的表现

隋唐佛教繁荣鼎盛的显著标志之一，是中国佛教的发展，在某种程度上，已经超过了佛教的母地印度以及尼泊尔、巴基斯坦、斯里兰卡等地区，中国佛教的兴旺发达位居世界第一。曾经游历过天竺（古印度）、狮子国（斯里兰卡）和南海诸国的天竺僧人那提，唐初来华游历，曾对中国佛教文化的繁荣兴盛发出这样的感叹："脂那东国（指唐朝）盛转大乘，佛法崇盛，赡州（指世界）称最"。外来天竺游僧这一感叹评述，表明佛教文化的中心，已从古印度及周边国家转移到中国，这是隋唐佛教兴盛繁荣的显著标志。

隋唐佛教繁荣鼎盛又一显著标志是：宗门林立，流派众多，理论丰富，名僧辈出。隋唐是中国佛教开宗立派的重要历史时期，不同佛教宗派的在隋唐时期出现，一方面是因为寺院经济的增长，僧侣阶层开始采用严格的嗣法制度以保障不同僧侣群体的经济利益；另一方面，继南北朝佛门多种师说传承的发展，由不同师说理论产生不同派别，是为了适应或满足日益增多的、具有不同兴趣偏好的各类佛教信徒的需要。隋唐时期形成的佛教宗派，主要有天台宗、三论宗、律宗、法相宗、华严宗、禅宗、净土宗、密宗等。

伴随众多佛门宗派的产生，一批又一批在中国佛学界享誉盛名的大德高僧不断涌现，如智顗、吉藏、法琳、玄奘、道宣、窥基、神秀、慧能、法藏、一行、神会、鉴真、不空、道一、宗密等。这些大德名僧以他们特殊的宗教智慧和佛学修为卓然于世，或开宗立派，或传典译经，或科技创造，或西行取经，或东渡弘法……隋唐佛教文化璀璨夺目，熠熠生辉，成就斐然，与众多高僧数十年如一日的艰苦努力，与他们献身佛教所作出的杰出贡献是密不可分的。

隋唐佛教繁荣鼎盛的另一标志，是佛教的中国化基本完成。佛教自两汉之际传入中国后，在数百年的艰难发展历程中，在与中国传统文化不断发生碰撞斗争的同时，又不断从中国文化的深厚土壤中吸取营养，获得滋润，茁壮成长。外来佛教在古代中国的发展演变过程，是一个被中国传统文化不断改造、不断融合的自我变革过程，这一过程通常被称为佛教中国化过程。隋唐时期特别是唐代，佛教的中国化宣告完成，其重要的表现，是具有中国理论特色的诸多佛教宗派在这一时期先后产生。尤其是唐代的禅宗，作为佛教中国化的重要标志派别，其佛理思想及行为方式，与印度佛教的本真形态早已大相径庭，相去甚远。总的来看，在儒、佛、道“三教合一”的思潮进一步形成。以儒家为主体，辅之以佛、道思想的文化格局，是在隋唐时期大体巩固定型的，而佛教也因“三教合一”的文化格局定型，完成其自身中国化的发展历程，成为中国传统文化的一个重要组成部分。

5.4.4 宋至清：佛教发展的衰微期

中国封建社会从宋代开始进入它的发展后期，尤其是明、清时代，中国封建社会步入晚年，丧失生机，走向僵化衰落。伴随中国封建社会由盛转衰，中国佛教也兴旺难续，盛况不再，进入其发展史上的衰微期。从表面现象看，宋代以后，中国佛教再也没有出现隋唐时期那种繁荣盛况：佛教宗派除禅宗尚有一段时期的兴旺外，大多没有了昔日的显赫声势；佛教僧团没有了昔日规模阵容；佛经的翻译不再有昔日庞大的译场；新人峰起，名僧辈出的现象不复重现……种种历史现象表明，中国佛教进入宋代以后，开始逐渐走向衰落。

与隋唐或隋唐以前的佛教相比，宋明清时期的佛教，有其明显的变化特征。其一，佛教内部各宗派调和融通趋势加强，对相关教理教义的认识渐趋一致。与隋唐时期佛教宗门林立，多种师说传承，派系纷争的多元化、个性化发展状况相比，宋代以后，佛教内部的义理纷争、派系冲突减弱，而共性融通，认识趋同，则成为佛教发展的一种主流趋势。其二，儒、佛、道三教合一在宋代彻底完成，佛教已经融入人们的日常生活和思维习惯之中，不再以异质面貌为人们所特别关注。唐代以前的佛教学者，他们在弘扬佛法时，往往把强调佛教的独特性放在第一位，而宋代以后的佛教学者，则多把论证佛法与儒、道等世间法的一致性放在第一位，尽量把佛法与世间法融通合一，佛教的世俗化或世间化的趋势由此大大加强。

5.5 佛教与中国古代社会政治

中国古代是一个以国家权力为中心的政治社会，植根发育于这一社会体系中的各种文化形态，无不因其母体结构所具有的浓厚政治基因而被打上鲜明的社会政治烙印。中国传统文化的重大特征之一，是具有泛政治化特点，各种社会文化现象，往往体现出强烈的政治形态观念。佛教传入中国后，要在中国立足生根，必须依附国家政治、依附专制皇权而谋求发展。所谓外来佛教的中国化，其重要特征之一是受中国政治社会的影响改造日益世俗政治化。这种世俗政治化主要表现在四个方面：其一，佛教依附政治而发展，其兴衰存亡，制约于世俗君主，受国家权力所直接支配控制。其二，以儒释佛，以佛合儒，佛教接受儒家传统政治思想的改造而不断儒化。其三，佛教通过参与政治，服务皇权，体现出其“辅助王化”的世俗政治功能。其四，佛教僧人被置于严密的国家行政控制的监管约束之中，一定程度上丧失了作为宗教组织所应当具有的相对独立性。

5.5.1 佛教兴衰存亡受制于世俗皇权政治

早期佛教在中国民间社会的传播发展步履维艰，险阻重重，究其原因是因为没有得到世俗皇权的认可，缺少社会政治力量的扶植。佛教自两汉之际传入中国到魏晋近三百年间，国家法律不允许中国人出家为僧，明文规定：“汉人皆不得出家”。后来虽然突破禁令，有人出家，但出家僧人往往惨遭杀戮，传法艰难。如后赵君主石勒“专行杀戮，沙门遇害者众。”

然而，正是这些曾经肆意虐佛的强权军阀或专制君主，当他们从建立皇权、巩固皇权统治的需要出发，认识到佛教可资利用的特殊价值而转变态度大力扶持佛教之后，佛教的命运便立即出现转机，迅速壮大发展。以南北朝为例，史载石虎继位后赵国君后，下诏全国称：“佛是戎神，所应兼奉，其夷赵百姓有乐事佛者，特听之。”这一诏令颁布后，中原地区第一次出现“民多奉佛，皆营造寺庙，竞相出家”的事佛热潮，在皇权君主的扶植下，佛教首先在北方地区蔓延开来。

南朝梁武帝萧衍，不仅三次“舍身”佛寺，而且下诏“令王后子弟，皆受佛戒”，并多次“劝民斋戒”，“度僧尼遍于诸州”，强求臣民趋佛奉佛。再如北齐文宣帝高洋，将“国储分为三份，谓贡国、自用及三宝”，把国库储积的财富三分之一花费在佛、法、僧三宝即佛教上。在世俗君主强势经济输入的推动之下，佛教不仅作为一种宗教观念群体立足于世，而且作为一种广占良田沃土的特殊经济实体，在皇权社会中兴盛发达，势力膨胀。

佛教依附皇权政治而勃兴，但其过分发展，往往反过来又和皇权政治发生矛盾。这主要表现在：寺院经济兴起以后，大量编户人口和土地源源不绝流入寺院，不仅使封建国家财赋收入减少，而且直接影响到封建王朝的徭役和兵源。矛盾解决的办法，通常是专制君主用政治强权禁佛灭佛，使佛教的发展减弱、停滞或暂告中断。中国佛教史上所谓“三武一宗”灭佛，就是皇权专制禁抑或取缔佛教的重大宗教政治事件。

“三武”是指北魏太武帝，北周周武帝，唐朝唐武宗，“一宗”是指后周的周世宗。史载他们在位期间，强行灭佛禁佛，措施非常严厉。以北魏太武帝和北周周武帝两次大规模灭佛为例，《魏书·释老志》载北魏太武帝灭佛诏书云：“自今以后，敢有事胡神（即佛神）及造形泥人、铜人者，门诛……诸有佛图形及胡经（即佛经），尽皆击破焚烧，沙门无少长悉坑之。”这次血腥灭佛发生在北朝初期，百余年后，北朝末期的周武帝再次宣布灭佛，《广弘明集》卷十记载周武帝灭佛的情形：“关陇佛法，诛除略尽。即克齐境，还准毁之。尔时魏齐佛法崇盛，现成寺庙，出四十千，并赐王公，充为宅第。五众释门，减三百万，皆复军民，还归编户。融刮佛像，焚烧经教，三宝财富，簿录入官，登即赏赐，分散殆尽。”

上述皇权君主两次灭佛，佛教在北方扫地殆尽，遭到毁灭性打击而发展中断。但是，当灭佛的旧君去世，奉佛的新君继位，政治形势一变，佛教的境遇随之彻底改观。史载北魏太武帝灭佛之后，继位的魏成帝一道兴佛诏书颁发全国，于是“往时所毁图寺，仍还修矣。佛像经论，皆得复显”。

同样，北周周武帝灭佛之后，继起的隋文帝重新倡佛，颁布诏令：“周朝佛寺，咸兴修营，境内之人，听任出家。”在奉佛新君的重新扶持之下，被废灭的佛教不仅恢复迅速，而且往往更加兴盛，势炽从前。

中国佛教发展史上这种大起大落的坎坷经历，反映出依附皇权政治发展起来的佛教，一旦失去皇权政治的支持，其生存立即陷入危机。皇权君主的意志决定着佛教命运的花开花落，枯荣盛衰，这一点，佛门僧人具有非常深刻的认识。“佛不自兴，唯王能兴”；“能鸿道（佛）者，人主也”，这类出自佛门僧人之口的定论，代表着佛教信徒对世俗君主弘扬佛法、主宰佛教命运的绝对权威的绝对认同。东晋著名佛界领袖释道安，在历经大半生艰苦卓绝的弘法传教活动之后，向弟子们总结出来的传教原则是“不依国主，则法事难立”。这一积数十年传教实践经验总结出来的至理名言，非常明确地揭示出佛教对世俗皇权政治的依赖关系。依附皇权政治而发展，其兴衰存亡受制于世俗君主，制约于专制皇权，这是中国古代佛教政治化的重大特征之一。这一特征使佛教的发展最终丧失自身的独立，沦为任由专制皇权政治支配摆布的附庸。

5.5.2 以儒释佛，接受儒家思想改造而不断儒化

佛教传入中国之际，儒家思想作为封建王朝统治思想早已深入人心，成为封建国家意识形态思想的主流。佛教传入中国后，必须适应中国古代中央集权的国家政治环境，要在东土立足，就不能与作为封建国家正统思想的儒家文化争锋抗衡。于是，佛教以其特有的忍让与协和精神，转而对儒学屈从迎合，积极向儒学靠拢。而传统儒学则当仁不让，以儒释佛，以积极主动的姿态，对外来佛教进行了如下一系列的儒化改造：

（1）以“孝”入佛

儒家千言万语，淳淳于孝，在家为孝子，事君为忠臣，由孝及忠，由家而国，形成“三纲五常”一套完整的政治伦理秩序。佛教剃头去发，弃父母出家，以家庭为累赘，视孝亲血缘如淡水，这显然与儒家以孝治国的政治伦理大相径庭。为了适应传统儒家思想，佛教变革自身，首先从重“孝”开始。在梵文佛经的汉译过程中，儒家孝道观念及行孝原则被大量人为注入佛经，“孝”在汉译佛经中被发挥到相当突出的地位。如汉译《菩萨戒本》卷下云：“孝顺父母、师、僧三宝，孝顺至道之法，孝名为戒。”把佛戒等同于儒孝，其媚儒合儒的态度一目了然。再如佛教《善生经》，在汉译过程中被增添了如此一些行孝内容：“凡有所为，先白父母”；“父母所为，恭顺不逆”；“父母教令不敢违背”；等等。另一部梵文佛经《六方礼经》在汉译过程中，也补充增加了叙述子女事亲尽孝的义务规范：“一者当念治生；二者早起，敕令奴婢以时做饭食；三者不益父母忧；四者当念父母恩；五者父母疾病，当恐惧求医治之。”显而易见，如此一类强调父母家长绝对权威和儿孙子女绝对孝顺的伦理观念，与佛教淡漠世俗亲情关系而“众生平等”的教理相去甚远，这显然不是印度佛教的本义精神。总之，在中国传统文化重孝行孝，以孝为本这一根本立足点上，以适应儒家孝道传

统，以求在中国古代皇权政治社会生存立足。

(2) 以佛教“五戒”类附儒家“五常”

“五常”即仁、义、礼、智、信五种道德伦理，是儒家思想的重要组成部分。佛教对儒学的屈从迎合，重要内容之一就是把佛门“五戒”类附儒家“五常”。《广弘明集》卷三：“佛典五禁，与儒书仁义五常符同。仁者，不杀之禁也；义者，不盗之禁也；礼者，不邪之禁也；智者，不酒之禁也；信者，不妄之禁也。”在《魏书·释老志》中，也有此类“五戒”比附“五常”的明确表述：“又有五戒，去杀、盗、淫、妄语、饮酒，大意与仁、义、礼、智、信同，名为异耳”。其实，把不饮酒等同于智，把不妄语等同于信，绝不仅仅是“名为异耳”，但就在类似的穿凿附会中，“五戒”与“五常”混同一体，佛教思想不断被塞入儒学内容。在佛教梵文有关经典如《六度经集》的汉译过程中，甚至出现“治国以仁”“诸天以仁”“君臣和顺，上下相敬”等经文词语，这显然不是梵文佛经的本语，而是儒学语言的直接翻版。此类经文汉译所体现的，是儒家思想对佛教经典的明显儒化改造。

(3)“儒佛合一”的中国化佛教观

中国古代出家人尤其是上层僧人，大多是由儒入佛，先儒后佛而皈依佛门。从小受儒学熏陶，难以泯灭的儒家思想印记，必然对他们的事佛生涯发生潜移默化的重大影响。传统儒学正是通过佛门领域的大批儒化僧人，积极主动地按儒学的标准改造佛教。而以儒释佛，用儒学改造佛教，必然导致观念认识上“儒佛合一”，把佛教与儒学完全混同。下列有关佛教典籍所载的儒佛关系的论述非常典型：

《弘明集》卷三：“周孔即佛，佛即周孔，盖内外名耳”“佛者，犹名三皇神，五帝圣也。”

《祐录·康僧会传》：“儒典之格言，即佛教之明训也。”

《高僧传·释慧远传》：“如来与周孔，发致虽殊，潜相影响；出处成异，终朝必同。故虽道殊，所归一也。”

此类“儒佛合一”的论述，完全抹杀了佛教作为宗教形态与世俗政治意识形态的差别，宗教与政治最终合二为一，熔为一炉。在这样一种完全中国化的佛教观念中，君的训诫就是佛的教诲，君的仁爱就是佛的慈悲，君的无限权力拯救黎民就是佛的无边法力普度众生。立足专制皇权的政治需要，所谓“儒佛合一”，绝不是儒合于佛，儒屈从佛，而是佛合于儒，儒改造佛，是“佛”对“儒”即宗教对政治的彻底臣服。总之，以儒释佛，接受儒家思想的改造而不断儒化，这是佛教政治化或佛教中国化的重要表现特征之一。

5.5.3 参与政治，服务世俗皇权

(1) 礼拜天子，臣服皇权

印度佛法传统不拜君亲，认为天上地下唯佛独尊，一旦出家皈依佛门，对父母尊长及世俗君主，一律不再行跪拜之礼。佛入中国后，中国皇帝要求佛门僧人改变印度佛法传统，对君亲尊长必须按中国礼俗施以跪拜之礼。佛教僧人群体抗争，东晋高僧慧远为此曾专门撰写《沙门不敬王者论》等五篇文章，以滔滔雄辩抗争世俗政治，捍卫印度佛教不拜君亲的佛法传统。但是，专制君主对佛教僧人的抗争不屑一顾，史载南朝宋孝武帝一道诏书颁示天下，明令僧人必须对皇帝致敬跪拜，否则“鞭颜皴面而斩之”。命令下达，僧侣们全部屈服，没有人对跪拜君主敢再持异议。中国皇帝一道诏书，否决了印度佛教那种“佛道为至上道”的不拜君亲的佛法传统，同时也宣告了外来佛教必须臣服中国世俗政治的彻底不独立性。

佛教沙门为了求得内心的平衡，为了在拜跪君主有损佛尊的心理愧疚中获得解脱，于是转换概念，把世俗君主看作“当今如来”，把跪拜君主当作礼尊佛祖。如北魏沙门法果就公开声称：“太祖明睿好道，即是当今如来，沙门宜应尽礼，逐致常拜……非拜天子，乃礼佛耳。”佛祖和君主被混而为一，对现世君主的崇拜即等同于对释迦牟尼的崇拜，在佛门僧人“君为教主”的概念转换中，天上地下，真正的权威、真正的偶像和救世主只有一个，即被罩上一层神性佛光的现世君主。

(2) 辅助王化，服务皇权政治

世俗君主扶植佛教，是基于现实皇权统治的需要，而佛教自身所具有的特殊宗教理论及宗教观念，使它在服务皇权政治方面，往往可以起到儒家统治思想无法起到的作用。正如《佛祖历代通载》卷十一所云：“佛之为教也，劝臣以忠，劝子以孝，劝国以治，劝家以和；弘善示天堂之乐，惩非显地狱之苦。”佛教在这里不仅具有使臣忠、子孝、国治、家和这类与儒家思想完全相通的现实政治功能，而且还具有天堂地狱、弘善惩非等一套因果报应的特殊宗教观念，这对于统治阶级愚弄民众，显然有着比传统儒家思想更大的欺骗性。在中国古代社会，正是由于佛教具有稳定社会秩序以“助王政之禁律，益仁智之性善”的特殊政治功能，才使它能够在“三武一宗”禁抑灭佛的毁灭性打击之后，依然具有在古代社会继续存在、继续发展的理由。

另一方面，中国古代皇权政治对佛教的态度既然从根本上决定着佛教

的命运，这就必然导致佛门僧人对皇权君主的唯命是从以及竭尽全力为皇权政治服务。中国古代社会，佛门僧人“辅助王化”，参与世俗政治的事例非常普遍。如佛图澄被后赵皇帝尊为大和尚，“事必咨而后行”；昙无谶被北凉皇帝任为军政参谋，“每以军国事咨之”；慧琳为南朝宋文帝所重，“逐参权要，朝廷大事，皆与议焉……权侔帝辅”。此类大德名僧直接参政议政，是佛教服务皇权政治的重要表现。此外，一般佛门僧人也有辅助王化，履行政治服务的义务。如北魏明元帝“崇佛法……乃令沙门敷导民俗”，此类材料所反映的，就是普通僧人受命皇帝，劝化民风，直接服务世俗政治的社会现象。

5.5.4 佛门僧人被纳入世俗行政的严格监控管理

中国古代皇权专制的重要形式，是对社会成员进行严格的人身约束，实现对人的控制与支配。按世俗统治方式，把佛教僧人作为君主的子民置于严格的行政控制约束之中，是中国佛教政治化的又一重大特征。

古代专制国家对佛教的约束管理，主要表现在如下一些方面：

其一，建立僧官制度，设立自上而下的僧官体系管理全国僧尼。以南北朝为例，常见的僧官称号有道人统、僧统、沙门统、僧正、僧主、都维那、维那等，朝廷设“监福曹”为佛教管理衙门，其职责是“掌诸佛教，置大统一人，统一人，都维那三人，亦置功曹、主簿，以管诸州郡县之沙门”。

其二，规范僧籍制度，严格剃度管理。凡出家僧尼，均专门注册造籍；凡剃度僧尼，均有条件限制和名额限制，必须由政府审查批准，不得私由寺庙擅自剃度。对私自剃度的无籍僧尼，各地方僧官机构均有权进行检括沙汰，罢遣还俗，并对相关责任者进行惩处。某些王朝甚至严格规定剃度时间，如北魏孝文帝颁布《剃度诏书》云：“（每年）四月八日，七月十五日，听大州度一百人为僧尼，中州五十人，下州二十人，以为常准，著于令。”

其三，规范游僧行为，加强僧人外出管理。凡僧人离开本寺外出游方，必须报经官府批准，携带官府文牒印书一类路条证明，并由本寺提供担保。对身份不明的无证游僧，任何人不得接待收留，若擅自收留接待，要受官府追究严惩。如北朝皇帝曾专门颁布对游僧的《管理诏书》云：“比丘不在寺舍，游涉村落……令民间五五相保，不得容止。”对游僧的管理严厉到采用五五连坐的处罚方式，佛门僧人的外出活动，被置于专制社会极其严密的监视约束之中。

综上所述，中国古代佛教势力兴衰存亡的发展变化，皇权政治始终在其中起着决定性的影响或作用。依附皇权，佛教势力获得空前规模的发展；接受皇权统治思想即儒家思想的改造，佛教不断儒化变革并最终成为中国传统文化的重要组成部分。佛门僧人参与政治，辅助王化，起着驯化臣民以巩固皇权统治的特殊社会作用；而皇权政治对佛教僧人的统一编管和严格控制约束，则使佛教一定程度上丧失其作为宗教组织所应当具有的相对独立性。总之，无论是作为宗教形态的佛教，还是作为宗教信徒的佛门僧人，都没有超然于世俗政治之外独立存在，而是自觉或不自觉地依附政治，受政治支配，参与并服务于社会政治，从而使中国古代佛教的变革发展，呈现出鲜明的社会政治化特征。

5.6 禅宗——中国化佛教的典型

佛法东传，要在中华大地立足扎根，不可避免地要经历中国化的演变历程。外来佛教中国化，最突出的特征是突破印度传统佛教教义及修行方法，与中国世俗社会生活相适应而彻底走向世俗化。而禅宗，则是中国佛教世俗化的代表，是众多佛教派系中对中国思想文化影响最大的一个佛教宗派。“禅”为梵文，意译为“静虑”，中国古代习惯把“禅”和“定”连在一起，并称为“禅定”，意指“思虑集中，专注于一境”。禅定的方式，一般是静坐（亦称打坐），通过静坐敛心，达到“安静而止息杂虑”的修行状态。与其他佛教门派相比，禅宗以“禅”作为宗派命名，目的是强调“禅定”是佛教的重要修行方法，突出“禅定”对佛门僧侣宗教生活的特殊重要意义。

5.6.1 禅宗的产生及发展演变

禅宗是南朝末年天竺僧人菩提达摩到中国传授禅法而创立的。相传，菩提达摩于南朝宋末渡海东来，于梁武帝时期赴北方洛阳弘扬禅法，因其禅法不被当时佛教界所重视，于是到嵩山少林寺面壁禅坐九年，开创中国禅宗，成为禅宗始祖。菩提达摩将禅法下传弟子慧可，经慧可沿袭传承，至唐代弘忍承继禅法，是为禅宗五祖。弘忍得法后，定居于湖北黄梅双峰山东山寺，聚经讲学，门人甚众，时称“东山法门”。弘忍之后，禅宗分化为北宗和南宗，北宗的开创者为神秀，南宗的开创者为慧能。其后，南宗取代北宗，成为禅宗主流。

关于禅宗南、北宗的产生，与五祖弘忍挑选接班人有关。据载弘忍挑选衣钵传人，要求应选弟子必须写一首佛教偈语，表明自己对佛教的认识。

弘忍门下一位杰出的弟子名叫神秀，作偈一首题写于寺院廊壁：

身是菩提树，心如明镜台。
时时勤拂拭，勿使有尘埃。

神秀所作偈语，代表了印度佛教自产生以来一直奉行的正统观点：人的心灵世界或主观世界是非常明净、非常纯洁的，但人所面对的外部世界是非常庸俗混浊的。外部世界的世俗尘埃可以不断地对人的心灵世界造成侵蚀、污染，为了保持心灵世界的纯洁明净，必须持续地、不间断地对各种落入心灵的世俗尘埃进行清除拭擦，否则，心灵就会被庸俗污染，永远达不到涅槃成佛的修行境界。

怎样才能尽去心灵的尘埃，使清净的佛性显现于心呢？神秀要求佛门僧人“时时勤拂拭”，意思是说佛门僧人必须持之以恒，勤修苦练，通过长久不懈地坐禅修习，清除世俗干扰，排除内心杂念，以保证身心的觉悟。这种勤修苦练，长久坐禅，循序渐进的修行方法叫作“渐悟成佛”，表明成佛不可能一蹴而就，绝不是一件容易的事情。

神秀偈语出来后，弘忍门下另一目不识丁的文盲徒弟慧能，听寺院僧人念此偈语，认为该偈语对佛性的领悟并不彻底，于是针对性作偈语两首，请人帮他书写于寺庙墙壁，其中一首偈语内容为：

菩提本无树，明镜亦非台。
佛性常清净，何处染尘埃。

慧能的偈语，一开始就通过对佛教“诸法皆空”的感悟，否定了菩提树和明镜台的实际存在。一切世间事物皆为虚妄不实，空空如也，既没有菩提树一样的身体，也没有透彻明净的心灵，尘埃污染更是虚幻，佛性本来就是明明净净的，哪有什么尘埃去污染呢。既然心灵的佛性不存在污染，那么，人就没有必要勤修苦练通过长久的坐禅方式来清除污染。只要领悟到自己本来清净的心性，并在刹那间使内心自有的佛性显现出来，任何人皆可在瞬间成佛，这就形成慧能南派禅宗倡导的所谓“顿悟成佛”。

五祖弘忍最终把达摩祖师传下来的法衣袈裟作为禅宗嫡传凭证传给慧能，目不识丁的慧能遂成为禅宗六祖。据禅宗历史记载，弘忍圆寂后，神秀至荆州玉泉寺弘扬禅学，倡导“渐悟成佛”开创北宗，虽然一时声名鹊起，声势显赫，但传不多久就门庭冷落归于沉寂。而慧能得法衣后南归隐居，躲过佛门内讧争斗的劫难，在南方地区独树一帜弘扬禅法，倡扬“顿悟成佛”开创南宗。南宗在慧能时期迅速发展，风行天下，成为禅宗正统。

5.6.2 禅宗的禅法思想

禅宗因慧能的感悟创新而发扬光大，慧能被后世奉为禅宗六祖。但若以“顿悟成佛”作为禅宗佛学思想的重要标志，那么，对后世影响极大的禅宗，实际上是从慧能开始的。有学者认为，慧能之前，只有禅学而无禅宗，这一说法实际上是把慧能作为禅宗真正意义上的开创者。由于慧能不识文字，其讲经说法的禅学思想被弟子们一一记录下来，整理成书名曰《坛经》。在中国佛教文献发展史上，历来只把印度传来的佛教典籍称为经，中国人自己所撰写的佛教典籍，被称为经的，就只有慧能的《坛经》。这唯一的例外，很能说明禅宗在中国佛教发展史上的特殊重要地位。与其他佛教宗派相比，慧能以后的禅宗禅法思想，主要有如下一些重要特征：

（1）众生皆有佛性，皆可顿悟成佛

禅宗认为，人人皆有佛性，众生皆可自修自悟成佛。慧能在《坛经》中告诫众生：“佛是自性作，莫向身外求。”意思是说，佛性是在人的本性中存在的，人人皆具有佛性本心，佛在每个人的自我心性之中，用不着在身外去苦苦追求。早期佛教的观念，强调人性与佛性是不一样的，人对于佛的信仰追求，在于提升或改造自己的人性，使之靠近或达到佛性。奉佛之人遵守种种佛门戒律，进行种种宗教修炼包括念经礼佛等，都是为了使人性靠近佛性或向佛性转化。禅宗一反传统佛门观念，认为“人人皆有佛性，人人皆可成佛”。这样一来，成佛的关键就不是靠别人来拯救自己，不是靠他人普度众生，而是自我解脱，自我拯救，自己度自己。

人人皆具有佛性本心，人人皆可成佛，但为什么大多数人不能成佛呢？这是因为，人们的心中往往产生妄念，这些妄念遮蔽了自身的佛性，使佛性本心不得显现，只要自身觉悟，自性清净，排除妄念，就可即刻达到佛性境界即“一悟即至佛地”。

禅宗宣扬的“一悟即至佛地”，是指刹那之间豁然开窍，突然觉悟，这就是所谓的“顿悟”。能否在刹那之间“明心见性”，妄念全无，这是佛性和人性的根本区别。《坛经》对“顿悟成佛”做了非常明确的表述：“一念觉，即佛；一念迷，即众生。”佛和众生之间的分水岭，全在于是觉还是迷，而觉和迷，均可在“一悟”或“一念”的刹那间发生转换。由于成佛在于刹那之间“明心见性”的顿悟，这样一来，传统的读经、念佛、坐禅等一系列佛门修习功夫或修炼方法，统统失去了它的重要意义。禅宗关于“佛在自心，成佛在己，顿悟成佛”的禅法思想，彻底颠覆了印度佛教艰苦修行、渐悟成佛的传统观念。禅宗以前，要想成佛，必须艰苦修行，必须接受数不清的清规戒律和庞杂烦琐的教理教义的严格外在约束。现在好了，成佛在自悟，不用他人普度，不必学习佛经，用不着外在约束，更不必打坐禅定，传统的种种修行皆没有必要，只要保持心性清净，在意念中一个转向，茅塞顿开，大彻大悟获得佛性。信仰禅宗的人，从传统的艰苦修行中获得彻底解放，由此变得非常轻松。

从禅宗内部的派系分化来讲，神秀与慧能的两首佛教偈语，体现了佛教自身发展过程中的一种思路转换：神秀代表印度正统佛教那种艰苦修行渐悟成佛的佛法传统，而慧能"顿悟成佛"则代表了佛教中国化发展趋势的立场转换与自我超脱。经慧能变革创新后的禅宗思想与中国传统老庄思想有一脉相通之处，非常适合中国古代上层知识分子尤其是文人士大夫们的心理需要，他们不愿意艰苦修行，但又希望解脱尘世烦恼修心成佛，于是纷纷信仰禅宗，禅宗由此成为对中国知识分子影响最大的佛教宗派。

（2）修心方式灵活，成佛途径简易

禅宗作为最有中国特色的佛教派别，其中国化的最大特点，表现在它的彻底世俗化方面。"世间法即佛法，佛法即世间法"，这是宋代禅宗法师宋杲所作的禅语。所谓世间法，是指世俗社会的种种现象或规则。把佛法与世间法相等同，实际上混淆了宗教与世俗之间的差别，但走向世俗、淡化佛教的宗教性质，恰恰是禅宗的重大特点之一。佛的道理与世俗道理相通，表现在具体修心成佛的方式方法上，禅宗所谓的"禅定"修心，经慧能变通，其意义内涵发生根本转变。慧能之前，禅宗提倡"禅定"苦修，禅定被特定为打坐凝神的入定静思，达摩祖师打坐面壁九年，就是一种艰苦漫长的"禅定"修为过程。到慧能时代，禅定内容变通延伸，只要不起妄念，不迷于执著，保持本性清净，无论行、住、坐、卧等，都可以看作是坐禅，即"坐亦禅、卧亦禅、静亦禅、动亦禅"，禅的概念内涵由此发生根本变化。

再进一步，各种世俗日常生活，均可以成为"禅悟"成佛的途径。修心成佛的方式不拘一格，多种多样且简单易行，这就是慧能《坛经》所讲的"担水砍柴，无非妙道"。担水、砍柴这一类烦琐的日常世俗杂务，没有哪一样不可以成为禅悟修心的好途径、好方法，在普普通通日常世俗生活中，人们完全可以实现成佛的理想。由此一来，信佛之人出不出家都无所谓，"若欲修行，在家亦得，不由在寺"，印度佛教要求僧人出家修行的传统观念，由此被禅宗彻底颠覆。

成佛无须出家，在日常俗务中即可获得"禅悟"修得佛性，方法简单易行，大家何乐不为？这样，禅宗不仅仅是上层知识分子的选择，就连一般劳苦大众，也纷纷接受禅宗，其原因就在于修行方法简单，没有条条框框束缚，但后果却是一样的，都可以解脱人生烦恼到达成佛的彼岸。禅宗在这里已经彻底背离了印度佛教的传统，已经不是印度佛教在中国的一个教派，而是在印度佛教影响之下由中国人自己创立的另一种佛教——彻底世俗化的中国佛教。

5.6.3 对禅宗的简要分析评价

第一，禅宗思想体系以自悟自觉的“内在超越”为特征，其心性境界追求的是一瞬间超越自我而成佛的永恒，具有鲜明的主观唯心主义特色。禅宗倡扬“内在超越”的主观唯心思想，必然导致对任何客观标准的否定，不利于对外在世界进行实事求是的探讨和建立客观有效的社会制度与法律秩序。

第二，禅宗否定一切外在束缚，打破一切观念执着，破除一切传统权威，一任本心，使自己成为自己的主宰。这在我国长期封建专制的思想文化领域，具有一种非常难能可贵的思想解放作用。

第三，禅宗虽然具有某种宗教形式，但其破除念经、坐禅、礼佛等一切外在佛法束缚，反映出这一宗教派别具有一种浓厚的非宗教倾向。禅宗因其非宗教倾向的世俗化特征而兴旺发达，长盛不衰，信徒甚众，说明中国传统社会欠缺根深蒂固的宗教意识，宗教观念的不发达性，是中国传统思想文化的重大特征之一。

5.7 佛教对中国传统文化的重大影响

在中国历史上，外来文化传入中国而对中国社会产生重大影响，主要有两件大事：一是公元1世纪左右佛教传入中国而对中国传统文化带来重大影响，二是16世纪以后西方文化传入中国，引起中国社会的巨大历史变革。在16世纪以前的中国古代社会，由于地理环境相对独立封闭，中国文化和外来异质文化较大规模的相互碰撞，或较大容量地吸收外来文化并受其重大影响，此类现象几乎从未发生，但唯有佛教是一大例外。

佛教在公元1世纪左右传入中国后，一方面接受中国传统思想的不断改造而变革自身，另一方面，佛教以其异质文化特殊的唯心主义思维方式，对中国传统文化的丰富发展，也带来了极其深刻、广泛的巨大影响。下面就佛教对中国传统文化的一些主要影响略作归纳，借以管中窥豹、以见一斑。

5.7.1 对中国哲学的影响

以儒家为正统的中国古代哲学，长期以来所重视的是以治国安民为出发点的天、人关系的考察，注重君权神授的天命依据，特别注重的是以家长制血缘关系为基础的道德伦理的论证。儒家哲学对人和一切生命的本源，对宇宙的本体之类的哲学探讨非常薄弱，尤其对灵魂的去向和死后的世界，儒家传统哲学天生缺乏神学论证。佛教传入中国，其庞大哲学体系中的宇宙无限、时空无限、四大皆空、体用相即、灵魂转世、生死轮回、因果报应等一系列全新概念，弥补了中国传统哲学关于宇宙本体、灵魂安顿研究方面的天然欠缺，极大地丰富了中国传统哲学内容。此外，就中国古代哲学发展的具体走向而言，佛教的般若学理论被魏晋玄学所吸收，丰富了魏晋玄学的思想内容。佛教的心性学说与传统儒家伦理思想相结合，促进了中国宋明理学的发展完成。总而言之，佛教的唯心主义哲学体系被中国古典哲学吸收改造，推动了古代哲学思维的创新发展和哲学思辨水平的提高；佛教与中国传统儒、道思想彼此吸收、相互融通，构建了中国传统思想体系博大精深的丰富哲学内涵。

5.7.2 对中国文字、语言及文学方面的影响

数量浩瀚的佛经翻译，极大地丰富了中国汉语的语言词汇，当代中国流行的众多日常生活用语，均是来自于佛教语汇，如世界、平等、刹那、现在、相对、绝对、一针见血、清规戒律、天花乱坠等，这些词语随佛教传入而产生，很快汇入汉语系统，成为中国语言不可分割的有机组成部分。文学方面，包罗万象的佛经故事，为中国古典小说、戏剧、评书及民间文学的创作，提供了极其丰富广阔的题材内容。中国古代不少虚幻、夸张的志怪小说特别是神话小说《西游记》，便是以佛经故事为重要题材的经典文学作品。另外，汉译佛经流传过程中产生的变文、俗讲、语录体等，增加了中国文学体裁的新品种、新内容，尤其对民间文学或市井文学的说唱、评书、散打等体裁形式，更是一种直接的渊源关系。

5.7.3 对文化艺术的影响

佛教的影响遍及中国古代文化艺术的方方面面，如建筑、雕塑、石刻、绘画、舞蹈、音乐等。举世闻名的甘肃敦煌莫高窟、洛阳龙门石窟、山西大同云冈石窟，其雕塑、石刻及壁画艺术代表中国古代艺术的最高水平，堪称佛教文化艺术的经典之作。中国古代保留至今的文物古迹，以佛教石

窟、造像和佛塔、寺庙最为丰富，这些与佛教相关的名胜古迹，体现出中国古代的建筑、石刻、雕塑及绘画等综合艺术的发展水平。此外，中国古代的诗、书、画艺术皆重“境界”，这与佛教心性所追求的“禅境”多有相通契合之处。其他如中国古代的音乐、舞蹈、武术等文化艺术类别，都因佛教的传入而大大促进其发展。总之，佛教传入中国，不仅直接推动了中国古代文化艺术的兴盛发展，而且大大丰富了中国古代文化艺术自身内容。

5.7.4 对社会民俗的影响

佛教对中国民间社会的饮食、丧葬、民俗节日乃至婚姻行为等，影响巨大。

饮食方面，佛教戒杀生，讲吃素，大力开发植物饮食品种，推动了中国素餐饮食的发展。

丧葬方面，中国古代社会长期以来盛行土葬，但到宋辽金元时期，实行传统土葬方式的中国民间社会，火葬日益兴盛，普遍流行。究其原因，与佛教的影响密切相关。佛教倡扬火葬，佛门僧人死后一律火化，其丧葬方式随着佛教文化的深入发展而渗透民间，逐渐改变中国民间土葬习俗，“自释氏火葬之说起，于是死而焚尸者，所在皆然”。

民俗节日方面，佛教的节日如农历七月十五日的“盂兰盆节”，四月八日的“佛诞节”，十二月八日纪念释迦牟尼得道成佛的“腊八节”等，至今在中国民间社会继续流行，成为不少地区的重要民俗节日。此外，因佛教文化的影响而形成的求神拜佛、超度亡灵、赶庙会、放生等种种活动，也成为中国民间社会重要的民俗活动内容，广泛地影响着人们的日常生活。

婚姻方面，佛教禁婚，把历代社会出家之人和部分在家信佛居士变为非婚姻人口，对传统生育文化，对社会人口的增减或多或少产生了一定的影响。

5.7.5 对中外文化交流的影响

中国是印度北传佛教的重要基地和中转站，并一度成为亚洲佛教文化的传播中心。佛教经中国传入朝鲜、日本、越南、蒙古等国家和地区，而周边国家和地区，也不断有留学僧人到中国学习佛法，以佛教为媒介，中国僧人的出境与外国僧人的入境，在文化信息的输出与输入方面，涉及了极其丰富的领域如文字、语言、医学、建筑、科技、艺术、饮食等。中国作为亚洲文明的中心区域，在加强古代中国与亚洲各国人民之间的文化交流过程中，通过佛教这一中介桥梁，发挥了传播文明、辐射文明的重大历史作用。

佛教对中国传统文化的影响，还包括天文、科技、医药以及社会心理诸多方面，由于佛教所蕴藏的知识容量异常丰富，因此外来佛教在古代中国得到发扬光大的同时，中国的传统文化也极大地受惠于外来佛教。佛教不仅给中国传统文化注入了博大精深的丰富内容，而且佛教自身通过中国化的历史途径，最终融合进入中国传统文化之中，成为中国传统文化的重要组成部分。

5.8 中国佛教四大菩萨与四大名山

菩萨是梵文“菩提萨棰”的音译简写，菩提意为“觉”或“觉悟”，萨棰意为“有情”即有七情六欲的众生，菩萨的意思是“觉有情”即让有情众生觉悟。换言之，用佛说的真理去启发引导众生，让他们摆脱烦恼，得到彻底觉悟解脱，具有这样一种宏大誓愿的人，称之为菩萨，菩萨的修行称为菩萨行。在大乘佛教中，菩萨的地位仅次于佛，释迦牟尼成佛之前，即以菩萨为号。按大乘佛教的说法，十方世界有无数的菩萨，这些菩萨以各种身份在人间传播佛法，引道众生脱离苦海，解救世人苦难。所以，菩萨比佛更接近众生，更容易被众生接受和亲近。

佛教传入中国后，中国信徒从众多的菩萨中，选出四位菩萨予以特殊崇拜，分别是观音、文殊、普贤、地藏四大菩萨。四大菩萨修行、传法的道场，分别是普陀山、五台山、峨眉山、九华山，并称中国佛教四大名山。

（1）观音菩萨与普陀山

观音全名为观世音，唐代避李世民讳改称观音。观世音被佛教称为大慈大悲菩萨（简称大悲菩），世上苦难众生只要念诵他的名号，菩萨即“观闻其声，前往解救。”观世音三字为梵文意译，谓“观察世俗，循声救苦”之意。

观世音菩萨的原型，在印度本为相貌英俊的美男子，初传中国之时，其造型塑像是留着小胡子的大丈夫。到南北朝后期，观音塑像开始男性化，从唐代起，观音菩萨造像逐渐以温柔慈祥的美妇人形象为主。据佛经记载，观音菩萨有多种化身，如六观音、七观音、三十三观音等说法。根据不同的情况和需要，观音以各种不同化身出现在民间，以便随时帮助苦难众生获得救助解脱。

中国民间的传说，观音菩萨显灵说法的地方，是在浙江舟山群岛中的一个叫作普陀山的小岛，因此普陀山作为观音菩萨的道场，成为中国佛教四大名山之一。普陀山景色秀丽奇特，寺院古木掩映，梵音袅袅，素有“海天佛国”之美誉，是我国著名的佛教游览胜地之一。

（2）文殊菩萨与五台山

文殊，梵文意为“妙德”。在寺院大殿中，文殊立在释迦牟尼的左侧，为佛陀的左胁侍。据佛经《文殊涅槃经》记载，文殊是释迦牟尼的大弟子，居众菩萨之首，智慧第一。所以，在佛教众菩萨中，文殊主智，代表佛门大智慧，称为大智菩萨。

文殊的造像大多“非男非女”，但实际上更像女性，坐骑为青狮子表示智慧威猛，手持宝剑表示智慧锐利。相传，山西五台县五台山是文殊菩萨显灵说法的道场，由于与文殊的名号连在一起，五台山由此列入中国佛教四大名山之一。

五台山建寺历史悠久，现存58座保存维修完好的寺庙，文物荟萃，是我国佛教古建筑和佛教艺术的宝库。其中，南禅寺为唐代建造，寺内长寿大殿是我国现存的最早的木构建筑。在中国佛教名山之中，五台山因其清新凉爽的气候特点又名“清凉山”，享有“清凉佛国”之美誉。

（3）普贤菩萨与峨眉山

普贤梵文意为“遍吉”，“普”是指一切地方，“贤”为妙吉或妙善之意，愿世间一切地方妙善遍吉，这就是“普贤”的意思。

普贤菩萨是释迦牟尼十大弟子之一，在寺庙供佛殿堂中，立于释迦牟尼右侧，是为释迦牟尼的右胁持。在佛教诸多菩萨中，普贤专司理德和行德，为佛门道德的化身或代表佛门的大德行，故称普贤为大德菩萨。

普贤菩萨的造像，唐代以前多为男身女相，宋代以后多为女身女相，坐骑为白象。据佛教《华严经》记载，普贤菩萨说法行教的道场是在四川峨眉山，峨眉山由此成为中国佛教名山。峨眉山属邛崃山支脉，主峰万佛顶海拔3 099米，是四大佛教名山中海拔最高的山。峨眉山峰峦叠翠，雄秀幽奇，素有“峨眉天下秀”之美誉，是我国闻名遐迩的佛教旅游胜地。

（4）地藏菩萨与九华山

地藏菩萨名号之由来，据佛教《地藏十轮经》记载，“安忍不动犹如大地，静虑深密犹如地藏”，故名。地藏为梵文音译，意即坚韧缜密，深藏不露。据佛经记载，地藏菩萨被佛陀封为“幽明教主”，主要任务是救助地狱中的恶鬼。地藏菩萨在佛陀面前发下大愿说：“地狱不空，誓不成佛。”因此，地藏菩萨又称“大愿菩萨”或“大愿地藏”。传说中的地藏菩萨，坐骑是一头类似狮子的怪兽，名为“谛听”。据说这头怪兽神通广大，能察鉴善恶，听辨是非，识别贤愚。

根据佛教传说，地藏菩萨显身修行及说法的道场，是在安徽青阳县九华山，九华山因与地藏菩萨相关联而成为佛教名山。九华山风光秀丽，群峰争奇，密林幽谷，飞瀑流泉，号称“东南第一山”。唐代时，九华山寺庙多达800余座，故有“九华一千寺，撒在云雾中”的诗句。现九华山有寺庙80余座，佛像6 000多尊，居四大佛山之首，享有“仙城佛国”之美誉。

以上四大菩萨，观音代表大悲，文殊代表大智，普贤代表大德，地藏代表大愿，他们在中国民间拥有众多的信徒，是佛教神祇在中国民间最有影响、知名度最高的几位菩萨。

思考题：

1. 简述佛教“四谛”基本教义。
2. 谈谈你对佛教“戒、定、慧”三学的基本认识。
3. 从儒家传统伦理观念角度，对佛教“因果报应”宗教伦理作简要评析。
4. 简述魏晋南北朝佛教迅猛发展的原因。
5. 简述隋唐佛教繁荣鼎盛的主要表现。
6. 简述中国古代佛教发展变化与皇权政治的关系。
7. 简述传统儒家思想对佛教的变革改造。
8. 简述禅宗“顿悟成佛”的禅法思想及其修心成佛的途径方法。
9. 简述佛教对中国传统文化的影响。

6 宣扬兼爱的墨家与强调功利的法家

墨家与法家皆为我国先秦时期诸子百家中的“显学”，二者的命运也极为相似。在经历了春秋战国的一度辉煌后，两个学派从秦、汉开始就沉寂下来，后继无人。虽然后来构成中国传统文化主干的思想流派中再也没有见到墨家与法家的身影，但这两派的不少思想成分已经融入其他学派之中。因此，在中国传统文化中，墨家与法家同样不可忽视。

6.1 宣扬兼爱的墨家

6.1.1 墨子生平与事迹

墨子，中国先秦墨家学派创始人。中国春秋战国时期著名思想家、政治家、军事家、科学家、人权活动家。姓墨名翟，约公元前468年至公元前376年，鲁国人，一说宋国人。墨子出身平民，自称“北方之鄙人”，人称“布衣之士”。研究墨翟思想的主要资料是《墨子》一书，是墨子及其后学的著作汇编。

他曾为宋国大夫，自诩“上无君上之事，下无耕农之难”，是同情“农与工肆之人”的士人。墨子注重节俭、劳身苦志，提倡“量腹而食，度身而衣”，吃“藜藿之羹”，穿“短褐之衣”。在学术上，他最开始受孔子影响，“学儒者之业，受孔子之术”，后来逐渐反对孔子和儒家思想，创建了与儒家相对立的墨家学派。墨子一生的活动主要集中在两个方面，一是广收弟子，积极宣扬自己的学说；二是不遗余力地反对兼并战争。

他的“非命”“兼爱”之论与儒家“天命”“爱有等差”理论相对立，认为“官无常贵，民无终贱”。他在各地聚众讲学，抨击儒家思想和各诸侯国暴政，这符合广大手工业者和下层士人渴望和平、重于生计的诉求，得到拥护。在代表新兴地主阶级利益的法家崛起以前，墨家是最先和儒家相对立的最大的一个学派，并列为“显学”。

墨子天资聪慧、善于学习，并且非常注重知识的实践意义。因此，他反对儒家厚葬久丧和奢靡礼乐，认为儒家所讲的都是些华而不实的废话，“故背周道而行夏政”。于是产生了他的名篇——《非儒》《非乐》《节葬》《节用》等。墨子不仅授门徒思想理论，更重视在实践中学习，关键时刻还能挺身而出，出兵打仗。

他还擅长守城技术，其弟子将他的经验总结成《城守》，共二十一篇。历史上有名的墨子止楚攻宋的故事就是印证了他的守城技术。据说楚王曾计划攻宋，墨子前往劝说楚王，并在与公输班的模拟攻防中取得胜利，楚王只得退兵。在军事上以兵制兵、以战制战、以术制术、以器制器。冯友兰曾评价说：“如果这段故事属实，它为今日世界倒是一个好榜样，两个敌对国家不必在战场上厮杀，只要双方的科学家、工程师来到一起，把各自实验室里的攻守防御武器都展示出来，不需要走上战场，便可以决定胜负了。”

在墨子的著作中，还有一部分学说涉及自然科学，如力学、光学、声学等。小孔成像原理还是墨子最早发现的。光学史上，墨子是第一个进行光学实验，并对几何光学进行系统研究的科学家。李约瑟在《中国科学技术史》物理卷中说，墨子关于光学的研究，“比我们所知的希腊的为早”，“印度亦不能比拟”。他的微分学原理，也比西方要早。

墨子老年隐居于鲁山县熊背乡黑隐寺并卒葬于此，现存有土掉沟、黑隐寺、坑布崖、墨子城等古迹供人们瞻仰。

下面几则妙答，可管中窥豹，略显墨子智慧：

（1）驳巫马子。墨子多次与儒家弟子巫马子辩论。一天，巫马子对墨子说：“你行义，没见有人帮助人，也没见鬼神赐福给你。但你还在做，你有疯病?”墨子回答：“假若你有两个家臣，一个表里不一，一个表里如一，你看重哪个?”巫马子说：“我看重后者。”墨子说：“既然这样，你也看重疯病的人。”

（2）答公孟子。公孟子多次与墨子讨论学术、人生等问题。一次，公孟子头戴礼帽，腰间插笏，穿着儒者服饰来见墨子，问服饰与行为有何联系。墨子说：“从前齐桓公、晋文公、楚庄王、越王勾践四位国君，服饰好孬贵贱不同，但作为却一样。我认为有作为不在于服饰。”用事实折服了公孟子。

（3）言行之论。鲁国的南部有一个叫吴虑的人，冬天制陶，夏天耕作，自比尧舜。墨子听说后就去见他。吴虑对墨子说：“义，贵在切实可行，何必到处宣传!”墨子说：“你亲自陶稼，分之于民，获利太小，我宣传义，可以救天下，获利巨大，怎能不去宣传呢?”

6.1.2 墨子的基本思想

(1)“爱无差等”的兼爱思想

其一，“兼爱”。

所谓兼爱，包含平等与博爱的意思。墨子认为社会上出现强执弱、富侮贫、贵傲贱的现象，是因天下人不相爱所致，因此要求君臣、父子、兄弟都要在平等的基础上相互友爱，“爱人若爱其身”。“兼爱”由儒家的“仁”发展而来。孔子将“爱人”含义的“仁”，加入宗法制的内容，成了有远近亲疏的“仁”；墨子主张“使天下兼相爱”，这个爱不分等差，不分亲疏，不分先后。墨家的“兼爱”是对儒家“仁”的发展，更是对儒家“仁”的否定；在墨子看来，儒家不兼爱的“仁”，不能算是“仁”。“天下兼相爱则治，交相恶则乱”(《墨子·兼爱上》)，天下之乱，起于人与人不相爱。臣与子不孝，君与父不慈，以及“大夫之相乱家，诸侯之相攻国”，直至盗贼之害人，都是互不相爱的结果。如果天下人能“兼相爱”，“爱人若爱其身”，那就天下太平了。“兼相爱”和“交相利”是相结合的，墨子吸收并发展了子思学派“义”“利”合一的思想，摆脱了孔子所说的“君子喻于义，小人喻于利”，只讲“义”不讲“利”的片面性。“兼爱”有利于自己，不“兼爱”则有害于自身，墨子将伦理道德和功利主义紧密地结合在一起。至此，墨子完成了一个逻辑论证：一个人爱人，别人也会爱他，一个人害人，别人也会害他。兼爱成了一种投资或者保险，自己通过付出也可以获利。

可以看出，兼爱既是目的，也是过程，但一味告诫人们要济世利人，却缺乏现实动力，过分理想主义的设计使兼爱显得既难办又迂阔，即“我为什么要做一个博爱他人的人呢”。为此，墨子除了主张上述的逻辑论证之外，还以政治和宗教教诲世人。为了使人们践行兼爱，他在《天志》篇和《明鬼》篇中，就讲神爱世人，神的心意就是让世人彼此相爱。凡遵神意之人，便得好运。在《兼爱》中，墨子论证，实行兼爱有什么困难呢，只是君主不愿将它行之于证，人们不以此约束自己的行为罢了。于是，这种爱人如己的兼爱要求既有了功利主义的逻辑基础，也有了超功利的宗教色彩。由于墨子主张兼爱，这就必然导致他的“非攻”思想。他反对一切弱肉强食的兼并战争，典型案例就是他阻止强大的楚国攻打弱小的宋国。

其二，“非攻”。

在周代，天子、诸侯都有他们的军事专家，当时军队的骨干是由世袭的武士组成，随着周后期封建制度的解体，他们逐渐丧失了爵位，流散到各地，谁雇用他们就为谁服务，以此为生，这些人被称为“游侠”。司马迁在《史记·游侠列传》中说他们“其言必信，其行必果，已诺必诚，不爱其躯，赴士之厄困”，这些都体现了他们的职业道德。虽然墨子及其追随者与这些游侠不完全相同，但他们被公认为是武士组织，他们有严格的纪律和严密的组织，领袖被称为“钜子”。值得注意的是，这个武士组织的军事思想是“非攻”，其实质是“爱利百姓”，以“兴天下大利，除天下之害”为己任。春秋战国时期，战争频仍，土地荒芜，民不聊生，人们渴望弥兵息战、休养生息，“非攻”思想无疑具有进步意义。

在《墨子》一书中，论述“非攻”的必要性自然是以诸侯国间的战争为核心的：

第一，正确认识战争。

在《非攻》上篇，他以偷窃桃李、鸡狗、牛马为例，逐层深入，探讨义与不义，最后转到当时最大的不义——攻伐别国，告诫人们对这种不义不要跟从、赞誉，而应该谴责。墨子不无失望，因为他发现当时之世人黑白不分、缺乏常识，无法区分义与不义，这种认知上的错误是最可怕的。第二，描述战争的危害。在《非攻》中篇，墨子连用八个“不可胜数”揭露了战争直接杀人和间接杀人的危害。他大声疾呼：罪恶的战争，兼国覆军，贼虐万民，剥振神位，倾覆社稷，百姓离散，废灭先王，这难道有利于上天吗？有利于鬼神吗？有利于百姓吗？

第三，呼吁“以义止战”。

在《非攻》下篇，后学记录了墨子所进行的逻辑论证。古代的智者为天下人谋划，一定先考虑是否合乎义，然后再行动。依义而动，则能实现自己的愿望，也顺应上天、鬼神、百姓的利益。然而，当时的战争使兵勇作战、百姓劳役、土地荒芜、家国困顿，即使这样的征伐取胜了，又能如何？夺来的土地没有人耕种，又能好到哪里去？有些王公大臣非难墨子说：“以前禹伐有苗氏，汤伐夏桀、周武王伐纣，这是为什么呢？”墨子反驳道：“禹伐有苗、汤伐夏桀、武王伐纣，均是受命于天、出师以义，是‘诛’而非‘攻’。墨子虽然认同了一些“义战”，但仍旧希望“以义止战”，他认为当时的王公大人应该清楚了解“非攻”的主张，既然内心想兴利天下，那频繁的征伐肯定是要不得的。

墨子断言，春秋战国时代社会动乱的根源是不相爱。“诸侯不相爱，则必野战；家主不相爱，则必相篡；人与人不相爱，则必相贼；君臣不相爱，则不惠忠；父子不相爱，则不慈孝：兄弟不相爱，则不和调，天下之人皆不相爱，强必执弱，众必劫寡，富必侮贫，贵必傲贱，诈必欺愚。几天下祸篡怨恨，其所以起者，以不相爱生也。”（《墨子·兼爱》）因此，“兼爱”和“非攻”是一个问题的两个方面。“攻战”是“不相爱”最集中、最典型，也是最强烈的表现。为了避免战争，维护和平，墨子以“兼爱”为根据，提出了一个“七不”准则，即“大不攻小也，强不侮弱也，众不贼寡也，诈不欺愚也，贵不傲贱也，富不骄贫也，壮不夺弱者也”。（《墨子·天志》）这“七不”准则可视为历史上最早的国与国之间的关系准则。

“非攻”反映了墨家学派反对发动不义之战的和平愿望。“兼爱”主张天下人互爱互利，不要互相攻击，这就必然要主张“非攻”。当时兼并战争剧烈，农、工、商、士等庶人阶层和下层贵族都希望社会安定，墨家代表了他们要求停止战争的愿望。

(2)“官无常贵、民无终贱”的尚贤原则

“尚贤”即尊尚贤人，包括选举贤者为官吏甚至天子国君。墨子认为，国君必须选举国中贤者，而百姓理应在公共行政上对国君有所服从。他要求上面了解下情，因为只有这样才能赏善罚暴。墨子要求君上能尚贤使能，即任用贤者而废抑不肖者。墨子把尚贤看得很重，以为是政事之本。他特别反对君主用骨肉之亲，但对于贤者则不拘出身，提出“官无常贵，民无终贱”的主张。春秋时期的“举贤”“荐贤”都是作为宗法制世袭官职的补充手段而存在的，但到墨子这儿就不同了，他推崇“夫尚贤者，政之本也”（《墨子·尚贤》），要求连“天子”都是由“尚贤”选出来“治天下之民”的。

墨子反对世卿世禄的宗法制，主张通过“尚贤”，选举产生新的能“为万民兴利除害”的统治者，这与儒家全然不同。所以，战国初期的儒墨之争，实质上是贵族和平民在政治思想上的交锋。墨子要贵族统治者“不党父兄，不偏贵富，不嬖颜色”，不管什么阶层的人，只要是贤能，就“举而上之，富而贵之，以为官长”；不贤能即“不肖”的人，就应当“抑而废之，贫而贱之，以为徒役”。即使是农人、渔夫、手工业者之类，只要是贤者，也可以被举为天子。这种民主思想，儒家把它作为理想；墨家将它作为奋斗目标，“日夜不休，以自苦为极”，奔走于各诸侯国之间，宣传自己的政治主张。尚贤是墨子的社会政治理论与政治革新的核心内容和重要部分。这是针对当时的世袭贵族制度和才疏德寡的贵族官员提出来的，其目的是让平民百姓中的贤良之士参与管理国家和治理社会。

在墨子看来，贤良之士是有崇高道德的“仁人”，是有学识能善辩的“智者”，是国家之“珍宝”，是社稷之“栋梁”。墨子心目中的贤良之士，就是德行忠厚，学术渊博的德才兼备之人。

从一定意义上来讲，墨子的用人之道是与何谓人的根本观点是一致的。在他看来，不论是天子还是贱人，不同于禽兽的根本点，就在于必须从事耕织和听政才能生活和生存。这里既触及到了人的本质特征在于劳动实践活动，又十分清楚地表明：全社会的人尽管从事的活动不同，但都必须各从其事，各尽其责。为此，必须实行“尚同”，即求得全社会的思想共识和舆论一致的举措。

墨子强调尚同必须以尚贤为基础，尚贤是实行尚同的基本前提。他认为，只有贤良之士才能实现“总天下之义，以尚同于天”，即以“天志”来统一全社会的思想舆论。他所说的“天志”不是儒家提倡的神秘的天志，而是反映或代表下层劳动群众利益和要求的意志的外化，“天志”的根本含义就是“爱利百姓”。由此可见，尚同和尚贤是不能分离的，尚同虽然要以尚贤为基础和前提，但尚贤需要以尚同来相辅，二者是墨子的政治理论和政治主张不可分割的重要内容。

6.1.3 墨家的影响与贡献

(1) 思想影响及贡献

以墨子为首的墨家思想，反映了春秋战国时期在“救时之弊”的整体社会背景下，具有强烈平民观念的一派思想者和实践者的思考和努力。墨家思想是先秦诸子学中唯一反映下层利益，最鲜明反对贵族化的学说。

墨家学说最具代表性的观点是“兼爱”，就是一视同仁地爱人，这必然要求“非攻”，即反对一切侵伐别人的战争。这一派反对奢侈的贵族生活，提倡节俭，提出“节用”“节葬”“非乐”的主张，墨子还提出“尚贤”“尚同”的政治学说，主张用人为贤是举，不党不偏。这些思想在今天仍然有积极的思想意义和社会价值。

任继愈说，墨子是我国历史上第一个替劳动阶级呐喊的思想家。这是中肯的评价。春秋战国时期，周天子有名无实，礼崩乐坏，王权观念淡化，相对应的是诸侯并起，攻伐频仍，弱肉强食。在旧秩序已毁、新秩序未定的权威空白时代，各个阶层都有诉求。墨家思想和实践，正是小生产者、下层平民的吁求，体现了不同社会阶级、阶层在动荡年代的思想和政治主张。

此外，《墨子》一书中对自然科学、军事工程乃至逻辑学都具有记载，极大丰富了先秦诸子思想。墨家对“游侠”观念的发展和改造，也影响了中国古代“侠义”精神。

（2）哲学影响及贡献

墨子的哲学建树，以认识论和逻辑学最为突出。在认识论方面，墨子认为，人的知识来源可分为三个方面，即闻知、说知和亲知。他把闻知又分为传闻和亲闻二种，但不管是传闻或亲闻，在墨子看来都不应当是简单地接受，而必须消化并融会贯通，使之成为自己的知识。墨子所说的“说知”，包含有推论、考察的意思，指由推论而得到的知识。他特别强调“闻所不知若已知，则两知之”，即由已知的知识去推知未知的知识。如已知火是热的，推知所有的火都是热的；圆可用圆规画出，推知所有的圆都可用圆规度量。由此可见，墨子的“闻知”和“说知”不是消极简单地被动承受，而是蕴涵着积极的进取精神。除“闻知”和“说知”外，墨子非常重视“亲知”。墨子所说的“亲知”，乃是自身亲历所得到的知识。他把“亲知”的过程分为“虑”“接”“明”三个步骤。“虑”是人的认识能力求知的状态，即生心动念之始，以心趣境，有所求索。但仅仅思虑却未必能得到知识，譬如张眼睨视外物，未必能认识到外物的真相。因而要“接”知，让眼、耳、鼻、舌、口等感觉器官去与外物相接触，以感知外物的外部性质和形状。而“接”知得到的仍然是很不完全的知识，它所得到的只能是事物的表观知识，且有些事物，如时间，是感官所不能感受到的。因此，人由感官得到的知识还是初步的、不完全的，还必须把得到的知识加以综合、整理、分析和推论，方能达到“明”知的境界。总之，墨子把知识来源的三个方面有机地联系在一起，在认识论领域中独树一帜。

墨子又是中国逻辑学的奠基者。他称逻辑学为“辩”学，把其视之为“别同异，明是非”的思维法则。他认为，人们运用思维，认识现实，作出的判断无非是“同”或“异”，“是”或“非”。为此，首先就必须建立判别同异、是非的法则，以之作为衡量、判断的标准，合者为“是”，不合者为“非”。这种判断是“不可两不可”的，人们运用思维以认识事物，对同一事物作出的判断，或为“是”，或为“非”，二者必居其一，没有第三种可能存在，不可能二者都为“是”，或二者都为“非”，也不可能既“是”又“非”，或既“非”又“是”。用现代的逻辑学名词来说，这就是排中律和不矛盾律。由这一思维法则出发，墨子进而建立了一系列的思维方法。他把思维的基本方法概括为“摹略万物之然，论求群言之比。以名举实，以辞抒意，以说出故。以类取，以类予”。也就是说，思维的目的是要探求客观事物间的必然联系，以及探求反映这种必然联系的形式，并用“名”（概念）、“辞”（判断）、“说”（推理）表达出来。“以类取，以类予”，相当于现代逻辑学的类比，是一种重要的推理方法。此外，墨子还总结出了假言、直言、选言、演绎、归纳等多种推理方法，从而使墨子的辩学成为一个有条不紊、系统分明的体系，在古代世界中别树一帜，与古代希腊的逻辑学、古代印度的因明学并立。

6.2　强调功利的法家

法家认为，天不能决定人事吉凶，人定胜天；人不应该违背自然规律，而要把天当作物类来利用；国家要富强，要靠耕战，耕是搞好农业生产，战是加强战备；法治比德治更适合于当时社会，因为社会发展变化了，一切事物也随之变化，因此具体措施也应改变；法治讲求法术、法令，要让人人皆知，坚决执行。法是国君驾驭群臣的方法，是国君至高无上的权力和威势。

法家是现实主义者，功利主义者。他们认为人生最大的现实莫过于功和利，他们除了现实和实用之外，没有什么理想，没有什么境界。“记功而行赏”，“功多者受多，功少者受少”（《韩非子·外储说左上》），“赏必出于公利”（《韩非子·八经》。这里的“公利”是指封建国家之利，也可以说是君王的“私利”，“赏功罪过”是法家治国的基本原则，“功用”是法家提倡的最高价值标准。

6.2.1　商鞅——重法派代表

(1) 商鞅的生平与事迹

商鞅（约公元前 390 年—公元前 338 年），卫国（今河南安市内梁庄镇一带）人，战国时期政治家，思想家，著名法家代表人物。卫国国君的后裔，公孙氏，故称为卫鞅，又称公孙鞅，后封于商，后人称之商鞅。

商鞅“少好刑名之学”，专研以法治国，受李悝、吴起等人的影响很大。后为魏国宰相公叔痤家臣，公叔痤病重时对魏惠王说：“公孙鞅年少有奇才，可任用为相。”又对惠王说：“王既不用公孙鞅，必杀之，勿令出境。”公叔痤死后，商鞅听说秦孝公雄才大略，便携同李悝的《法经》到秦国去。通过宦官景监三见孝公，商鞅畅谈变法治国之策，孝公大喜。公元前 359 年商鞅任左庶长，开始变法，后升大良造。秦孝公死后，他被贵族诬害，车裂而死。商鞅在位执政十九年，秦大治。

周显王十三年（公元前 356 年）和十九年（公元前 350 年）商鞅先后两次实行变法，变法内容为“废井田、开阡陌，实行郡县制，奖励耕织和战斗，实行连坐之法”。法治的关键在于执行和遵守，当时太子犯法，商鞅曰："法之不行，自上犯之"，刑其太傅公子虔与老师公孙贾。秦孝公十六年（公元前366年），太傅公子虔复犯法，商鞅施以割鼻之刑。变法日久，秦民大悦。秦国道不拾遗，山无盗贼。

商君之法太过刻薄寡恩，设连坐之法，制定严厉的法律，增加残忍的刑罚。因此，秦国贵族多怨。赵良劝说商君，宜"归十五都，灌园于鄙""不贪商、于之富，不宠秦国之教"，商鞅不听。公元前359年，正当商鞅辅佐秦孝公酝酿变法时，旧贵族代表甘龙、杜挚起来反对变法。他们认为"法古无过，循礼无邪"，商鞅针锋相对地指出，"前世不同教，何古之法？帝王不相复，何礼之循？""治世不一道，便国不法古，故汤武不循礼而王，夏殷不易礼而亡。反古者不可非，而循礼者不足多"，从而主张"当时而立法，因事而制礼"（《商·更法篇》《史记·商君列传》）。这是以历史进化的思想驳斥了旧贵族所谓"法古""循礼"的复古主张。公元前338年，秦孝公崩，惠王即位，公子虔等人告商鞅谋反，商鞅逃亡至边关，欲宿客舍，结果因未出示证件，店家害怕"连坐"不敢留宿，商鞅自是"作法自毙"。他欲逃往魏国，魏人因其曾背信攻破魏帅，亦不愿收留。后来商鞅回到商邑，发邑兵北出击郑国，秦国发兵讨之，杀鞅于郑国黾池，死后被秦惠王处"车之刑"。

（2）商鞅两次变法的主要内容

公元前356年第一次变法，主要有下列几点：

第一，颁布法律，制定连坐法，轻罪用重刑。第二，奖励军功，建立二十等军功爵制。规定斩敌甲士首级一颗赏爵一级，田一顷，宅九亩，服劳役的"庶子"一人。爵位越高，相应的政治、经济特权越大。宗室、贵戚凡是没有军功的，不得列入宗室的属籍，不能享受贵族特权。第三，重农抑商，奖励耕织，特别奖励垦荒。鼓励从事男耕女织的生产事业，生产粮食布帛多的，免除其本身的徭役。第四，强调"以法治国"。要求官吏学法、明法，百姓要"以吏为师"。第五，改法为律。强调法律的普遍性，具有"范天下不一而归于一"的功能。第六，轻罪重罚，不赦不宥。主张凡是有罪者皆应受罚。第七，鼓励告奸。第八，用法律手段剥夺旧贵族特权，如废除世卿世禄制度。第九，强化中央对地方的全面控制，剥夺旧贵族对地方政权的垄断权。

公元前350年第二次变法，主要有下列两点：

第一，"开阡陌封疆"。破除过去每一亩田的小田界——阡陌和每一顷田的大田界——封疆，把原来的"百步为亩"，开拓为240步为一亩，重新设置"阡陌"和"封疆"。国家承认地主和自耕农的土地私有权，在法律上公开允许土地买卖。

第二，普遍推行县制。在未设县的地方，把许多乡、邑，聚合并成县，共新建31县，设县令、县丞，由国君任免。

(3) 商鞅的基本思想

商鞅是战国时期著名的政治家和法律思想家，是法家理论的主要奠基者。

一是变法思想。

商鞅首先批驳了“法古论”，其次，商鞅还批驳了“修今论”，指出“循今”和“法古”一样都具有危害性，效法古代会落后于时代，保守现状也会跟不上形势的发展。此思想是建立在其历史进化观基础上的，在他看来，人类历史不但是变化的，而且是向前发展的，法律必须紧跟时代的变化而变化，既不能复古，也不能保守。这就从历史观上为法家主张变法革新，反对儒家“德治”和“礼治”，并进而推行法家的“法治”奠定了思想理论基础。

二是垂法而治的法治论。

商鞅主张法治，其非常重要的原因是基于对儒家倡导“礼治”于事无补的认识。他主张把法看作是治理国家的唯一工具和判定是非功过的唯一标准。

实行法治的方法：第一，法度制定与守法。只是规劝君主要守法，君主一旦不守法，臣下和百姓也将效仿，法便失去了意义。第二，执法守法与“任法去私”。第三，法治推行于“君权独制”。商鞅看到推行法治必须以国家政权为后盾，这在一定意义上说是对的，也符合当时的社会发展状况。

三是“刑无等级”思想。

刑无等级是一个反抗旧传统和旧贵族特权的口号，但它在内涵和价值取向上与近代资产阶级的刑无等级和法律面前人人平等决不是等量齐观的诉求，它是在排除了君主本人以后，把所有臣民作为一个集合体统一看待。

四是重刑思想与以刑去刑。

商鞅的重刑主要包含下面两层意思：第一，在赏赐与刑罚的关系中，更加重视刑罚的作用。第二，在犯罪与刑罚的关系中，主张轻罪重判，小罪重罚，他认为只有通过重罚、严刑才能达到去奸和民莫敢为非的目的。

五是以吏为师、以法为教。

为了推行法治，商鞅主张取缔一切不符合君主法令的思想言论，用法律统一人们的思想，统一舆论，统一风俗，也就是要实行“一教”政策。

“一教”就是“以法为教”，为了贯彻“以法为教”，商鞅提出了“以吏为师”的主张，其中包含着培养法律人才、进行全民普法的积极成分和措施。

历史上对于使用暴力手段进行快速改革的商鞅的评价并不是很好。太史公曰：“商君，其天资刻薄人也。迹其欲干孝公以帝王术，挟持浮说，非其质矣。且所因由嬖臣，及得用，刑公子虔，欺魏将昂，不师赵良之言，亦足发明商君之少恩矣。余尝读商君开塞耕战书，与其人行事相类。卒受恶名于秦，有以也夫!”（《史记·商君列传》）后人又说：“卫鞅入秦，景监是因。王道不用，霸术见亲。政必改革，礼岂因循。既欺魏将，亦怨秦人。如何作法，逆旅不宾!”但是也有人肯定商鞅，比如王安石：“自古驱民在信诚，一言为重百金轻。今人未可非商鞅，商鞅能令政必行。”这是在肯定商鞅的治国方略。而《资治通鉴》中说：“夫信者，人君之大宝也。国保于民，民保于信。非信无以使民，非民无以守国。是故古之王者不欺四海，霸者不欺四邻，善为国者不欺其民，善为家者不欺其亲。不善者反之：欺其邻国，欺其百姓，甚者欺其兄弟，欺其父子。上不信下，下不信上，上下离心，以至于败。所利不能药其所伤，所获不能补其所亡，岂不哀哉！昔齐桓公不背曹沫之盟，晋文公不贪伐原之利，魏文侯不弃虞人之期，秦孝公不废徙木之赏。此四君者，道非粹白，而商君尤称刻薄，又处战攻之世，天下趋于诈力，犹且不敢忘信以畜其民，况为四海治平之政者哉!”虽说商鞅刻薄，但也说明商鞅之诚信品质。在现代，尽管有少数不同声音，但大多数人承认商鞅是一个敢于触动旧势力、敢于改革的英雄。

6.2.2 申不害——重术派代表

(1) 申不害的生平与事迹

申不害（约公元前385年—公元前337年）亦称申子，郑韩时期人物（今河南新郑）人。战国时期韩国著名的思想家。他在韩国为相十九年，使韩国走向国治兵强。作为法家人物，以“术”著称，是三晋时期法家中的著名代表人物。

公元前337年，申不害卒于韩都（今新郑）。其著作《申子》已失传，现在我们所能看到的只是别人引用的零章断句，比较完整的只有《群书治要》卷三六所引《大体篇》。郑国灭国之时，申不害年岁约二三十岁。作为一个亡国之贱臣，申不害可能杂学诸说。因为在他之前的管、李、慎的学术理论中都有“术”的成分。有人根据申不害思想中有道家思想的痕迹，认为他是由道入法。这种说法有一定道理，但不能把他的思想仅归为道法两家。

申不害相韩时，韩国已处弱势。韩昭侯即位不久，颇具雄心，任用贱臣申不害即为一例，申不害才华得有用武之地。

（2）申不害的基本思想

申不害的学术思想，明显地受到道家的影响，但他的直接来源是老子还是慎到，不得而知。但他的哲学思想与慎到有极相似之处，他们都遵循老子的大统一哲学。“人法地，地法天，天法道，道法自然”。申不害认为，自然运行是有规律的，也是不可抗拒的。他认为宇宙间的本质是“静”，其运动规律是“常”。他要求对待一切事情应以“静”为原则，以“因”为方法，“因”指“因循”“随顺”。“贵因”指“随事而定之”，“贵静”的表现就是“无为”。申不害把这些原则用于人事，构成他的社会哲学思想。“无为”主张的渊源即老子“绝圣弃智”，申不害的“无为”，要求的是君主去除个人作为的“无为”，以便听取臣下的意见。但是，申不害仅仅把这种“静因无为”的哲学思想用于“权术”之中。为了完善这种方法，他进一步发挥老子“柔弱胜刚强”的思想，要求君主“示弱”，绝不是指君主无所作为，只是君主决策前的一种姿态。在关键时刻，申不害要求君主独揽一切，决断一切。申不害的哲学思想，是君主哲学，是政治哲学。这种哲学由道家的“天道无为”演化发展而来，是他的法家“权术”思想的基础。

申不害主“术”，但他所说的“术”，是在执行法的前提下使用的，而“法”又是用来巩固君主统治权的。因此他并不是不讲“法”与“势”的。

关于君主的权势，申不害认识得很清楚。在战国诸侯争霸的情形下，君主专制是最能集中全国力量的政权形式，也是争霸和自卫的最佳组织形式。他说：“君之所以尊者，令也，令之不行，是无君也，故明君慎之。”令是权力的表现，是一种由上而下的“势”能。“权势”是君主的本钱。

申不害提出“君必有明法正义，若悬权衡以秤轻重。”为了说明“法”，他提出“正名责实”的理论。“正名”主张，首先由孔子提出。申不害吸收了这个主张，即名分等级，不得错乱。与孔子“正名”不同之处在于包括责任、分工的内涵。申不害“正名”的意义在于确定了“主处其大，臣处其细”的大原则，而且把这个原则具体化，即把名分按实际情况规定下来，然后进行任命，听取意见，检查监督。

申不害的“名”，主要是政治概念，他的“名”是法的等值概念，是为人君制定的工具。所谓“实”，也就是君主给臣下规定的责任和职权，是臣下遵从君主的规范。申不害本来是劝诫君主发号施令要慎之又慎的，但其效果是加强了君主的个人专制。申不害找不到如何提高君主权威，而又能制约君主的方法，这是一个二律背反的问题。

什么是“术”？申不害没有明确指出：“术”是君主的专有物，是驾驭、驱使臣下的方法。“法”是公开的，是臣民的行动准则，而“术”却是隐藏在君主心中，专门对付大臣的。申不害说，“君如身，臣如手”，既然如此，君主仍要对付大臣是由复杂的社会斗争所决定的。春秋战国时期，臣下弑君，酿成习气。现实告诉申不害，人君的主要威胁不是来自民众或敌国；而是来自大臣。所以他一再告诫君主，对君臣关系要有清醒的认识，那就是不相信所有的大臣。

申不害认为，君主有了势、定了法，其地位还不是稳固的，必须有两面之术，不然势与法就会变得威严而不受用，刻板而不通达。如果以术来联通势与法，就如虎添翼，无论动静，都会使臣下慑服。他的术分两类，一类是控制术，像前面提到的“正名责实”，就是讲规定职责，考校监督的。还有如君主以静制动的、无为而治的，这些属于领导管理方法，有一定的合理性。另一类是搞阴谋，耍手腕，弄权术。

玩弄权术，当然不是自申不害开始，但他是第一个在理论上的系统研究者，这在官场的政治斗争中，很受历代统治者的喜爱。但从本质上说，无补于稳固政权。因为既然有驭臣之术，必有欺君之方，尔虞我诈，你争我斗，加剧了政治的不稳定性。

申不害研究术，有正面的领导控制方法，也有阴谋诡计，我们现在不能说他是否道德，但可以说，他的思想和研究是可以启迪后人的。

6.2.3 韩非子——法家集大成者

(1) 韩非子的生平与事迹

韩非子（约公元前280年—公元前233年），生于周赧王三十五年，卒于秦始皇十四年，战国时期韩国人，出身于贵族世家，是韩国的旁支公子，是战国时期著名的哲学家、法家学说集大成者。与李斯同师荀卿。他口吃，不善言谈，而善于著述；博学多能，才学超人，李斯自以为不如。

韩非子虽然师奉荀卿，但思想观念却与荀卿大不相同，他没有承袭儒家的思想，却继承和发展了荀子的法术思想，同时又吸取了他以前的法家学说，在战国末期，他顺应时代发展的需求，“喜刑名法术之学”，并“归本于黄、老”，继承并发展了法家思想，成为战国末年法家之集大成者。他多次上书韩王变法图强，不见用，乃发愤著书立说，以求闻达。秦王政慕其名，遗书韩王强邀其出使秦。在秦遭李斯、姚贾诬害，死狱中。韩非子比较各国变法得失，提出“以法为主”，法、术、势结合的理，集法家思想大成。今存《韩非子》五十五篇。他创立的法家学说，为中国第一个统一专制的中央集权制国家的诞生提供了理论依据。

韩非子生于战国七雄纷争之世，在战国七雄中，韩国是最弱小的国家，他目睹韩国日趋衰弱，曾多次向韩王上书进谏，寄希望于韩王安励精图治，变法图强，但韩王置若罔闻，始终都未采纳。这使他孤独悲观，大失所望。他从“观往者得失之变”之中探索变弱为强的道路，写了《孤愤》《五蠹》《内外储》《说林》《说难》等十余万言的著作，全面、系统地阐述了他的法治思想，抒出了忧愤孤直而不容于时的愤懑。这些著作流传到秦国，秦始皇读了《孤愤》《五蠹》之后，大加赞赏，发出“嗟乎！寡人得见此人与之游，死不恨矣”的感叹。可谓推崇备至，仰慕已极。但秦始皇却不知这两篇文章是谁所写，于是便问李斯，李斯告诉他是韩非子的著作。

秦始皇为了见到韩非子，便急切下令攻打韩国。韩王安本来不任用韩非子，在形势急迫的情况下，于是便派韩非子出使秦国。秦始皇见到韩非子，非常高兴，然而却未信任和重用韩非子。韩非子曾上书劝秦始皇先伐赵缓伐韩，由此遭到李斯和姚贾的谗害，他们诋毁地说：“韩非子，韩之诸公子也。今王欲并诸侯，非终为韩不为秦，此人之情也。今王不用，久留而归之，此自遗患也，不如以过法诛之。”秦始皇信以为然，就把韩非子交给法官审讯。李斯派人给韩非子送去毒药，让他自杀。韩非子想向秦始皇自陈心迹，却又不能进见。秦始皇后来感到懊悔，使人赦免他，可韩非子已经死了。（见《史记·老子韩非子列传》）

（2）韩非子的地位与影响

《韩非子》一书，重点宣扬了韩非子法、术、势相结合的法治理论。韩非子法、术、势相结合的理论，达到了先秦法家理论的最高峰，为秦统一六国提供了理论武器，同时也为以后的封建专制制度提供了理论根据。韩非子的朴素辩证法思想也比较突出，他首先提出了矛盾学说，用矛和盾的寓言故事，说明“不可陷之盾与无不陷之矛不可同世而立”的道理。值得一提的是，《韩非子》书中记载了大量脍炙人口的寓言故事，最著名的有“自相矛盾”“守株待兔”“讳疾忌医”“滥竽充数”“老马识途”，等等。这些生动的寓言故事，蕴含着深隽的哲理，凭着它们思想性和艺术性的完美结合，给人们以智慧的启迪，具有较高的文学价值。

韩非子的主要著作《韩非子》是先秦法家学说集大成者的著作。这部书现存五十五篇，约十余万言，大部分为韩非子自己的作品。当时，在中国思想界以儒家、墨家为代表，崇尚“法先王”和“复古”，韩非子的法家学说坚决反对复古，主张因时制宜。韩非子攻击主张“仁爱”的儒家学说，主张法治，提出重赏、重罚、重农、重战四个政策。韩非子提倡君权神授，自秦以后，中国历代封建专制主义集权统治的建立，韩非子的学说是颇有影响的。

韩非子的文章说理精密，文锋犀利，议论透辟，推证事理，切中要害。比如《亡征》一篇，分析国家可亡之道达47条之多，实属罕见。《难言》《说难》二篇，无微不至地揣摩所说者的心理，以及如何趋避投合，周密细致，无以复加。

韩非子的文章构思精巧，描写大胆，语言幽默，于平实中见奇妙，具有耐人深思、警策世人的艺术效果。韩非子还善于用大量浅显的寓言故事和丰富的历史知识作为论证资料，说明抽象的道理，形象化地体现他的法家思想和他对社会人生的深刻认识。在他文章中出现的很多寓言故事，因其丰富的内涵、生动的故事，成为脍炙人口的成语典故，至今为人们所广泛运用。韩非子是一个“实用派”作家。

(3) 韩非子的基本思想

第一，韩非子的法、术、势兼治理论。

商鞅重“法”，法是指健全法制，主张用法作为富国强兵的工具；申不害重“术”，术是指的驾驭群臣、掌握政权、推行法令的策略和手段。主要是察觉、防止犯上作乱，维护君主地位，推崇循名责实，以各种秘密的手段驾驭群臣，达到统治的目的；而慎到重“势”，势指的是君主的权势，要独掌军政大权，主张君尊臣卑，上下有别，令行禁止。商鞅、慎到、申不害三人分别提倡重法、重势、重术，各有特点。韩非子将这三人的学说融合在一起，又参考了儒家、道家、墨家的主张，从而提出了一套完整的“法、术、势”的理论。当时的法家思想和我们现在所提倡的民主形式的法治有根本的区别，最大的区别就是法家极力主张君主集权，而且是绝对的。

法家思想可说是两千年中国专制政治理论的基础，而韩非子为其集大成者，他对法的内容的理解——重赏严刑；对法的作用的阐述——禁奸尊主；价值理论——工具论，一直影响至今日中国。韩非子之法治为极端专制的人治，有别于儒家的开明专制，其理论基础是脱胎于儒，迥异于儒的“性恶”论；又由于韩非子的极端功用，因而其“归本于黄老”无非简化老子而已；与其他法家著名人物相比较，韩非子更清醒地认识到法治与人治的矛盾，因而企图以法、术、势、循环互补。

韩非子着重总结了商鞅、申不害和慎到的思想，把商鞅的法、申不害的术和慎到的势融为一体。他推崇商鞅和申不害，同时指出，申商学说的最大缺点是没有把法与术结合起来，其次，申、商学说的第二大缺点在于“未尽”，“申子未尽于术，商君未尽于法”（《韩非子·定法》）。韩非子按照自己的观点，论述了术、法的内容以及二者的关系，他认为，国家图治，就要求君主要善用权术，同时臣下必须遵法。同申不害相比，韩非子的术主要在“术以知奸”方面有了发展。他认为，国君对臣下，不能太信任，还要“审合刑名”。在法的方面，韩非子特别强调了“以刑止刑”思想，强调“严刑”“重罚”。

在韩非子的思想中，法是基础和核心，势则是手段和途径。长期以来，统治者扭曲韩非子的思想，把势看作其核心、把法看作其手段，把韩非子的法演变成维护其统治地位的手段，是对韩非子思想的严重扭曲。这种观念的存在，一方面是帝王维护其皇权的政治需要，另一方面也是长期以来，我们不能打破门户之见、把中国哲学看作一个完整的有机体造成的。韩非子所言的法与西方人所说的法也是有本质不同的，韩非子所言的法是以道为基础的，是道在此、彼两种要素相互作用中的表现，是不以任何人的意志为转移的，是有其客观的基础的；西方文明所言的法从本质上说，无论是把法看作是上帝的意志，还是契约的产物，还是统治阶级意志的体现，都只是意识性的东西，否定了法的客观基础。所以，韩非子非常强调“循名实而定是非，因参验而审言辞”。“参伍之道，行参以谋多，揆伍以责失。”正是因为韩非子所理解的法是以道为最终依据的，是以道的发展变化为基础而发展变化的，所以尽管韩非子反对仁政，但韩非子也坚决反对把任何法律绝对化的暴政。“仁人在位，下肆而轻犯禁法，偷幸而望于上；暴人在位，法令妄而臣之乖，民怨而乱心生。故曰：仁、暴者，皆亡国者也。”秦所行之法，颠倒了法、势之间的关系，无视法的固有基础，秦国灭亡从根本上说是由于违背韩非子思想的原因造成的，后人多把秦国失败的原因归于韩非子倡导的法家思想，这是一种严重的误会。尽管在对法的理解上韩非子与马克思不一致，但韩非子强调法的不依人的意志为转移的一面，却与马克思强调的唯物史观是完全一致的。

韩非子认为要治理好国家必须法与术相结合。他说，“人主之大物，非法则术也”（《难三》），“君无术则蔽于上，臣无法则乱于下”（《定法》）。术包含以下几个内容：一是因能授官，也就是说依据下属的能力授给人官职。二是“循名责实”（《定法》），这是术的要点。法家是典型的功利主义和实用主义者，非常注重实物，循名责实是法家考察干部的一个基本原则，强调表面情况和实质要互相加以验证，综合考察一个人，这就是所谓的“形名之术”。韩非子说君主要驾驭约束好臣子，就一定要考察形和名是否相符，一定要看臣下说的话跟他做的事是否一致。三是“叁五之道”（《八经》），这是法家考察群臣言行的一个具体方法，主要意思是利用多方面的情况进行检查，以追究责任人的过失，利用多方面的情况进行分析，以找到取得成功的原因。不分析成功的原因，臣下就会轻慢君主，不严厉追究过失，臣下就会相互勾结。四是在领导谋略上，要使用“七术”，也就是说七种策略（《内储说·七术》）。这七种策略是：①众端参照，也就是通过多方面的观察来验证臣下的言行；②必罚明威，就是一定要惩罚那些犯错误的人来树立威信；③信赏尽能，在奖励方面一定要守信用，鼓励那些有才能和取得成果的人；④一听责下，就是一一听取臣下的意见然后进行评判；⑤疑诏诡使，就是指君主表面上和一些人亲近，让他们长期在自己身边工作，但是不给他们任务，别人感觉这些人是受了秘密指令，所以做坏事的人就会害怕，心里疑心不敢胆大妄为；⑥挟知而问，这是考察下属忠诚度的有效手段，就是用已经知道的事情来询问下属，看看下属怎么说，用以对照核查下属的态度，从而举一反三地了解许多隐情；⑦倒言反听，就是本来想说一件事情，却说一个与本意相反的事情，以获得下属的真实态度。五是在管理过程中，韩非子强调要防微杜渐，从细节上消除消极因素。《内储说》中提出了要查“六微”。管理中有六种微妙而隐蔽的情况：①“权借在下”，要防止权力分散和被架空，核心权力是不可以借给别人的，它是领导者的专利。②“利异外借”，就是防备内外勾结，组织内的人由于和领导利益不同会借助外力来削弱和反对上级的领导。③“托于似类”，这是一种用相关的事情欺骗上级、掩盖事实真相以达到个人私欲的手段，必须要加以防范。韩非子讲了一个齐国的故事，齐国的大夫夷射陪齐王喝酒，醉了之后坐在门廊上，守门人请他赏一点剩下的酒，结果被拒绝了。夷射走后，这个守门人就在门廊下泼了一点水。第二天，齐王出门后看到水，愤怒地问：“谁把尿尿到这里。”守门人回答说：“没见谁，可是中大夫夷射昨天喝醉了酒曾在这里站过一会。”齐王就把夷射给杀了。这是典型的小人栽赃陷害的例证，作为领导者一定要明查。④“利害相反”，就是利和害总是同时出现，有利必有害，有害必有利，所以若国家受害就要看谁从中得到了好处，如果下属受害也要看谁从中得到了好处，通过这种审查利害就会找到事情的前因后果，找到处理事情的关键所在。⑤“参疑内争”，权力斗争不可避免，而臣下争权夺利是产生变乱的根源，领导者对此要给予关注和控制。⑥“乱国废置”，敌对国家插手本国重要人员的任免这一点要极力避免，一旦中了圈套，后果不堪设想。

势是法家的一个概念，和兵家的有所不同。广义的势指客观形势，狭义的势是指权势。韩非子非常重视势，认为“抱法处势则治，背法去势则乱”（《难势》）。这里谈的势，就是领导者通过法和术形成的一种权力状态。为了进一步说明这种势的重要，韩非子做了一个比喻，说千斤重的东西在船上就可以漂浮自如，而小小的一个铜钱，如果掉到船下就会沉入水底，它们的根本原因不在于分量的多少，根本原因在于有势与无势。同样的道理，治理一个国家能否树立权威、行使职权、获得下属支持，重要的在于执政者的地位与权势是否巩固。

得势的主要方法：一是依靠术驾驭局势，管理下属。韩非子说："人主使人臣虽有智能，不得背法而专制；虽有贤行，不得逾功而先劳；虽有忠信，不得释法而不禁，此之谓明法。人主有诱于事者，有雍于言者，二者不可不察也。"（《南面》）二是靠制度权力，领导者只有牢牢把握赏罚的权力，才能确保势的稳固。"刑赏不察，则民无功而求得，有罪而幸免，则兵弱主卑。"（《饰邪》）所以，韩非子说："势重，人君之渊……赏罚者邦之利器也。在君治臣，在臣则胜君。"（《喻老》）正确的方法就是要"圣人执要，四方来效"（《扬権》）。圣人执要是说要抓住要点、核心问题，而"四方来效"就是要善于授权，把细节的东西交给下属去做，自己牢牢把握核心权力。

从总体上讲，韩非子的法、术、势实际上就是告诉领导者，要管好一个组织的核心问题是权力的问题。法是权力的表现形式，术是权力的手段，势是权力的归属。要制定严明的规章制度、清晰和强有力的奖罚措施。规章制度和奖罚措施要明确，让每个人都看到，而且每次奖罚也都要公开。这样，领导者下的命令才有人服从，权力才能有效行使。同时，领导者要有一些技巧和计谋，这些计谋要做得恰当周密，不能让下属知道，以此保证其实施的效果。这样才能够控制局面，掌握下属的言行，发现问题及时解决，确保管理顺利进行。同时，一个领导者一定要懂得树立自己的权威，牢牢地把核心权力控制在自己的手中，确保自己的领导地位，要善于利用环境去造势，然后因势利导，去管人做事从而实现自己的宏图大业。

第二，法不阿贵的平等思想。

韩非子在其法学思想理论中，尤可称道的是，第一次明确提出了"法不阿贵"的思想，主张"刑过不避大臣，赏善不遗匹夫"。这是对中国法律思想的重大贡献，对于清除贵族特权、维护法律尊严，产生了积极的影响。

战国中期，商鞅在秦，帮助秦孝公变法，明确提出了统一刑赏的主张。商鞅提出："不别亲疏，不殊贵贱，一断于法"，"所谓一刑者，刑无等级，自卿相将军至大夫庶人，有不从王令、犯国禁者，罪死不赦"。他强调："刑无等级，自卿相、将军以至大夫、庶人，有不从王令、犯国禁、乱上制者，罪死不赦。"他从历史经验中得出结论："法之不行，自上犯之。"所以，太子犯法，他"刑其傅公子虔，黥其师公孙贾"，以示对他们教导不尽职的惩戒。他还说："法者，国之权衡也。"在他看来，"君臣释法任私，必乱"！他要求，有敢删改法令，增损一字以上的，都要"罪死不赦"！不论何人，言不合法的，不采纳；行不合法的，不表扬；事不合法的，不去做。而"守法、守职之吏，有不行王法者"，则不但"罪死不赦"，而且还要"刑及三族"！

韩非子则指出：从"上古传言"或《春秋》所记的历史看，"犯法为逆以成大奸"的，全都是那些"尊贵之臣"，而真正受到刑罚惩办的，却是普通百姓。因而，百姓无从申诉而绝望，大臣们却可继续勾结，肆无忌惮地做坏事。鉴于此类大量的历史教训，他坚决主张"刑过不避大臣，赏善不遗匹夫"，强调"法不阿贵"。当然，新兴地主阶级提出"刑无等级"原则的目的，主要是限制和取消奴隶主贵族的法律特权，并不是废止一切等级制度，但是，这种"平等适法"（君主不在次列）的理念是对西周以来"礼不下庶人，刑不上大夫"的彻底否定，具有历史进步性，它在中国法律思想史上具有划时代的意义，为后世人们反抗法外特权奠定了理论基础，蕴涵了"法律面前人人平等"法治思想的启蒙火花。

但我们也应看到："法不阿贵"和"刑无等级"思想具有很大的局限性。第一，"法不阿贵"思想在《韩非子》中是一种思想的闪光点，在韩非子整个思想体系中显得有些苍白无力。第二，就"法不阿贵，刑无等级"的内容来看，韩非子强调的重点也并不是像西方资产阶级"刑无等级"思想那样，主要是民众在法律面前人人平等的意思，而是君主在推行"王令"和对"大臣匹夫刑过"的时候，要一律罪死不能赦。

法律是阶级社会中的特有现象。从本质上说，法律的作用是维护统治阶级整体的、长远的、根本的利益的。但在法律的执行过程中，统治阶级中的不同阶层或集团却抱有各不相同的态度，持有不一致的主张。在先秦法家中，有些人曾提出了"法不阿贵"和"刑无等级"的思想。这个思想，在汉代以后也为历代统治阶级中的有识之士部分地或有条件地接受，在人民群众中也有较好的影响。但是，两千多年的历史事实证明，"法不阿贵"之类的理想，在封建制度下是不可能真正实现的。先秦法家力倡"以法治国"，他们认为法反映了统治阶级的整体利益，所以又称"公法"；王是这个利益的最高代表者，所以要维护王权。然而，统治阶级中的一部分上层分子，为了个人或小集团的私利，经常置法律于不顾，并要求法律承认其特权地位，以便成为免受法律规范约束的特殊阶层或分子。这种要求在客观上不利于统治阶级的整体利益，也妨碍着法律的顺利推行。因此，维护王权的思想家们提出了"法不阿贵"和"刑无等级"的主张。

“法律面前人人平等”是现代法治的灵魂所在，是社会主义法治的基本原则。今天的中国社会正在推进“依法治国”战略，在建设法制社会的过程中，我们有必要进一步强化“法律面前人人平等”的执法理念，司法公正是国家对司法工作者在实现“依法治国”战略中的必然要求。只有这一法律意识真正得到贯彻执行，法律的威严才能更加体现出来，社会法制环境才能进一步完善，“依法治国”的战略目标才能最终实现。

思考题：

1. 简述墨子的兼爱思想。
2. 试述墨子的“官无常贵，民无终贱”的尚贤原则。
3. 简述商鞅两次变法的主要内容及意义。
4. 简述申不害的基本思想。
5. 浅谈韩非子的法、术、势兼治理论。
6. 谈谈“法不阿贵”的平等思想及现实意义。

7 中国传统文化的人格追求

一个民族不能没有人格，一个人格丧尽的民族注定了要被历史所淘汰。中国传统文化是一种不断塑造理想人格、培养理想人格的文化。从先秦时起，不同学派的主要思想家便对理想人格进行了长期的探索，构想、提出并宣扬各自的理想人格模式以及达到理想人格的途径，甚至有些文化精英还在一定程度上践履了自己建构的理想人格。其中，儒、道、法、佛四家所设计和倡导的“君子人格”“隐士人格”“英雄人格”及“随缘人格”构成了中华民族人格文化最主要的成分，长久地影响着中华民族的人生价值取向。

7.1 追求“修齐治平”的儒家“君子人格”

7.1.1 儒家的理想人格——君子人格

在中国思想史上，以孔孟为代表的儒家对于道德的充实、人格的伟大、情操的完美非常重视，孜孜以求。儒家所设计的理想人格是一种“君子人格”，这种人格精神强调有德行的人要根据自身情况结合外在环境来决定自己的行为和思想。当然在表述上，儒家也用“贤人”“圣人”“大丈夫”等表达其理想人格。两千多年来，“君子”一直是中国志士仁人在人格修养上的重要目标，与此相适应，儒家及其统治者不断树立圣贤人物的典型楷模(如尧、舜、禹、汤、文、武、孔孟、诸葛亮等)，对圣贤人物生前死后加封荣誉称号，大力宣传，号召人们“见贤思齐”，学习仿效。

作为一种理想的人格范式，“君子”是由孔子首先提出来的，“君子”之风也是开始于孔子的大力倡导。从《论语》中我们可以看到，孔子对作为“君子”的人格境界规定得非常高，仅次于可望而不可即的“圣人”。他说：“圣人，吾不得见之矣，得见君子，斯可矣。”那么，什么样的人才称得上“君子”呢？孔子认为，“君子道者三，我无能焉：仁者不忧，知者不惑，勇者不惧”。也就是说，“君子”应当具有“仁者爱人”的情怀，律己宽人的精神，应当具有渊博宏富的学问，严谨求实的学风，应当具有尚义重行的勇敢，坚强进取的毅力。

概括起来，儒家的“君子人格”包含了以下几个方面的基本特征：

第一个特征是仁爱精神。君子之可贵，就在于其德性可敬，是集众善于一身的，是社会德性的象征。在儒家的伦理思想中，仁是全德之称，在君子应具备的“仁、义、礼、信、忠、孝、悌、宽、恭、恕”等多种美好品格当中，“仁”是最重要的伦理道德要求，它所体现的是一种同情、关心、爱护、尊重他人乃至以天地万物为一体的仁爱精神。这种仁爱精神，正是儒家所追求的最高人生价值。孔子说：“君子去仁，恶乎成名。君子无终食之间违仁，造次必于是，颠沛必于是。”这就是说，“君子”首先应该是“仁”的实践者，成为一个“仁人”，如果抛弃了“仁”，“君子”就不可能成其为“君子”。

第二个特征是济世情怀。在儒家看来，圣贤除了在个人心性道德修养方面臻于完善外，与此同时，还要把“内圣”进一步体现在经世致用方面，具有经世济民的抱负，要有“为天地立心，为生民立命，为往圣继绝学，为万世开太平”的雄心，要为建立一个“百姓昭明，协和万邦”的理想社会而进取不息、奋斗不止。也就是说，君子是治国、平天下的中坚，是维持社会秩序的基础。一个国家能否得到治平，就取决于君子的多寡，以及能不能行君子之道，君子多，社会风气良好，则国家可治，天下可平，否则，社会就会混乱不堪，人们就不能安居乐业。所以，二程认为：“自古治乱相承，亦常事。君子多而小人少，则治；小人多而君子少，则乱。”其实，更为重要的是，官吏乃至君王，最好能具有君子人格。只有这样，才能真正实现儒家的治国平天下的外王理想。

第三个特征是中庸的品质。“中庸”又称“中道”“中行”，是指人的言行不偏于对立的任何一方，使对立双方互相平衡、互相补充，保持在无过无不及的理想状态。在儒家看来，这种中庸之道是圣贤所必须掌握的。与此相区别，有“狂”与“狷”两种对立的品质，狂即狂妄冒进，狷即拘谨退缩。孔子说：“不得中行而与之，必也狂狷乎！狂者进取，狷者有所不为也。”作为圣贤君子，必须具备中庸的美德，避免流于狂狷。而如果能够按中庸的要求，喜怒哀乐、行为举止无不恰到好处，还是不为人知，不被世人认可，而能无怨无悔的话，那就达成了人格的最高境界——圣人。“君子依乎中庸，遁世不见知而不悔，唯圣者能之。”

第四个特征是注重气节操守，富有献身精神。孟子提出：“富贵不能淫，贫贱不能移，威武不能屈，此之谓大丈夫。”这种注重气节与操守的观念对后代影响很大，成为儒家理想人格的重要特征。此外，自孔子、孟子以来就提倡“杀身成仁”“舍生取义”的献身精神，主张不为保存生命而放弃自己的原则和尊严。这种精神，鼓舞了无数中华儿女在国家民族存亡之际慷慨捐躯，从容就义。

总之，君子人格，是儒家追求的理想人格，自孔子以下，君子观就对中国社会产生重要的影响，有力地滋润着普遍民众的心理及情操。以“诗圣”杜甫为代表的诗人们的理想自然是“致君尧舜上，再使风俗淳”；以陶渊明为代表的一群隐士文人照样念念不忘“大济于苍生”；一生没有当过官的孟浩然也曾羞羞答答地向丞相张九龄递上一首《临洞庭湖赠张丞相》，以表达自己“坐观垂钓者，徒有羡鱼情”的艳羡之意。可以说，儒家所倡导的“君子人格”已内化为中华民族所共有的人格精神的主流，它所包含的仁爱精神、济世情怀、中庸的品质以及对气节操守与献身精神的重视，已经成为两千多年以来中国知识分子的普遍人格，积淀在民族精神的深处，持久地发挥着作用。

7.1.2 儒家的人格修养方法——修齐治平

在儒家伦理实现的一般模式中，儒家非常注重人格的自我修养。历史上著名的儒学思想家，都非常重视、关注人格修养问题，对此进行了较为集中的理论探讨。

孔子把“修己以安人”及“修己以安百姓”作为对君子人格的基本要求。《论语·宪问》中载有孔子与子路之间关于君子的一段对话。当子路问及孔子“君子”的要求时，孔子首先提出了“修己以敬”，并以此为基础，推己及人，由“修己”推广到“安人”“安百姓”，把君子视为这三者的有机统一。“修己”是从事内在的道德修养；而“安人”和“安百姓”则是指从事外在的道德实践。“修己”的方法即“内圣”的方法，它包括：内省——“见贤思齐焉，见贤而内自省也”；自讼——“见其过而内自讼”；克己——“克己复礼为仁”；改过——“过则勿禅改”“择其善者而从之，其不善者而改之”等。这种“修己安人”说，是儒家对理想人格模式的最早描述。

孟子继承、发挥了孔子的思想，强调以修身为本，最终完成治平之业作为对君子人格的一种规定。孟子认为：“天下之本在国，国之本在家，家之本在身。”只有真正做好“修身”的功夫，才能“亲亲而仁民，仁民而爱物”。这种理想人格模式，用孟子自己的话来概括，就是“君子之守，修其身而天下平”。但由于“圣贤道德”不是人人都能做到的，于是孟子便设想了一条可进可退之路，即“达则兼济天下，穷则独善其身”，一个人即使做不到建功立业关怀天下，也要求至少管好自己，修身养性，安守本分。这也许可以说是儒家对于人的道德修养的最低要求。

而《大学》则对“君子”的理想人格模式进行了具体而集中的阐述，提出了有名的“三纲领”“八条目”，将早期儒家有关理想人格的思想进一步理论化。“古之欲明明德于天下者，先治其国。欲治其国者，先齐其家。欲齐其家者，先修其身。欲修其身者，先正其心。欲正其心者，先诚其意。欲诚其意者，先致其知。致知在格物。”“物格而后知致，知致而后意诚，意诚而后心正，心正而后身修，身修而后家齐，家齐而后国治，国治而后天下平。”这就是儒家的“格致诚正、修齐治平”，它构成了儒家伦理社会本位主义实现的一般模式。在这里，儒家把身、家、国、天下看成是一个相通一贯的大系统，“修身”被视为其他一切活动的根本，它既是格致诚正的结果，又是齐家治平的前提。儒家特别强调“自天子以至于庶人，一是皆以修身为本”。所谓“本”，即根本手段和根本前提。也就是说，修身的目的不是为了成己，而是为了安人，为了成物，为了齐家，治国，平天下。《大学》中所表述的这一人格理想及其具体的实现途径，在宋代以降得到了理学家的普遍认同与推崇。

通过长期的理论探索与道德践履，儒家提出了一套完整的人格修养方法，其中包括反躬内省、主敬、存心养性、重学与力行等方面的内容。

(1) 反躬内省。儒家认为，人的道德完善必须要靠自己的努力来达到，不能依赖别人。孔子为此强调“为仁由己”，认为仁德实现的关键在于自己的努力。基于这种认识，儒家主张人们在道德修养中应该严格地要求自己而不能苛求他人：“躬自厚而薄责于人”，同时，“见贤思齐焉，见不贤而内省也。”看见贤人，就向他看齐，看到不贤的人，就在内心反省自己有没有类似的过错。这就是所谓的反躬内省。孔子的弟子曾参还据此提出了“吾日三省吾身”的思想，说一个人每天都应该反省自己三件事：为别人做事是否已经尽心竭力了？与朋友交往是否有不讲信用的地方？老师所传授的知识是否已经温习过了？这种思想在此后历代儒家那里都得到继承和发挥。反躬内省思想的实质，就是强调人们在道德修养过程中，必须高度自觉，严于律己，必须经常反省自己的思想和行为是否符合道德原则。应该说，这是道德修养过程中带有普遍意义的一种方法。

(2) 主敬。主敬就是指一个人时时刻刻收敛身心，不论无事有事，都谨慎小心，不敢有丝毫的松懈放纵。在儒家看来，这是最重要的修养功夫。

早在春秋时期，孔子就提出了“修己以敬”（《论语·宪问》），强调应该用严肃庄敬的态度来进行道德修养，不使自己的思想有丝毫放松。这种思想在宋明时期得到了理学家的进一步提倡和发展。二程就提出“进学在致知，涵养须用敬”“入道以敬为本”，强调主敬为道德修养的根本。朱熹在此基础上更提出：“‘敬’字功夫，乃圣门第一义，彻头彻尾，不可顷刻间断。”（《朱子语卷》卷十二）“‘敬’之一字，真圣门之纲领，存养之要法。”（《朱子语卷》卷十二）此后，主敬的功夫被视为儒家第一义，其重要性超过了其他任何修养功夫。

(3) 存心养性。这是与儒家性善学说紧密联系在一起的一种道德修养方法。在儒学史上，自孟子最早提出人性本善的思想，性善论一直成为儒家人性论的主流。在孟子看来，人的本性中先天地具备了恻隐之心、羞恶之心、辞让之心、是非之心，它们分别是仁、义、礼、智四种品德的萌芽或端绪，进行道德修养就是要保存与扩充人性中所固有的这些善端，使之不至于被外物引诱而丧失。因而，道德修养必须从“存心养性”着手进行。孟子的“存心养性”包括两个方面的内容：一方面是减少物欲，保持人心本有的善端不致因外界物欲的引诱而丧失，已经失去的本心也要重新寻找回来；另一方面是不断培养扩充心中所具有的浩然之气。孟子这种存心养性的修养方法，对历代儒家的修养学说影响很大。宋明理学家的修养功夫论更主要是在继承、发挥孟子思想的基础之上提出的。无论是其中的程朱理学派，还是陆王心学派，都把道德观念当作人心或人性中所固有的东西，他们把道德修养过程或视为自身内求的过程，或视为通过对外界事物的认识来把握人心中所固有的善性的过程，所强调的都是存心养性的重要性。

(4) 重学。儒家的道德修养论十分重视道德知识的学习，认为不学习就不能认识和掌握道德知识与原则，道德品质的形成也就根本无从谈起。孔子重视学习，有很多论学的言论，他把学习作为一个人实现仁德的重要途径，一生“学而不厌，诲人不倦”，给后世留下了好学的榜样。孔子弟子子夏更明确地提出“君子学以致其道”，强调通过学的方法来达到仁道。

孟子虽然承认有“不学而能”“不虑而知”的良知良能存在，认为人人都具有天赋的道德本性，但他同时又指出，天赋的德性还有一个保存和发挥、扩充的问题。这就需要学习，不学习，就不能存养良心，也不可能把丧失的良心重新寻找回来。战国末期的儒学大师荀子更从其人性本恶、化性起伪的理论出发，认为人化改恶性、养成善德是后天礼仪教化的结果，以此肯定教化与学习的重要性。他指出，人是教育的产物，必须通过教化与学习来改变本性，正如同“木受绳则直，金就砺则利”那样，人只有广博地学习，每天严格地反省自己，才能做到“知明而行无过矣”。因而，学习在道德修养中具有特别重要的意义。

早期儒家重学的传统，为历代儒家所继承和发扬。他们提出了许多重学的理论，在中国思想史上产生了重要影响。值得注意的是，儒家所重视、强调的“学”，主要是指道德知识的学习，它是儒家道德修养的重要方法。

(5) 力行。儒家重视学习，更重视力行。在儒家看来，学了还须力行，如果学而不行则无异于不学。道德修养需要学习，但决不能仅停留在学习道德知识上，应该在道德实践中去锻炼，把道德知识真正内化为自己的道德品质。因而，力行是儒家道德修养的重要方法。早在春秋时期，孔子就提出，“君子欲讷于言而敏于行”，强调了行的重要性。此后，荀子继承孔子重行的思想，更明确地提出“知之不若行之，学至于行之而止矣”，认为学的目的在于行，只有力行，才能完成道德修养。到宋明时期，围绕着知行关系问题，也就是道德意识和道德践履问题，儒学内部展开了长时期的争论。

程朱理学派主张知先行后而行重知轻，陆王心学派则明确提出“知行合一”的观点。这两种观点在明清之际又遭到了王夫之、颜元等思想家的批评。王夫之提出了行先知后、行能兼知的思想，批评程朱、陆王在知行论上的缺陷，强调力行的重要意义。颜元则力倡习行之说，反对空谈心性、闭门读书，认为凡事应该“亲下手一番”才能真正有所得，否则，所得来的知识就如同镜花水月，是虚妄的、靠不住的。在颜元的道德修养论中，传统儒家“力行”的道德修养方法得到了特别突出的强调。

从上述内容我们可以看到，儒家关于人格修养方法的论述非常丰富，其中许多内容可谓真知灼见。儒家的这一整套人格修养方法在中国封建社会曾经培养出了不少具有高尚道德情操的志士仁人，今天的我们理应对其中科学、合理的内容加以继承、吸收，发扬光大。

7.2 追求“清静无为”的道家“隐士人格”

7.2.1 道家的理想人格——隐士人格

道家在许多人的眼中只讲天道而少及人伦，似乎是不近人事的。其实不然，道家以“自然”释“道”，在更高的层次上提出了他们的人格理想。

道家文化更为注重人与自然的“和合”，不仅主张以平等、平和的态度对待外部自然存在，与一切自然存在和谐共处，同时也主张将这种原则应用于社会人生，提倡一切顺其自然，由此发展出它的基本精神。比如，在政治上，道家崇尚顺其自然的放任主义，主张处无为之事，行无言之教，无为而治，这样就不容易激化矛盾，无为而无不为，治大国如烹小鲜。在伦理上，则是倡导自然主义：对个体生命而言，主张不加约束，顺乎人性天性自然发展；对人际关系而言，则主张各自甘其食，美其服，安其居，乐其俗，彼此相安无事，乃至老死不相往来，如此当然也就不会有多少冲突。

因而与儒家积极入世的态度不同，以老庄为代表的道家，设计了一种企图超越世俗的游世型的理想人格，即“隐士人格”。或许春秋战国时代动荡不安的社会局面使老庄感慨：祸兮福所致！所以，人活在世上最重要的是要懂得明哲保身，要明哲保身就要与世无争，宠辱不惊，大智若愚，随遇而安，知足常乐，吃亏是福，难得糊涂等。

道家的理想人格特征是主张淡泊名利，平和心性，主张“轻利寡欲”“致虚守静”“无私不争”，强调“复归于朴”“绝圣弃智”，崇尚清静无为，提倡无欲，“是以圣人不行而智，不见而明，不为而成”。反之，如果图荣华、享宝贵、争名逐利，恣情纵欲，胡作妄为，必然背“道”而驰，离“道”更远，不能得到“道”了。

道家的理想人格实质是“道通为一”“抱一为天下式”，强调人的精神自由和意志独立。在道家看来，现实的个人在社会中是极其渺小的，人所要做的是保持其自然本性，不为物欲蒙蔽，不为他物牵累，“致虚极，守静笃”，“依德而行，循道而趋”，纵情于山水间，逍遥于天地外，做到不辨物我，不执是非，不论善恶，安时处顺，全真保性，从而达到本性与大道统一。

总的来说，道家主张取“遁世”态度，主张与世无争，回避社会矛盾，向后退让：退回自然，返璞归真，实现与自然的和谐共处；退回自我及其内心情感，清静无为，陶情冶性，寻求自我内心的和谐宁静。为了强调这种“自然而然”，庄子还在《逍遥游》中比较了人对“道”所能达到的四种状态，即“真人”“至人”“神人”和“圣人”。其理想的人格境界就是成为无私的“真人”，忘我的“至人”，不求功绩的“神人”，不贪名声的“圣人”，也就是所谓的“至人无已，神人无功，圣人无名”。

其实，庄子所谓的神人、至人、真人基本属于同一性质的概念，都是庄子人生理想象征。因为无论是神人还是至人、真人，他们都不是在人世间追求人生价值，而是要“游乎尘垢之外”“游于方之外”，追求一种“上与造物者游，而下与外死生、无终始者为友”的绝对自由的理想境界，它们都具有齐物我、外生死、超利害、逍遥无待的特点，摆脱了世俗的羁绊，泯灭了一切生死、利害、物我的界限，达到了个体精神的绝对自由的境界。显然，这是一种自然主义的人生观。不过，对于中国的知识分子而言，循着这种人生取向，往往走向“归隐”，这便与宗教境界也相差不远了。所以，尽管道家的人格思想透露着某种超越自我、“天人合一”、寻觅自由的理性自觉和主体精神，但其实质上反映的则是面对强大的封建社会的压迫与桎梏而虚无避世，陶醉在消极退缩的自我幻想型隐士人格的追求与慰藉之中。

虽然这种无己逍遥的理想境界不可能在现实世界中实现，却完全有可能在心理的精神世界中实现。由于道家把现实世界折变为心理世界、注重心理层面的解脱、超升，所以道家所描绘的神奇瑰丽的理想人生境界不仅不显得远离现实，反而具有强大的吸引力，引起了人们的无限遐想和悠然向往。因而，以老庄为代表的道家的人生理论对中华民族的心理文化结构和人生观的塑造产生了重大的影响。道家反对人为物役，主张不为礼法所拘、追求个体身心自由，直接影响了魏晋时期人的觉醒，开后代个性解放思想之先河；道家超迈旷达的人生态度，培养了中国人的乐观精神，陶冶了人们的豪放性格；道家要求人们超凡脱俗，自然无为，返璞归真，保持纯洁的天性和心境的虚静淡泊，也极大地影响了中国人的人生态度和生活情趣，使人们在纷繁复杂的现实生活中保持心灵上的宁静和心理上的平衡。当然，道家理想人格中的避世、厌世、遁世的倾向，虚无感伤的情调，消极忍耐、随遇而安的处世态度，在历代人们的文化心理结构与人生观中更是留下了深深的烙印。在动荡的社会之中，人们迫切需要一个安定的环境，或者有一种思想让人们内心有所依托。过上一种逍遥自在的生活，对那些为生死祸福穷达贫富所苦苦缠绕的心灵，确实构成了一种诱惑。这个诱惑，一方面可以使人保持平静的心灵，培养一种超然物外的心态，形成平静、超脱等精神特质；另一方面，对于经不起现实折腾的人们，可以选择柔弱、消极避世、与世无争等态度对抗外界。虽然道家强调忽视自我，但人的本性是多面的，尤其是处于动荡不安的局面时，人更加注重自我的保存，“隐士”的人格理想就在这个时期呈现为失意之人的主旋律。

不过自古以来，真正彻底的隐士，实属罕见，而我们所知的，多半只能算是“半隐士”。所谓“半隐士”，用宋代诗人陆放翁的话来说，就是：“志士栖山恨不深，人知已是负初心。不须更说严光辈，直自巢由错到今。”他认为真正的隐士，入山唯恐不深，避世唯恐不远；而被人知道出了名的隐士，已经辜负了自己当初逃隐的动机了，姑且不说别有用意的严子陵们，就是许由、巢父他们，被人发现了踪迹，有了“高尚其志”的“隐士”声名，也已名不副实了。客观来说，在他们身上，儒家和道家两种人格精神是互补的，前者要求人们从事道德实践，即在从事政治、经济、军事等活动时按着儒家的道德规范去做；而后者则力主人们从事俗务，并不要求践行儒家的道德规范。这种互补，是内在精神与外在实践性的辩证的互补。正是有了这种互补性，中华人格才基本上成为一个完整而健全的系统，成了从内在精神到外在表现，从理想上的超越到现实中的经世致用都一应俱全的健康的人格思想体系。正是这种基本由儒道两家奠定的人格观念，成就了历代无数的高尚人物。在后世的屈原、陶渊明、苏东坡等知识分子身上和张良、诸葛亮以及南北朝时期的王猛、陶弘景，唐代的魏征，宋代的陈抟，元代的刘秉忠，明代的刘基、周颠，清代的范文程等政治人物身上，这两种人格都或多或少地共同存在并相互作用着，从而使他们显现出相当高的人生境界。

7.2.2 道家的人格修养方法——清静无为

以老庄为代表的道家提出了“真人”“至人”“神人”的理想人格，同时强调通过自我的内在修养来实现其理想人格目标。其内圣方法是“涤除玄览”和“致虚极，守静笃”等，即通过内在修养而排除贪欲和诈智，使内心进入“虚静”的状态，由此即可达到“无为”的精神境界。老子强调：“是以圣人抱一为天下式。不自见，故明；不自是，故彰；不自伐，故有功；不自矜，故长。”这里的“一”即是“道”，而“自见”“自是”“自伐”“自矜”都不是顺从“道”的“自然而然”的作为，故而圣人要排除这些一己之见、一得之私，要养生适性，道德充沛，齐物解脱，鲲鹏逍遥。在此基础之上，道家提出了“无为”“绝仁弃义”“坐忘”“心斋”等具体的人格修养方法。

(1)“无为”。老子说：“道常无为。”庄子说：“无为而尊者天道也。”“无为”是道家根本的政治主张，同时也是其重要的道德修养方法。“无为”要求人们因循事物的自然状况、顺应万物的本性及其内在规律。在道家看来，淳朴天真、自然无为是天道的属性，人们应该效法这种德性，保持淳朴率真的自然本性，保持和发展自身的本质和规定性。庄子笔下的“神人”“至人”“真人”之所以具有种种神奇的异于常人的特点，就在于他们对一切世事都能漠然置之，自然无为，根本不会抱有为的态度，不会采取任何实际行动去介入或解决现实问题，他们只是在内心世界改变问题的性质，或干脆在心理上将问题取消，从而达到精神上的绝对自由境界。反之，如果对外界进行过多的干预，事事有为，则往往会适得其反，最终戕害自己的本性。

（2）“绝仁弃义”。道家认为，人最可珍贵就是人的本心、本性，人一旦丢掉了属于自己的东西就会变得空虚，丧失任何价值。而仁义礼仪的推行无疑会改变人们的朴素本性，束缚人的本真情感。庄子就指出，客观事物的方圆曲直是自然本性，没有必要用钩绳规矩去加以调整和改变，如果硬要使用这些东西，就会改变事物的本然之性。人也是如此。仁义礼仪这些外在的规范会改变人们的纯真本性。庄子认为，在远古时代，人民安居而无所谓，悠然而无所往，一派安然自适。等到圣人出现，用礼乐来匡正天下人的形态，用仁义作标榜来安慰天下人心，人们就变得本性迷乱，开始奔竞用智，汲汲争利，以致一发而不可收，各种奸诈虚伪的行为也随之出现。因而在庄子看来，仁义礼仪是损伤人的本性的，提倡仁义礼仪是圣人的罪过。人们应该绝仁弃义，只有摆脱仁义礼仪的束缚，才能保全淳朴至真的本性，摆脱人性的异化，获得精神的自由。应该说，道家这种绝仁弃义的道德修养方法过于偏激，但是有一点却能够引发我们的进一步思考，那就是在世俗的名誉、地位等之外，人们淳朴的本性、本真的情感是更崇高、更神圣的东西，它值得人们去珍惜与追求。

（3）“坐忘”。道家所追求的是一种不受任何条件限制，无拘无束、怡然自得的“真人”“至人”境界。在道家看来，世人之所以不能达到这一境界，根本原因在于“有待”，即摆脱不了对周围事物的种种依赖关系。他们或追求荣华富贵，或沉溺于是非毁誉，或汲汲于仁义道德，身心深受残害，陷入了无边的苦海。要达到逍遥无为的圣人境界，就必须要做到“无待”，对一切都无所欲求，不受任何外在条件限制，而“无待”的根本方法则在于“无已”或“坐忘”。

所谓“无已”或“坐忘”，是指从精神上超脱一切自然和社会的限制，泯灭物我，泯灭我之好恶之情，以致达到形若枯槁、心如死灰的地步。这是道家道德修养的根本方法，是达到逍遥境界的必经阶段。在《庄子·大宗师》中，庄子假借他人之口谈到，“坐忘”指的是“堕肢体、黜聪明，离形去知，同于大道”。也就是说，不仅要忘掉天地万物，而且要忘自己的身体和知觉，与自然之道合而为一。这样才有可能达到逍遥之境。

（4）“心斋”。在道家看来，泯灭物我、人我是人生修养的重要阶段，但是，到这一步还只是消除了我与外界、外物的矛盾，而“我”却仍然存在，会自觉或不自觉地产生这样那样的杂念。人生修养的最高层次还要最终泯灭自我。在《庄子·齐物论》中，庄子提出了“吾丧我”的修养方法。

其中所谓“吾”，指的是得道之我，“我”指的是世俗的、追求功名利禄、荣华富贵之我。“吾丧我”就要求不仅要将外界的一切事事物物、是是非非全部忘却，甚至连一切自我意识都要彻底泯灭、取消。这一修养方法，庄子又称之为“心斋”。“心斋”的基本要求是心志纯一，消除任何杂念，心神停止与外界接触，摆脱一切外物之累，达到精神意识上的虚一而静，进入绝对自由的逍遥境界。当然，“吾丧我”“心斋”的修养方法要求主体将自我意识彻底泯灭，这是不可能在现实世界中实现的，我们只能从心理学的角度去理解。

总之，道家把“无为而无不为”作为对其理想人格的规定，它与儒家的理想人格颇有不同。后者追求的是一种大公无私的道德境界，而前者追求的是一种逍遥自由的精神境界，这种境界是超道德的。道家不是不讲治国平天下，如庄子所说：“道之真以治身，其绪余以为国家。”所谓“治身”指从事内心修养，这是“内圣”；而“为国家”是指建功立业，这是“外王”。庄子把“内圣外王”视为其理想人格的基本架构，它反映了治国与修身之道的合一。所谓“静而圣，动而王”“一心定而王天下”也是力证。道家追求的理想人格是一种逍遥式的隐士人格，它代表一种自由精神，实现这种人格的途径便是由内在修养达到虚静的心理状态，然后即可进入逍遥自由的精神境界了。在道家看来，有这种精神境界的人并不舍弃外物或俗物，相反，他还积极地投身于俗物，因为外在实践能使他的精神境界得到考验和锻炼，从而使之更加稳定、充实和持久，这或许就是庄子为什么讲“独与天地精神相往来而不傲睨于万物，不谴是非以与世俗处”的一个原因。一个达到“逍遥”境界的人，不焦虑，不紧张，从容不迫，镇定自若，当他以这种心态做事的时候，是不难取得成功的。

7.3 追求“建功立业”的法家“英雄人格”

7.3.1 法家的理想人格——英雄人格

中华民族是一个悲壮坚韧、英雄辈出的民族，人民对英雄的推崇与热爱贯穿于整个历史进程之中，这固然与中国特定的历史环境等因素有关，也与法家对英雄人格的推崇密不可分。

法家的理想人格是由韩非子所设计的。以韩非子为代表的法家重视法、术、势，在继承荀子性恶论和老子权术政治学说的基础上，设计了一种理想型的政治性人格。在韩非子之前，孔、孟等儒家思想家曾向人们展示了一个温情脉脉、充满仁爱的世界。但是，韩非子却以冷静理智的态度对社会、人生进行了毫不留情的剖析。在韩非子看来，人际交往中处处充满了欺骗、敲诈、争夺、陷害甚至血淋淋的互相残杀。自私自利是人的本性，也是一切人际关系的基础。人人都从自己的私利出发，互相利用，互相算计。可以说，个人利害是人际交往的基本准则，人的一切思想行为都是围绕着私利这一轴心旋转的。即使是父母与子女之间、兄弟之间、夫妻之间，也莫不如此，都是“用计算之心以相待”。

正是基于对现实社会、人生世相的深刻认识，法家确定了自己的人生准则和处世态度，提出了其理想人格“英雄”的设计。这种理想人格主要分两种类型：其一是“圣人”或“圣王”，其二是“能法之士”或“智术之士”。但无论是“圣王”还是“能法之士”无一不是备受人景慕和崇拜的“英雄”。其中，前者是韩非子心目中理想的帝王人格，后者是韩非子心目中理想的大臣人格。

法家所设计的“圣王”，是指掌握法、术、势并推行法治的专制帝王，这是一种理想的君主人格，既有至高无上的权势，又有神秘莫测的权术，能依法治国，为使政治和社会走上规范化而努力。在品德上，这种人格能公而忘私，“去私心，行公义”，敢于为“公利”而献身，是一个靠己力立于世的人物。韩非子特别强调作为君主还必须“务力”“强毅”，认为：“力多则人朝，力寡则朝于人，故明君务力。”在他看来，一国之统治者如果不“务力”、不“强毅”，那么这个国家也就很难兴盛起来，最终必然在国与国的竞争中成为失败者。

“能法之士”“法术之士”或“智术之士”是韩非子所设计的理想的大臣人格模型。韩非子本人正是这样一种人格模型的代表。在韩非子看来，这种“士”通晓法术，力主君主以法术治国，并能协助君主担负起治国安邦的重任。他们“远见而明察”“强毅而刚直”，坚持原则，反对那种“无令而擅为、亏法以利私、耗国以便家、力能得其君”的行为，敢于同邪恶势力做斗争，敢于为“公利”而献身，积极入世，奋勇进取，有一种蓬勃向上的奋斗精神，是敢作敢为者的代言人和实干家。

概而言之，法家所设计的这种“英雄人格”，无论是“圣王”还是“能法之士”都须具有“去私心行公义”“任力”“贵法”“重势”这四个基本特征。

（1）“去私心行公义”。法家把“去私心行公义”视为其圣贤人格的首要特征。“去私心”是“内圣”，“行公义”是外王。“去私心”的具体方法是“爱其精神，啬其智识”“爱精神而贵静处”以及“不拔”——“虽见所好之物不能引”“不脱”——“虽有可欲之类神不为动”等。“行公义”则是指从事政治实践，为地主阶级的整体利益（“公义”）做贡献。

(2)“任力”而不“任德”。法家认为，要富国强兵，就必须壮大实力，推行耕战政策，否则就会造成国库空虚、君王卑弱、百姓贫穷的恶果。因而法家将“食有劳而禄有功”作为其基本的价值取向。至于儒家所提倡的仁爱道德之说，墨家所提倡的兼爱、非攻之说，在法家看来完全是迂腐无用乃至有害的主张。如韩非子就认为“仁义爱惠不足用”，而“严刑重罚可以治国”，宣扬道德无用论，崇拜法律和权力的价值。

(3)“贵法”而不“贵义”。法家认为，人性都是好利恶害的，人们都畏惧严刑，害怕重罚。治理国家就必须利用人的这种本性，制定各种刑法禁令，施行法治，使国家安宁而暴乱不起。可以说，以法为教才是治国安民的良策。对儒家的“德治”主张，法家进行了抨击，认为仁义必然滋奸养暴，慈惠必然乱政败民，仁义道德是亡国之源。因而，法家的理想人格要求“不务德而务法”“不贵义而贵法”。

值得注意的是，法家的理想人格不仅“贵法”，还具有“法不阿贵”的精神。法家认为，法律面前人人平等，没有亲疏贵贱之分，“刑过不避大臣，赏善不遗匹夫”，一切人都应以法为准绳。在法家的理想人格中，“法不阿贵”的精神是不可缺少的内在要素。

(4)“抱法处势”。法家重法，同时又主张运用权术，具备驾驶臣民的技巧，以权术作为保证法的手段。而法、术的贯彻与执行，又必须以“势”为前提，权势在手，才能令行禁止，威震臣民。这样，法家就把法、术、势的统一作为理想人格设计的重要内容。与同时代的儒、道、墨诸家相比，法家的理想人格具有强烈的政治色彩，“法术之士”对现实政治的参与意识与权势欲望格外强烈，他们是“抱法处势”的强权者。

法家的理想人格是基于对社会现实的深刻洞察，人生世相的犀利解剖而提出的，在先秦诸家中独树一帜，在后世也产生了较大的影响。虽然法家的人性论中对仁义鄙弃，对道德的忽视，对实力、权势、权术的极度推崇与汲汲追求表现出明显的偏颇乃至荒谬，但“圣王”和“法术之士”所具有的“法不阿贵”的品格，却无疑是值得称道的。

7.3.2 通向英雄之路——建功立业

法家“以法为教，以吏作师”，同时重刑轻罚，尚兵重农，其理想的人格是英雄。从人皆“用计算之心相待”的人性论出发，以功利主义为原则，以刑罚和庆赏刺激人的欲望，杀敌报国立功受赏的勇武之士是他们推崇的榜样。

法家所设计和倡导的事功，是以君主为本位和实践主体的。按照这个根本出发点，商鞅立足战国大势和秦国政治，提出为政者的最高事功目标："是以强者必治，治者必强，富者必治，治者必富，强者必富，富者必强。"同书《去强》云："强必王"。《慎法》云："能行二者（耕战）于境内，则霸王之道毕矣。"据此，商鞅提出了"治、富、强、霸（王）"四大目标。韩非子也讲霸王之功："以成霸王之名，朝四邻诸侯之道"；"官治则国富，国富则兵强，而霸王之业成矣。"但他又顺时应变，进而倡言帝业和兼天下的事功目标："不慕而治强者，秦也，然而未帝者，治未毕也。"又云："万乘之主，有能服术行法，以为亡征之君风雨者，其兼天下不难矣。"法家的事功目标论虽以君主利益为本位，但其帝天下的目标暗合于历史大势，故钱穆说，"大体言之，秦政后面实有一个高远的理想"。

法家也为臣民树立了明确的事功目标，具体说来，臣民事功落实在治功、军功和农功三途。治功，指官吏在职任上治民治事之功，即要求"治国之臣效功于国以履位，见能于官以受职，尽力于权衡以任事"。秦代官吏治功的伦理和效验准则很多，如韩非子提到的"修身洁白，居官无私""尽力守法""清廉方正""以忠信事上"等。再如《睡虎地秦墓竹简·为吏之道》所载"审悉毋私""善度民力""当务而治""劳有成既""地惰城固"等。《商君书·禁使》所论的上计制和出土秦简所载的考课制，则是对官吏勤劳本职之治功的考核办法。军功指将士作战"斩首捕虏"之功，《商君书·境内篇》记有商鞅在秦设计的严密的二十级军功爵制。农功，指农民尽力耕垦，"公作必疾，私作不荒"。

使农民以力得富事致贵臣民之事功目标既明，法家进而将事功提升为君主课责百官的尺度和实施刑赏的原则。韩非子认为，明主的御臣之道首先在于循事责功，以事功治吏，关键在于赏罚分明，激励官吏的进取心，"夫有功必赏，则爵禄厚而愈劝，迁官袭级，则官职大而愈治"，从而使群臣"皆知尽其胸臆之知，竭其肚股之力"。因为赏罚分明，可收以耕战劝民之效，激励民众狂热追求事功建树，"是境内之民，其言谈者必轨于法，动作者归之于功，为勇者尽之于军，是故无事则国强，有事则兵强，此之谓王资"。

可以说，在先秦诸子之中，法家是当时真正的务实派，最具现实意义，秦始皇统一天下就是最好的证明。法家事功意识的普泛化，使之成为秦社会运作的灵魂和杠杆，升华为秦民族精神支柱。事功精神有效聚合了秦社会的理想意志，充分张扬了秦人的历史能动性和创造性，迸发出极大的历史潜能和社会效率，这无疑是列国间长期实力较量后秦人终操胜券的一大精神优势。事功精神不仅开出有秦刚健、清新和高效的政局，也锻铸了秦军强大的战斗力，促成秦“灭六国、四海一”的伟大功业。秦始皇缔造帝国，创制拓边，将秦人事功推向顶峰。

然而，秦王朝的丧钟也同时击碎了法家事功理念的自圆梦境，将其负面瘤疾和局限诸如极端功利主义、非道德主义等予以充分曝光，引起后世思想家长久的反思。汉代对秦事功及其精神遗产有继承、有扬弃，从汉代儒学关切的“内圣外王”话语到人们习称的“儒法合流”，在深层上体现了寻求历史与伦理和谐、立功与立德互补的反思和努力。从此，传统事功思想揭开新的一页。在秦以后的统治者基本上采取了“外儒内法”“阳儒阴法”的做法，但无论时势如何变化，追求建功立业、渴盼青史留名一直是中国上至皇帝下至普通的文人士子的夙愿。正因为如此，在中国历史上才会有西汉帝国、大唐帝国一直到清初的“康乾之治”盛世王朝。可以说，法家所倡导的“英雄人格”在我国人民的心底早已为它竖起了一座不倒的牌坊，在我国经久不息的“英雄崇拜”便是法家这种理想人格激励的产物。治世崇拜英雄，乱世呼唤英雄，正是这种埋藏在心底深处的“英雄情节”激发着一代又一代的文人士子建功立业的壮志豪情。

如李白在《代寿山答孟少府移文书》写道：“申管、晏之谈，谋帝王之术，奋其智能，愿为辅弼。使寰区大定，海县清一。事君之道成，荣亲之义毕，然后与陶朱、留侯泛五湖，戏沧州，不足为难矣。”他为自己设计的人生蓝图是首先建立赫然彪炳的政治业绩，然后安享悠闲潇洒的人生，概而言之就是走一条“功成身退”的道路。尽管李白主要生活经历是在安史之乱以前，但他最崇拜的历史人物却是以吕尚、诸葛亮、谢安为代表的乱世英雄，《代寿山答孟少府移文书》中所提到的管仲、晏婴、范蠡、张良等也都是乱世豪杰。

又如辛弃疾，南宋王朝的政治、文化环境使他成为词人，但他实实在在首先是位“金戈铁马”的英雄。在辛弃疾的英雄人格意识中，雄才大略，出将入相是最根本的内涵。他率众南投是为了抗金复国、建功立业，这行为本身就充溢着英雄主义豪情壮志，但从二十三岁南投到六十八岁逝世，南宋王朝基本上剥夺了他实现英雄理想的机会。尽管如此，他还是自负文才武略，苦苦期待报国立功的机会。他对英雄功业的渴望这样如醉如痴，以至于常常在幻想中用战争的景象比况自然物象：连绵的群山像“联翩万马来无数”；面对松涛阵阵，他想象自己是在“检校”十万雄兵；甚至“诗坛”也成了“看君斩将更搴旗”的场所。总之，对英雄人格的偏爱和追求，是辛弃疾心中常驻的内容。

读《三国演义》，我们时常被一种英雄主义情绪所感染。照小说中刘、关、张三人结义时的话说，即“同心协力，救困扶危；上报国家，下安黎庶”。这实际上是千百年来儒法思想影响下建功、立业、垂史的政治理想在特定时代背景下的同义语。漫长的封建社会中，建功、立业、垂史成为积极入世的儒士们的行为指针与终极目标，是促使人们奋发有为的深刻的思想渊源和强劲的内在驱动力。可以说，《三国演义》之所以数百年来一直深受人们的喜爱，恐怕并不完全在于它所取得的艺术成就，在更大程度上可能还在于罗贯中所塑造的栩栩如生的诸多人物中寄托着我们国人太想建立一番丰功伟绩的渴盼。小说中所激荡着的这种建功、立业、垂史的进取精神和政治思想，可以说是比比皆是、举不胜举的：小说开篇第一回写刘备见了招兵的榜文，正在“慨然长叹，随后一人厉声言曰：‘大丈夫不与国家出力，何故长叹?’”张飞的这一诘问，就很好地体现了这种精神和理想。小说第二十一回“曹操煮酒论英雄”一节也颇能帮助我们对这一问题的理解。曹操以赏梅为名，意欲测探刘备之心胸，并亮出了自己心目中英雄人物的标准：“夫英雄者：胸怀大志，腹有良谋，有包藏宇宙之机，吞吐天地之志者也。”在这里，“大志”也好，“良谋”也好，最为关键的还是要充分地利用其去干轰轰烈烈的大事业。否则，便毫无用处。尽管曹操早就说过“宁教我负天下人，不教天下人负我”的法家宣言，但很多谋士还是集合到了他的身边。因为说归说，他在行为上更多表现的是疾恶如仇、义重于山、智勇双全、破旧立新、海纳百川、从谏如流。这些优点使他在各路诸侯中成为最具吸引力的主子，如大谋士荀彧、荀攸叔侄同投门下，之后荀彧又荐程昱，程昱荐郭嘉，再以后孔融、祢衡、许攸等高人也纷至沓来。又如作为武圣的关羽，他身上散发出的那种叱咤风云、刚强勇猛、宁折不弯的男子汉大丈夫的阳刚气概，令古今多少豪杰英雄钦服赞叹，其根源恰恰在于他身上所体现出来的那种一往无前、坚不可摧、大义凛然、光彩照人的英雄气概正是我们大多数人梦寐以求却不可即的东西。因为英雄崇拜在本质上是崇拜者对于英雄人格的崇拜，并按照这种人格类型塑造自我。正是这些杰出人物把握历史契机，乘时而兴，以其过人的智慧、勇气和才干，建功立业，定国安邦，继往开来，从而推动了中国历史的进程，理所当然应该赢得人们的尊敬甚至崇拜。

7.4 追求“超尘绝俗”的佛家“随缘人格”

7.4.1 佛家的理想人格——随缘人格

作为宗教，佛教是以出世的面目出现的，它似乎总是站在远离人类的立场，超越人类来说话，但是实际上，佛教的教义、目的和旨归却又是紧紧围绕人的问题而展开的，人类的生存和命运，是佛教所关注的重点。因而在佛教教义中，蕴含了非常丰富的人生理论，对理想人格的论述也相当完整。

佛教的理想人格是“佛”。所谓“佛”，即“觉悟者”之意，是指经过修持取得“觉行圆满”的大悟者。与儒、墨、法诸家理想人格的入世特征及道家理想人格的游世特征相比较，“佛”是一种出世型的理想人格。

佛教认为，人生是痛苦的，大千世界，充满苦难，芸芸众生，不断地在茫茫苦海中呻吟挣扎，难以摆脱深重的苦难。佛教所说的痛苦，既包括生理、肉体方面的痛苦，也包括感情、精神方面的痛苦，而且主要是指精神上的逼迫烦恼。按照佛教的说法，人生的痛苦有二苦、三苦、四苦、五苦、八苦乃至一百一十种苦等，其中八苦的说法最为常见。所谓八苦是指生苦、老苦、病苦、死苦、怨憎会苦、爱别离苦、求不得苦和五取蕴苦。佛教认为，人生在世，就必然会有各种痛苦，如生、老、病、死等各种生理、肉体方面的痛苦；相互厌恶、憎恨者相会相遇，挥之不去；相互喜欢、爱慕的人离多聚少，天各一方；各种要求、愿望得不到满足，情感、精神备受折磨等。而人们之所以会经受这些痛苦，根本原因就在于五取蕴苦。一方面，人们总是有种种对外界的追求与贪欲；另一方面，人们没有意识到“五蕴”本是“无常”“无我”的，因而往往固执地以“无常”为“有常”，以“无我”为“有我”，这种愚昧无知，不明佛理，叫作“无明”。“无明”引发了人生许多烦恼与痛苦。因而佛教指出，人们只有灭除一切贪欲与无明，才能超凡入圣，进入“涅槃”境界，成为“佛”。

佛家对其理想人格的基本要求有“无我”“无欲”“无争”和“随缘”等。

(1) 佛是“无我”的。佛教理论认为，诸法无我，一切事物都是由因缘和合凑成的，没有独立的实体，也不能自己主宰自己。由诸法无我，佛教还推演到人生无我，认为人生也是由因缘凑合而成的，人生没有独立不变的实体，众生也不能自己主宰命运。如果一个人执着于自我，热衷于彼与此、我与他的差别，计较名誉、地位、荣辱、毁誉、进退等虚幻不实的东西，就会形成种种烦恼，进而造成种种业障，使人永远处于“六道轮回”之中。所以，“我执”是痛苦之源，必须破除。“佛”这一理想人格就能够破除我执，破除对自我的迷恋，鄙视一切人世间的功名利禄，具有“无我”的特点。

（2）佛是“无欲”的。人们因为执着于自我，都有顽强的自我表现的欲望，都贪恋尘世的声色香味、权势富贵、安逸幸福。“佛”具有“无我”的特点，也自然就具备了“无欲”的品格。佛由于跳出三界外，不在五行中，摆脱尘俗世事，远离尘念俗欲，斩断妄念情丝，因而能够“见美女时作虎狼看，见黄金时作粪土看”，对人世间的一切荣辱毁誉、升迁沉浮、喜怒哀乐、悲欢离合都能够“以无念为宗”，漠然处之，求得精神上的彻底解脱，保持“无欲”的宁静状态。

（3）佛是“无争”的。佛教的处世原则，就是与世无争，凡事忍字当头，对于一切苦难与屈辱要无条件地忍受，既不动心，又不反抗，只管一味顺从、忍受，与世无争。受佛学思想影响极深的宋代文学家黄庭坚曾有“百战百胜，不如一忍；万言万当，不如一默”之语，这是对佛教顺世无争思想的最好说明。

（4）“无修之修，成佛随缘”。作为中国化的佛教，禅宗强调直指人心，明心见性。在禅宗看来，众生皆有佛性，也即真如本性。这是与生俱来的，不假外修与不从他得的，如慧能所说：“本性是佛，离性无别佛”“自性迷，佛即众生；自性悟，众生是佛”。个人追求佛法，既不需要像儒家那般“外施仁义，内修道德”；也不必像道家那样执着于事物之本身，将一切交与“自然”去打理。儒家和道家的这些对“仁”和“道”的追求只能是成佛途中的“障”，佛家恰恰最忌讳这些。禅宗称自己所讲的佛法是“超佛越祖之谈”，他们将这称为“第一义”或“第一句”，这样的“第一句”或“第一义”在禅宗那里是不可说的。对这种“不道之道”的追求就不同于对儒、道两家那里的“可道之道”的追求，后者有“可修之法”，禅宗之“道”则不可“修”。禅宗六祖慧能的大弟子怀让的语录中说：“马祖（道一）居南岳传法院，独处一庵，惟习坐禅，凡有来访者都不顾……（师）一日将砖于庵前磨，马祖亦不顾。时既久，乃问曰：‘作什么？’师云：‘磨古镜。’马祖云：‘磨砖岂能成镜？’师云：‘磨砖不能成镜，坐禅岂能成佛？’”禅宗的许多公案就是对这种“有修之修”的批判。“有修之修”是行，有行即是于佛法所谓的生死轮回中造因，造因即须受报。为了不造“新业”，所以禅宗讲无修，然而这种无修，又是修，所以这是“无修之修”，即是做事以无心。这样一来，禅宗似乎是与“时空”“尘俗”无关了。所以，根据禅宗对佛法的追求不论“时”“空”，随时随地，我们可以将其所设计的理想人格称之为“随缘人格”。

究其实，佛家“随缘人格”也是“内圣外王”的佛门翻版。禅宗开山祖惠能在一首著名的偈中说道：“法元在世间，于世出世间，勿离世间上，外求出事间”。“于世”指入世从事俗务（外王），“出世”指追求超越的精神境界（内圣），有了这种境界，也就有了“平常心”，平常心即“不著心”，对俗务不执着、不沉迷，即俗语“拿得起放得下”之意。惠能在《坛经》中说的“于一切法不取不舍”等可以说是对“内圣外王”的另外一种表述。在他看来，能够如此去做的人，也就是一个“来去自由”的人，一个“恒常自在”的人。

考察这种“随缘人格”，我们不难发现：“心”与“性”是这种“随缘人格”（即佛性）的最主要表征。五祖弘忍对六祖慧能宣说《金刚经》至“应无所住而生其心”，慧能言下悟彻一切万法不离自性之旨。遂启弘忍：“何期自性，本自清净；何期自性，木不生灭；何期自性，本自具足；何期自性，本无动摇；何期自性，能生万法。”弘忍智慧能已悟本性，遂谓之曰：“不识本心，学法无益。若识自本心，即名丈夫、天人师、佛。”由此看来，“大悟者，觉破了无始以来的迷妄，开显了真实的知见，身心廓然，没有一丝尘垢习染，孤炯炯地，光皎皎地，活泼泼地，洞然同于太虚，不曾生，不曾灭，所以不生不灭”。这正是随缘人格的最完美的表现。

总之，佛家理想的随缘人格强调“无我”“无欲”“无争”与“随缘”，有鲜明的出世倾向。这种人生理论虽有其片面、荒谬之处，但其所包含的许多合理因素与真理的颗粒，对历代人们的人格塑造产生了相当大的影响。佛家追求的最高境界是成佛，尽管人人皆有佛性慧根，但并不是都能得道成佛，成佛与否的原因重在现世表现，来生的福祸寿夭全在今生所作所为的善恶是非。因此，要想来生来世幸福快乐，此生此世就要禁欲苦修、积善成德。

7.4.2 佛家超凡脱俗的修持方法

佛教认为一切皆苦，整个世界充满苦难，人生之路苦难时刻紧紧伴随。而种种人生痛苦的根源又在于众生“无明”，不懂得“无常”和“无我”的道理，过分执着于“有常”“有我”和欲念贪求。因而在佛教看来，要从无边的痛苦中解脱出来，就要灭尽无明，去除贪欲，斩绝尘缘。为此，就必须经过漫长而痛苦的修炼过程，用种种烦琐的、严格的戒律去禁锢、束缚自己，使人专注精神，集中思想去悟解佛理，以修成正果，求得解脱。佛教所提出的修持方法有“八正道”“三学”“六度”等。

“八正道”指的是实现佛教理想所应遵循的八种途径或方法，包括正见、正思维、正语、正业、正命、正精进、正念、正定。正见是指对佛教真理四谛的正确见解；正思维是指离开世俗的主观分别，离开邪妄迷谬，进行佛教纯真智慧的思索；正语是指符合佛法的纯正净善的语言；正业是指不杀生、不偷盗、不邪淫、不作一切恶行；正命是按佛教的标准谋求衣食住行的必需生活品，远离一切不正当的职业；正精进就是自觉努力，勤修佛教涅槃之道法；正念就是牢记四圣谛之理；正定就是修习佛教禅定，心专注于一境，以求观察四谛之理。“八正道”涉及佛教徒的物质生活与精神生活两类，正命和正见分别是其主要内容。

在佛教理论中，“八正道”的内容又可以归结为“戒”“定”“慧”三个方面。其中正语、正业、正命属于“戒”，正念、正定属于“定”，正见、正思、正精进属于“慧”。戒、定、慧合称三学。所谓戒即戒律之学，是指佛教为出家和居家的信徒制定的戒规，有防止作恶的止持戒和要求奉持善行的作持戒，目的是使信徒有一个行为准则，止恶修善，修成正果。佛教各教派的戒数不一，最基本的有“五戒”“八戒”“十戒”“具足戒”等。五戒是指不杀生、不偷盗、不邪淫、不妄语、不饮酒。五戒再加上三戒就成了八戒。这三戒是：不进行任何娱乐活动和装扮自己、不坐不睡华丽的大床、不过了正午还吃饭。十戒是二十岁以下的出家男女必须奉行的十条戒规，是由八戒再加上禁止一切两性关系、不积聚钱财这两条构成的。“具足戒”意即完备的戒规，其内容琐细，名目繁多，是僧侣必须时时处处奉行不悖的。

所谓定即禅定，是指心思专注于一境而不散乱的精神状态和调练心意的修养方法。在佛教看来，修持时通过集中精神，在内心观察特定对象进行思索，就会获得对义理或功德的悟解。定包括两方面：一是“生定”，是人们生来就有的一种精神功能；二是“修定”，是人们为了获得佛教智慧、功德、神通而通过修习产生的功夫。不同的教派，有关禅定的主张各不相同，在中国佛教诸宗派中最有名的当推隋唐时期天台宗所提倡的“定慧双修”或“止观双修”。

所谓慧，即智慧之学，佛教认为，智慧能通达事理、决断疑念、观达真理、断除妄惑，从而根绝无明烦恼，获得解脱。

佛教的修习方法，除八正道、三学之外，还有六度。六度是通过修行达到涅槃境界的六种具体方法与途径，是大乘佛教修习的主要内容，包括布施度、持戒度、忍辱度、精进度、禅定度、智慧度。其中，精进度就是八正道中的正精进，持戒度、禅定度、智慧度分别是戒、定、慧三学。只有布施度与忍辱度是在传统的修持方法之外增加的。布施度是指施予他人财物、体力、智慧等，为他人造福而积累功德，以求完成般若智慧，获得解脱。忍辱度是指修行者安于受苦受难而毫无烦怨。按大乘佛教的说法，修行者依靠这六种方法，既能度自己，又能度一切众生，从生死大海的此岸到达涅槃境界的彼岸。因而，六度体现了佛教以大慈大悲为本，普度众生，救苦救难的伦理原则。

总之，佛家认为，世界皆空，人生皆苦，为了摆脱痛苦，就要通过修炼去消灭欲望。作为中国化的佛教，禅宗认为人的真心本性容易受到妄念贪求的遮蔽，世俗尘缘的牵累，从而迷失本心，达不到真如境界，难以成就理想人格。因此，应该跳出三界外，不在五行中，斩断尘缘、了绝凡根、明心见性、觉悟本心，才能摆脱因果报应和生死轮回，复归大道。在修养方法和实现途径上，早期佛家主张坐禅静修，而后世禅宗则倡导顿悟成佛。佛家认为人性本善，皆有佛性，只需反求诸己，不假外求。外来知识的灌输最多是拂尘去蔽，明心见性。禅宗认为佛不在身外，不在彼岸，而在人的内在心性之中，因此，真如境界的获得是靠瞬间顿悟和直觉体验。“（僧璨禅师）大集群品，普雨正法。会中有一沙弥，年始十四，名道信，来礼师。……问：‘唯愿和尚教某甲解脱法门?’师云：‘谁人缚汝?’对曰：‘无人缚。’师云：‘既无人缚汝，即是解脱，何须更求解脱?’道信言下大悟。”这则故事生动地说明了一个人是否能够得到解脱，关键在于自己的“心”。要想自由，要想解脱，不必向外求援，只有自己才能拯救自己。石头希迁禅师与僧人也有一段类似的问答：“僧问：‘如何是解脱?’师曰：‘谁缚汝?’又问：‘如何是净土?’师曰：‘谁垢汝?’问：‘如何是涅槃?’师曰：‘谁将生死与汝?’”追求一种心悟后的精神自由和适意，其中固然渗透着人生的无限凄凉，但作为一个在现实生活中随处都受牵扯的人，这是他最好的安慰剂。同时我们还要看到，这种要求自由适意生活的呼声，实在是对中国宗法专制制度的一种反抗，是漫漫黑夜人生中的一点火花，它虽然不可能彻底地照亮我们的人生道路，但毕竟给我们的生活带来了一线的希望和慰藉。

综上所述，中国传统人格理论的精粹是“内圣外王”，各家各派均以其作为人格设计的基本架构和理想目标，但各家对其内涵的界定又有所不同。大致说来，儒、法两家所设计的人格是一种道德人格，代表着人们对至善的追求；他的“内圣”之道是从事道德修养，以追求一种崇高的道德境界；

他的“外王”之道是从事政治实践及其他社会事务，以建功立业。而道、佛两家所设计人的人格则是一种逍遥人格，代表着人们对自由的追求；其“内圣”之道是从事精神修养，以提升精神境界，达到一种超越而自由的精神境界；其“外王”之道则是从事俗务，即以“出世”的精神干“入世”的事业。可以说，对古代中国人来说，“内圣外王”的人格结构至少从形式上代表了其实现人生价值的两个侧面，而实质上这两个侧面又是统一的。“内圣”是“外王”的前提，而“外王”又是“内圣”的条件，缺少任何一面，人格形态都不会完美。对完美人格的追求，便形成了一种理想的人生模式。因此可以说，“内圣外王”不仅是古人理想的人格观，而且是古人理想的处世哲学。中国古代的人们，或者向往道德人格，成就德业；或者向往逍遥人格，追求自由。但这并不意味着某一个人一生只追求一种人格形态，实际情况很有可能是这样：当他得意之时便自觉不自觉地追求道德人格，而当他失意之时便自觉不自觉地追求逍遥人格，甚或凭借着特殊的社会环境和自身条件，过着一种亦仕亦隐的两栖生活。

总之，儒、道、法、佛的四种人格精神就这样在漫长的历史中熔铸成了中华民族所共有的中华人格。千百年来，这些独具特色的人格已经成为每一个中国人思想深处潜在的“预设”。

思考题：

1. 中国古代哲学的人生境界是怎样的？儒、道、释三家各有何特征？
2. 如何理解和谐在中国传统文化中的体现和追求和谐的现实意义？
3. 简述儒家中庸的积极意义和消极意义。
4. 佛教理论对中国传统思想产生了什么影响？表现在何处？
5. 道家思想的人生追求有哪些特点？
6. 在我们今天的道德建设中，如何批判性地借鉴传统伦理道德？

8 中国传统文化的价值系统

价值观是主体对客观事物按其对自身及社会的意义或重要性进行评价和选择的标准，对个人的思想和行为具有一定的导向或调节作用，使之指向一定的目标或带有一定的倾向性。因此，价值观既涉及世界的意义，也是决定思想与行为取向的准则，还是理想境界的反映。价值观的丰富内涵与功能，决定了它在一个社会的文化中具有核心地位。在任何特定的文化传统中，价值观都是通过一系列价值原则组成的。这些价值原则构成了该文化传统的价值系统。

中国传统文化的发展过程中，出于对同一对象的意义的不同理解，儒家、道家、法家、墨家、佛家等思想流派，在自然价值观、道德价值观、经济价值观等方面提出了各自具有鲜明特色的价值原则。这些不同观点既相互排斥又相互交融，形成了中国传统文化丰富多彩的价值系统。由于儒家与道家思想长期以来观点既明显对立又能互补，并且其影响力能够持久地处于前列，在中国传统文化的价值观中最具有代表性。因此，我们就以这两派的观点为重点来展开中国传统文化价值系统。

8.1 人生价值观

人生问题关乎生命的目的、意义、价值与自由等诸多基础性问题。其中，最重要的问题就是人格理想问题。中国传统文化的人生价值观，是通过人格理想而表现出来的。在人生价值观上，主张泛道德主义价值观的儒家，选择了以求善为目标的价值追求；以崇尚自然为旨趣的道家，则选择了以求真为目标的价值追求。就共同点而言，由于没有宗教的神本主义背景，中国传统文化中的人生价值观都是以肯定人的独立性为前提的。

8.1.1 儒家价值取向："内圣"人格

人格的完善，是儒家在人生价值观上基本的价值追求。儒家所谓"为己""成己"，就是希望在人格上达到理想的境界。而儒家的人生价值观，就集中表现在其人格理想之中。

在人格理想的具体内容方面，儒家注重的是人格的“内圣”规定。“内圣”首先表现为善的德性，而善又以广义的仁道精神为其内容。早期儒学以“仁”为核心。“仁”既体现了人道的原则，同时又为理想人格提供了多重规定。从正面来说，仁德总是表现为对人的尊重、关心，真诚相待。孔子曾把“恭、宽、信、敏、惠”视为仁的具体内容，它们同时从不同方面展示了内圣的品格。后来儒家一再强调的仁、义、礼、智、信等，也可以视为人格的内在规定。与正面确立仁德相联系的是“克己”，后者在另一意义上体现了仁，即所谓“克己复礼为仁”。“成己”是以仁来塑造自我，“克己”则是以仁来净化自我，亦即《大学》所谓“正心、诚意”，二者从不同方面指向善的德性。

除了仁德之外，儒家的人格理想中还包括“知”的规定。在儒家那里，仁与知总是联系在一起的。“未知，焉得仁?”也就是说，没有智慧，也就没有仁可言了。“知”是一种理性的品格。按儒家的看法，缺乏理性的品格，主体往往会受制于自发的情感或盲目的意志，从而很难达到健全的境界。只有通过理性升华，才能由自在走向自为，形成完善的人格，并赋予行为以自觉的性质。从先秦儒家到宋明理学，都把理性自觉看作是成圣的必要条件。《大学》强调“欲修其身者，先正其心；欲正其心者，必诚其意；欲诚其意者，先致其知”，便概括地表现了儒家的这种思路。如果说，在天人关系上，儒家着重突出了人道原则，那么，在人格境界上，儒家则把作为人道核心的“仁”与理性融合为一，从而体现了人道原则与理性原则的统一。这种观点在排除神学观点对人的价值贬抑方面具有进步意义。在中国很早就出现了人神分离的文化背景下，这种人道原则与理性原则相统一的人生价值观把神在人的价值中完全清除出去，避免了西方长期存在的由神来规定人的价值的问题，使中国传统文化更具有人文精神。

从人格取向来看，儒家在“内圣”之外又讲“外王”。所谓“外王”，是指治国平天下的事功。儒家的某些代表人物甚至还把“外王”提到十分引人注目的地位，如荀子便认为，理想的人格应当具有“经纬天地而裁官万物”的本领，但就儒家总的价值趋向而言，“内圣”始终处于主导地位，“外王”事功不过是其逻辑的必然结果。《大学》提出“修身、齐家、治国、平天下”的思想，修身旨在达到内圣之境，治国平天下则属广义的外王，而“壹是皆以修身为本”的纲领，便使内圣具有了本体的地位。在理学家那里，内圣进一步压倒了外王。理学家将“醇儒”视为理想的人格典范，而醇儒的特点即在于到达了“惩忿窒欲，迁善改过”的内圣境界，与之相对的则是外在的事功。“向内便是入圣贤之域，向外便是趋愚不肖之途”。

在儒家那里，地位最显赫的人物并不是事功上的成功之士，而是在个人修养上最近于仁的人。这种内向要求，在一定程度上弱化了理想人格的实践品格。

重道德修养而轻视治国实践，这是儒家人格理想对善的高度追求的必然结果。因此，追求内圣人格的人生价值观，在个体人格的完善上虽然具有十分显著的指导意义，但在一定程度上也导致了人们在务实方面的消极影响。

8.1.2 道家价值取向："逍遥"人生

与儒家注重"善"的人格内容不同，道家则赋予理想人格以"真"的品格，从而形成了中国传统文化中另一种具有鲜明特色的人生价值观。这种价值观的人格形象就是"真人"。人格上的真，首先表现为合于自然，即"不以心捐道，不以人助天，是之谓真人。"也就是说，真人是顺从与遵循自然之道的人。在道家看来，理想人格并不是自然的对立物，相反，他总是融入天地之中，与万物为一体。所谓"天地与我并生，而万物与我为一"的境界，就是这个意思。在这种境界中，主体不再把自然视为一种异己的对象，而是不断地化解与自然的紧张和对立，使小我与宇宙大我达到内在的统一。正是在与自然的契合之中，人生境界达到了一种逍遥之境。因此，道家的理想人格应当是一种自由人格，而人格的自由之境又是以合规律性为前提的。

在道家追求的人格境界中，对"真"的追求又是与"去伪"相对立的。道家心目中的理想人格总是"其知情信，其德甚真"。同样把"德"置于一个较高的地位，道家所谓的"德"，还是不同于儒家的仁德。在道家看来，儒家所倡导的以仁德规定人格总是不免走向外在的矫饰。这种人格显然悖逆了自然之道而趋于虚伪化。道家对仁义作了种种抨击，从人格理想的角度看，这种批评同时也表现了对德性虚伪的不满。与外在的矫饰相对，完美的人格应当如明镜一样显示其本真的品格："至人之用心若镜，不将不迎，应而不藏。"就是说，"与道为一"的精神境界，应当以本然的、真实的形态出现，它既不应迎合他人以获得外在的赞誉（"收名声"），也不有所执着（"不藏"）。总之，内在品格与外在表现应当完全一致。道家对"仁"的批评，固然忽视了人格的德性内涵，但其"贵真"的价值取向，对于儒家人格的异化，无疑也有某种抑制作用。

道家以本真的人格扬弃仁德的矫饰，同时意味着确认人格的个体品格。按道家的看法，人格的追求并不表现在以普遍的仁义规范来塑造自我，它的旨趣在于尊重自我的个性，并使之得到真实的流露。所谓“贵真”，便包含着“天下欣欣焉，人乐其性”的要求。“人乐其性”就是通过个性认同而达到的人格境界。在人格理想的取向上，儒家更多地将德性理解为仁义等普遍规范的内化，其基本的人格模式是“圣人”。但是，这种看法多少蕴含着人格的单一化或划一化趋向，必然导致对人的个性的一定程度的压抑与否定。相对来说，道家“人乐其性”的主张，对人格的个性规定则予以了较多的关注。道家以“任其性”否定普遍规范对人格的制约当然有其片面性，但它将“贵真”与尊重个性联系起来，显然又有助于人格的多样化发展。

总的来说，在中国传统文化的发展进程中，由于儒道互补的思想融合的出现，真与善之间并未出现势不两立的冲突，而是形成了人生价值观上求善与求真的结合。这对于完善古代中国人的人格境界是大有助益的。

8.2 自然价值观

自然价值观的核心问题，就是关于天人关系的价值取向。“天”即广义的自然，“人”则指人的文化创造及其成果。天人关系，就是人文与自然的关系。注重天人关系，是中国传统文化的显著特点。在自然价值观上，“天人合一”是我国传统文化中几乎所有思想流派都赞同的观点，与西方的天人相分的价值取向有明显的区别。但具体到自然与人文的地位问题上，不同流派的思想家又采取了不同的价值立场。儒家超越自然的价值选择与道家回归自然的价值选择，形成了鲜明的对立。

8.2.1 儒家价值取向：超越自然

作为价值观的天人之辨问题，其最基本的层次就是解决人禽之辨的问题，也就是如何看待人与禽兽等自然界物种之间的关系问题。儒家是主张把人与动物相区分的思想流派。按照儒家的看法，自然是一种前文明的状态。人应该通过自然的人文化，以达到文明的境界。孔子是强调人性与兽性有别的。他说：“鸟兽不可与同群，吾非斯人之徒与而谁与?”按照这个观点，鸟兽是自然的存在，“斯人之徒”则是超越了自然状态而文明化了的人。作为文化的创造者，人不能倒退到自然状态，而只能在文化的基础上彼此结成一种社会的联系（群）。对鸟兽（自然的存在）与“斯人之徒”的区分，强调人性对动物性的超越，就包含着儒家对人文价值的肯定。

具体到个体层次上，儒家辨析人文与自然的关系，一再强调个体也应当由自然的天性提升为人化的德性。在儒家看来，就天性而言，人与一般禽兽并没有多大区别，如果停留于这种本然的天性，那么，也就意味着把人降低为禽兽。荀子曾指出，气、生命、知觉能力等特征，这只是一种禽兽等自然物都具有的规定或属性，而“义”则是人超越于自然物而独有的属性。也就是说，人之为人，并不在于具有气、生等自然的禀赋，而在于通过自然禀赋的人化而形成自觉的道德意识。这样，儒家便从群体关联与个体存在两个方面，着眼于人对自然界各种生物的超越，对人文价值做了双重确认。

在肯定人文价值的重要性以后，儒家提出了文明社会应该遵循的基本价值原则。孔子提出了“仁”的观念。作为原始儒学的核心观念，仁具有多重涵义，而从价值观上看，其基本的规定则是“爱人”，它所体现的，是一种朴素的人道原则。以“仁”为形式的人道原则，首先要求对人加以尊重和关切。当马厩失火被焚时，孔子所问的是：“伤人乎?”而并不打听火灾是否伤及马。这里体现的，便是一种人道的观念：相对于牛马而言，人更为可贵，因此失火时应首先关心人。当然，这并不是说牛马是无用之物，而是表明牛马作为与人相对的自然存在只具有外在的价值，只是人的工具或手段，唯有人才有其内在价值。这种人道原则体现了儒家基本的价值取向。孟子由仁学引申出“仁政”，要求以德行仁，反对用暴力的方式来压服人。在儒家学说中，人始终处于价值关怀的中心地位。

在人文与自然的关系上，殷周之际人们观念中的“天”，仍然还是一个具有人格神含义的自然。在孔子那里，“天”的这种人格神的色彩已经明显淡化，在其“五十而知天命”的表述中就含有必然性之命运的意思。孟子是以人来界定天，认为“性”就是“天之所与我者”，因此，“知其性则知天矣”。这样一来，“天”就化解于人的道德体系之中了，从而形成了自然道德化的价值取向。

墨家在人文与自然的关系上的看法与儒家有相近的一面。墨家也对自然的状态与人文的形态做了区分，认为处于自然状态中的动物，有羽毛作衣服，有水草作食物，故既不事农耕，也无须纺织。人则不同：“今人与此异者也，赖其力者生，不赖其力者不生。”这里的“力”，泛指人的活动。在墨家看来，正是通过这种活动，人超越了自然状态中的动物，从而建立起文明的社会生活，这内在地蕴含着化自然为人文的要求。墨家从“兼爱”原则上肯定了人文对自然的超越。在墨家看来，社会之所以产生争乱，主要原因便在于社会成员不能彼此相爱，若天下之人能兼相爱，就可以消弭纷争，彼此如亲，国与国之间也可以化干戈为玉帛。儒家所强调的“仁”，是以孝悌为本，它更多地受到宗法血缘关系的制约；墨家的“兼爱”则超越了宗法关系，它所体现的人道原则，在某种意义上具有更普遍的内涵。

佛教本是外来的宗教，但是随着它的衍变发展，自唐宋以后，就逐渐融入中国文化之中。佛教价值观于是也成为中国传统价值体系的一个组成部分。佛教认为天（自然）与人均是虚幻不实的，而把彼岸世界视为真实的存在。但在论证成佛的根据时，佛教常常强调人道胜于天道。在佛教看来，人尽管也是宇宙中的一员，但其地位却高于其他的存在，在“六道”说中，人便被列于一般动物（畜生）之上。佛教的终极目标固然是要超越现实的人生，但这种超越本着要通过人的自觉活动来完成。所谓由“迷”到“悟”，便意味着从自在状态到自为状态。这样，作为实现终极目标的环节，广义的“人化”过程亦得到某种肯定。与以上趋向相联系，佛教提出了慈悲为怀、普度众生的要求，这种教义尽管具有浓厚的宗教色彩，而且其所慈、所悲的对象也相当宽泛，但是，其中无疑已渗入了某种深切的人道观念；在对人的关怀上，它与儒家的仁义、墨家的兼爱显然有一致之处。因此，从一定意义上说，佛教的慈悲观念既表现了对儒墨人道原则的吸纳与适应，又从宗教的特殊角度强化了中国文化注重人道原则的传统。

在宋明理学那里，人道原则在儒释道三教合流的背景下得到了进一步的阐发。理学家首先强调“天地之性人为贵”，从人与自然的关系上肯定了人的内在价值。同时，理学家提出了“民胞物与”的观念：“民吾同胞，物吾与也。……尊高年，所以长其长；慈孤弱，所以幼吾幼。”在这里，人与自然万物成为朋友，人与人之间亲如手足，尊长慈幼成为普遍的行为准则。于是，人道原则是在天人合一的理念中得到确认的，自然与人文达到了完美协调的境界。

8.2.2 道家价值取向：回归自然

在人文与自然的关系上，与儒家重视人文对自然的超越不同，道家是把关注的重点放在自然方面，由此形成了另外一种价值取向。

如前所述，在人与自然的关系上，儒墨强调人文价值高于自然价值，将自然视为前文明的状态，强调自然应当人文化。也就是说，自然只有在人化之后，才能获得其价值。相反，道家却认为，自然本身便是一种完美的状态，而无须经过人化的过程。庄子认为，就对象而言，“天地有大美而不言，四时有成法而不议，万物有成理而不说”，即自然过程是和谐而有规律的，蕴含着一种内在的美。同样，“至德之世”即最高的社会境界也是存在于其前文明时代中的：“夫至德之世，同与禽兽居，族与万物并。”于是，与儒家严格区分人与禽兽、要求由自然走向人文不同，道家则将“同与禽兽”视为“至德之世”，要求人文重新返回自然之中，由此表现出截然不同的价值趋向。在道家对前文明时代的赞美中，自然状态固然被理想化了，但这种观点对于文明时代的人们思考人与自然的关系也具有很好的警示作用。

从自然状态的理想化这一基本前提出发，道家对人文状态往往是持批评和否定态度的。在他们看来，自然作为一种完美的状态有其内在的价值，而人文不仅无益于自然之美，而且总是破坏这种理想状态。庄子认为，“牛马四足，是谓天；落（络）马首，穿牛鼻，是谓人。故无以人灭天”。也就是说，牛马有四条腿，是自然的；给牛马套上缰绳，这些人文活动则是一种后天的人为。正如落马首、穿牛鼻是对牛马天性的戕害一样，一切人文的东西都是对自然之美的破坏。因此，不能以人文去消解自然。

在道家看来，人文对自然之美的破坏，不仅表现为驾牛服马，而且还展开于社会过程本身。道家对人类社会中的种种人文现象展开了更为严厉的批评。随着社会的演进，从技艺到道德规范等各种人文现象也随之出现并不断发展。但按道家之见，文明社会带来的并不是进步，而往往是祸乱和灾难。正如老子所言，“民多利器，国家滋昏”“大道废，有仁义；慧智出，有大伪”。也就是说，工具的改进，固然增加了社会的财富，但同时也诱发了人的好利之心，并导致了利益上的纷争和冲突。文明的规范诚然使人超越了自然，但仁义等规范的标榜，也常常使人变得虚伪化。“窃钩者”虽不免受制裁，而“窃国者”却可以成为诸侯，并获得仁义的美誉。道家谴责了与人类文明进步相伴随的道德水平倒退现象。但是，由强调人文在超越自然状态过程中所产生的负面影响发展出否定人文合理性的结论，显然又走向了另外一个极端。

既然自然的人化过程只具有负面的意义，那么就只能从人文回到自然。《老子》提出“见素抱朴”的命题已表现了这一意向，庄子更具体地提出了回归自然的要求：“故绝圣弃知，大盗乃止；擿玉毁珠，小盗不起；焚符破玺，而民朴鄙；……攘弃仁义，而天下之德始玄同矣。”按照道家的主张，一切人文的创造，从知识成果到治国手段，从度量工具到社会规范等，都被列入摒弃之列，最后回到一种人与自然浑然一体的自然境界。道家将自然状态理想化，反对以人文创造去破坏自然环境，无疑表现了一种消极倾向。

从价值观的角度来看，道家要求回到自然的观点也有一定的积极意义。就人与自然的关系而言，道家主张无以人灭天，也包含着一种尊重自然的要求：人文的创造不应无视自然之理，不能偏离自然本身的法则。道家强调“法自然”，在一定意义上表现了对循天理的注重。在“庖丁解牛”的著名寓言中，庄子以生动的语言描绘了庖丁解牛的过程，就是这种思想的具体表现。寓言中庖丁的一举一动，游刃有余的熟练技巧几乎已达到了美的境界，而庖丁之所以能如此，便是因为他在活动过程中始终“依乎天理”“因其固然”，即人文之为达到了与自然之道的完全一致。按照道家的观点，自然与人之间并不呈现为一种对立、紧张的关系，二者本质上是融合无间的，人应该顺应自然、回归自然。在人文与自然的价值关系上，过分强调人化过程的合目的性，必然导致人类中心主义的观念，并且内在地蕴含着忽视自然之理的可能性。因此，道家强调循乎天道的自然原则，对于化解这种观念，避免天人关系的失衡，实现人与自然的和谐，具有十分重要的意义。

道家重自然的价值观点，具体到对待个体生命的问题上，就表现为要求人们在身心方面认同自然、顺应自然。其途径与方法就是通过排除人与自然的对立，泯灭各种人为冲动，实现个体精神的超越。这些方法，就是老子提出的“玄览”，庄子所谓的“心斋”“坐忘”“朝彻”“见独”等。道家提出的通过这些方法所达到的自然境界，实际上就是一种摆脱人文消极面的羁绊而实现的自由的精神境界。由此可知，与儒家自然价值观赋予自然以道德价值不同，道家给自然以精神价值。

就自然与人文的关系而言，儒家的价值取向在传统文化中占据着支配地位。儒家要求化自然为人文，并以人道作为社会的基本原则，无疑有其积极的意义。儒家所强调的超越自然，主要是指化天性为德性，即克服人的自然之性，其目标在于达到道德上的完美。这种价值追求，使儒家的人道原则带有狭隘和片面的特点。在主张由天性提升为德性的同时，正统儒家往往忽视了对外在自然——作为客体的自然界——的探索与改造，并相应地表现出了某种重人文而轻自然的趋向。在中国传统文化中具有重要地位的道家，虽然崇尚自然，但其自然原则，却又缺乏积极改造、作用于自然界的内容，因此也不足以抑制儒家轻自然的倾向，表现出了传统文化价值观的消极的一面。

8.3 道德价值观

中国传统社会是一个泛道德主义的社会。道德标准成为评判人们所有言行乃至自然物的首要价值标准。中国传统文化的价值系统是以道德价值为中心的，其他价值观都受道德价值观的影响与制约。

宗法制下的中国传统伦理道德，形成的是以家族为本位的社会。个人的地位是由其在家族血缘关系网中所占据的位置决定的。因此，“亲亲”与“孝”，就是传统文化道德价值观的核心。个人与家族的关系，就是个人与群体的关系起点。儒家、道家等思想流派对宗法伦理的关注，将传统价值体系引向了群己之辨。群己之辨的实质，就是个体与群体在关系上孰轻孰重的问题。

8.3.1 儒家价值取向：个体为群体承担责任

倡导宗法伦理的儒家，并不是完全抹杀个人价值的。作为最早对群己关系作自觉反省的学派之一，儒家对生命个体价值问题进行了思考。按儒家的看法，每一个体都有自身的价值。孟子所谓的“人人有贵于己者”，便是对主体内在价值的肯定。从这一前提出发，儒家提出了“为己”和“成己”的观点。“为己”是与“为人”相对应的。所谓“为人”，是指迎合他人以获得外在的赞誉，其评价标准存在于他人，个体的行为完全以他人的取向为转移；“为己”则指自我的完善，其目标在于实现目我的内在价值，即“成己”。

在儒家看来，作为道德实践的主体，自我不仅具有内在的价值，而且蕴含着完成和完善自我的能力。儒家所理解的“为己”和“成己”，主要是道德修养上的自我实现。在儒家看来，无论是外在的道德实践，还是内在的德性涵养，自我都起着主导的作用。主体是否遵循伦理规范，是否按仁道原则来塑造自己，都取决于自主的选择及自身的努力，而非依存于任何外部力量。不论是他人，还是神，都不能代替自己来实现道德修养的自我完善。正是在这个意义上，儒家强调求诸己，而反对求诸人：“君子求诸己，小人求诸人。”儒家的重要经典《大学》进一步以自我为本位，强调从君主到普通人，“壹是皆以修身为本”。儒家的上述看法，从道德涵养的目标和道德实践、德性培养的方式上，对个体的价值做了双重肯定。

儒家认为，在道德实践中，自我的完善并不具有排他的性质。相反，个体在实现自我的同时，也应当根据人道的原则尊重他人自我实现的意愿。孔子提出的“己欲立而立人，己欲达而达人”的主张，就是这个意思。于是，儒家的道德价值原则就被简要地概括为“成己而成人”的逻辑：一方面，自我的实现是成人的前提；另一方面，主体又不能停留于成己上面，还应由己及人。后者在某种意义上构成了自我完善的更深刻的内容：正是在成就他人的过程中，自我的道德境界得到了进一步的提升。

确立“成己”与“成人”之间的联系，意味着使个体超越自身而指向群体的认同。在儒家那里，成己往往以安人为目的，孔子便已提出“修己以安人”的主张。“修己”即自我的涵养，“安人”则是社会整体的稳定和发展。道德关系上的自我完善，最终是为了实现广义的社会价值。个人道德修养的成就，构成了群体稳定和发展的重要基础。这样一来，个体价值就服从于群体的原则。而这种原则体现于人和人的关系上，便具体化为“和”的要求。孔子的“礼之用，和为贵”，孟子的“天时不如地利，地利不如人和”，都表现了这一价值取向。“和”的基本精神是建立人与人之间相互尊重、相互信任的关系。从消极方面看，“和”将意味着为了实现化解人与人之间的冲突与紧张状态的目标，而使部分社会成员放弃为自己的合理利益而斗争的努力；从积极方面看，“和”则是指从追求社会和谐的目标着眼，通过共同的理想和相互沟通，克服彼此歧见，达到同心同德，协力合作。这种“和”的观念，对中国传统文化产生了深刻的影响。

在自我与群体关系中选择重视群体的价值取向，其必然结论就是强调自我的责任意识。按儒家之见，作为主体，自我不仅以个体的方式存在，而且总是群体中的一员，并承担着相应的社会责任。一个德性完善的个体，固然应当“独善其身”，但更应“兼善天下”。在成己而成人、修己以安人等主张中，已内在地蕴含了这一要求。正是在这种责任意识的孕育下，逐渐形成了“先天下之忧而忧，后天下之乐而乐”的价值传统。由于这一价值观的深刻影响，在民族面临危机的时刻，总是屡屡涌现出像岳飞、文天祥那样挺身而出勇担道义的英雄人物。同时，崇尚群体的价值观，对拒斥自我中心主义、强化民族的凝聚力，无疑具有十分重要的意义。正是在这种价值观的影响下，虽然古代中国曾经多次出现政治上的分裂，却并不影响本民族在文化、情感等方面的高度认同。

作为传统价值观的主导方面，崇尚群体的价值原则确实包含了一些合理的内容。但是，过分强化这一原则也有明显的负面作用。儒家在肯定个人的价值时，主要是从道德主体的意义上来肯定的，而这个道德主体是一个义务、责任远远大于权利的主体。追求个人的合理权利，往往被视为个人道德修养的对立面。因此，个体的自由与权利在儒家道德价值观里是没有地位的。同时，在群体至上的观念下，个体的存在价值，个性的多样化发展，个人的正当权利等，一直未能得到应有的确认。这样，中国传统价值系统便不可避免地具有重群体、轻个体的特征。

当群体原则反映在中国古代社会的具体社会生活层面时，人们在家族本位的社会结构中，把“家”提高到最重要群体的地位，将维系家族血缘和群体感情的孝悌观念确定为最高的道德价值。子女对父母的亲情之爱成为一切个体情感中至高无上的情感。为了这种情感，牺牲其他情感是合理的。反之，如果违背了“亲亲”和“孝”的原则，就是大逆不道了。因此，孟子说：“墨子兼爱是无父也。”《孝经》也说：“不爱其亲而爱他人者，谓之悖德；不敬其亲而敬他人者，谓之悖理。”在中国古代家国同构的专制政体中，这种以孝悌为核心的家族本位道德价值观，就扩大为以“忠”为核心的家国一体的道德价值观。在这种道德价值观中，忠孝已经合为一体，忠君就成为终极意义上的孝。于是，忠孝理念就成为崇尚群体原则的中国传统道德价值观中最为重要的组成部分。

8.3.2 道家价值取向：关注个体生命与个性自由

与儒家重视群体不同，道家对个体予以了更多的关注。与自然状态的理想化相应，道家所理解的人，首先并非以群体的形式出现，而是表现为处于独立状态的自我。从个体的独立性出发，道家将自我的认同提到了突出的地位。老子指出：“自知者明。”这里的“自知”，即认识自我。它既以肯定“我”的存在为前提，同时又意味着唤起“我”的自觉。因此，在群己关系上，道家的价值关怀着重选择了作为独立存在的个体的自我。

如前所述，虽然儒家在“为己”“成己”中实际上已包含着对个体原则的确认，但是儒家的个体，主要是指作为道德修养的个体，即意味着自觉地以仁义等规范来塑造自我。这种观点，是道家所不赞同的。在道家看来，以这种方式达到的自我实现，并不是真正意义上的对个体价值的肯定。恰好相反，它导致的正是对个体价值的否定和对个性的抑制。以现代观点来看，仁义构成了自我的社会化的规定，那么，与仁义相对的“性”，则是指自我的个体性规定。道家对仁义与性做了严格区分，反对以普遍的仁义规定、同化自我的内在之性，其侧重点显然在于自我的个性品格。按照道家对生命个体的理解，自我首先是一种剔除了各种社会化规定的个体，仁义并不是自我价值的核心。

道家所推崇的不受社会规范约束的个体，不同于儒家的作为道德修养主体的自我，而是一种展现为生命的主体。因此，与儒家注重于道德境界的完善有所不同，道家对个体的生命存在则表现出更多的关切。在他们看来，个体之为贵并不在于其有完美的德性，而在于他是一个独特的生命主体。对个体价值的尊重，就是对生命的热爱，其具体的实践途径主要不应是完善德性，而应该表现在保身全生上面。按照庄子的说法，道家对个体处世方式的设定，正是以此为原则：“为善无近名，为恶无近刑，缘督以为经，可以保身，可以全生，可以养亲，可以尽年。”因此，不是道德境界的升华，而是个体生命的持存，构成了道家的自我价值追求。在庄子看来，为了实现“养其身，终其天年”的目标，主体即使在道德表现上不健全，也应给予理解和宽容。

道家不仅重视个体生命存在的价值，而且还强调保持自我独特个性的重要性。在道家反对以仁义易其性的观点中，就表明了它对个性的高度肯定。在道家看来，儒家提倡的仁义等规范只能造就无差别的人格，而个性应该表现为多样化。在道家对逍遥的追求中，实际上已包含着崇尚个性、实现个体自由的价值取向。在他们看来，逍遥主要是一种精神境界，其特点是摆脱了各种外在事物的束缚，使个体的自性得到了自由的伸张。道家崇尚个性和追求个体自由的观念，成为中国文化史上克服儒家道德价值观压抑个性主张的一种重要理论资源。

儒家过分强化群体认同的观点，往往容易忽视个体原则，并导致自我的无差别性。由此，自我的个性就为道德律令所抹杀，人的各种自然欲望与情感将为群体遵从的规范所窒息。相对而言，道家关注个体的生命存在和独特个性，无疑有助于抑制这种趋向。不过，由于过分强调自我认同，道家又不可避免地弱化了群体认同。道家思想强调保身全生，固然肯定了个体的生命价值，但对个体承担的社会责任却不免有所忽视。在反对个体的无差别化的同时，也排斥了兼善天下的社会理想。对个性逍遥的追求，使道家更多地转向了主体的内在精神世界，这种价值趋向往往容易导向自我中心主义。《老子》把“成其私”作为主体的合理追求。而杨朱等道家则进而走向了唯我主义：“杨子取为我，拔一毛而利天下，不为也。”尽管这种自我中心主义的思想并没有成为中国文化的主流，但其历史影响也不可小觑。在道家思想倾向十分明显的魏晋时期，由自我认同而趋向自我中心，已经成为当时社会上一种相当普遍的现象。实际上，成书于魏晋时期的伪书《列子》，就以更极端的形式拒绝一切社会的约束，主张个体的独往独来：“亦不以众人之观易其情貌，亦不谓众人之观不易其情貌。独往独来，独出独入，孰能碍之?”这种个体至上的价值观念，实际上往往很难避免自我与社会的对抗，从而导致拒绝与主流社会合作的行为。在特定情况下，也会产生不顾国家和民族大局，一味片面追求自我保全的消极后果。

8.4 经济价值观

中国传统道德价值观在个体与群体关系上的价值取向，从现实生活的角度来看，还只能说是一种比较抽象的价值观念。当面对现实问题时，群己关系必然涉及具体的利益关系。如何以普遍的规范来协调个体之利与整体之利的问题，就是中国传统文化中的义利之辨。从词源上讲，“义”者宜也，含有应当之意，引申为一般的道德规范；“利”则泛指利益、功效等。“利”虽然包括各种利益，但主要还是指经济利益。从价值观上看，义利之辨不仅关乎道德价值观，而且也是经济价值观的核心内容。是否把道德规范与经济利益对立起来，如何在道德规范与经济利益之中进行选择，关系到人们在其他经济问题上的价值态度。

8.4.1 儒家价值取向：重义轻利

把关注的焦点集中于在道义与利益的关系上，是儒家的一个重要特点。儒家对义利关系的价值观点，对中国传统价值观产生了深远的影响。从泛道德主义的立场出发，儒家创始人孔子认为，道德规范自然是必须优先考虑的对象：“君子义以为上。”在以体系严密为特点的宋明理学中，这一价值取向，就在理论上找到了合理性的解释。朱熹通过将义与天理相联系，确立了义的至上价值：“义者，天理之所宜。”“义”作为“理”的必然要求，获得了高于“利”的地位。

按照儒家的理论逻辑，在“义”被赋予不容置疑的至上地位以后，就取得了作为评判人们行为的重要准则的权利。如果一个行为本身是合乎义的，那么，即使它不能达到实际的功效，也同样具有善的价值。孟子所谓的“惟义所在”，就表明了这个意思。事实上，儒家不仅将“义”理解为一种无条件的道德命令，而且把履行道德规范本身也当作行为的目的。从积极意义上分析，儒家重义轻利的价值观在培养崇高的道德节操等方面，起到了十分明显的效果。中国历史上，“惟义所在”作为一种道德律令，往往具体化为“富贵不能淫，威武不能屈”的道德追求。由此，出现了不少不为利诱所惑甚至舍生取义的志士仁人。儒家重义轻利的价值观，在物质资源处于匮乏状态的传统社会，有利于培养人们正确对待经济利益的意识，对人际关系的和谐与社会的稳定，无疑具有积极的意义。

儒家在重视道德规范的同时，也没有绝对地弃绝功利。至少早期儒家思想家们并不完全否定“利”在社会生活中的意义。孔子到了卫国，并非仅仅关心那里的道德风尚的状况，而是开口便盛赞该地人口众多。他的学生问他：“人口已经众多，又该增加什么?”孔子明确回答：“富之。”人口众多和富裕，在广义上均属于利的范畴。由此可见，儒家也不是从来就否定所有利益的合理性。事实上，儒家不仅在一定程度上从社会角度肯定了物质利益的合理性，而且把这种观点具体到个人身上。孔子说：“富而可求，虽执鞭之士，吾亦为之。”宋明理学也继承了这个观点，认为即使圣人，也不能完全不讲利，“圣人于利，不能全不较论”。不过，在儒家义利观中，利固然不可一概排斥，但利的追求必须始终处于义的制约之下。正是在这个意义上，儒家一再强调要“见利思义”，如果不合乎义，则虽有利亦不足取：“不义而富且贵，于我如浮云。”相对于义，利终始处于从属的地位。在历代儒家思想家那里，重义轻利的价值取向始终没有改变过。

然而，“以义制利”的要求与“义以为上”的观念相结合，往往又导致了对功利意识的过度压抑。按儒家的看法，利固然不可一概否定，但追求、计较功利之心则不可有。孔子明确提出了“君子喻于义，小人喻于利”的主张。王阳明认为，“一有谋计之心，则虽正谊明道亦功利耳”。这样，合乎义的利虽然得到了某种容忍，但功利意识则完全处于摒弃之列。也就是说，功利的观念完全不容许进入动机的层面。这种看法注意到了功利意识的片面强化将对行为产生消极的导向作用，但同时又忽视了功利意识在一定条件下也可以成为积极的动因。历史地看，技艺的进步、经济的发展、政治结构的调整等，最初往往更直接或间接地是受到功利追求的推动。反之，功利意识的过分压抑，则常常容易弱化社会的激活力量。从这方面看，儒家以道义原则抑制功利原则，又明显地具有负面的导向作用。

儒家重义轻利的价值取向，在经济价值观上首先具体表现为“德本财末”的价值选择。孔子说：“君子谋道不谋食。”也就是说，君子的主要任务是从事道德修养活动，而不是从事农业生产和其他经济活动。孟子将商人贬为“贱丈夫”。商人以谋利为核心的活动，就被涂上了唯利是图、违背仁义的负面色彩。“为富不仁”自然就成了儒家经济价值观的重要评判标准。《礼记·大学》中就明确指出“仁者以财发身，不仁者以身发财”，直接把德与财对立起来，重德轻财，贬低追求财富行为者的地位，甚至否定谋财的合法性。

其次，儒家重义轻利的价值取向，在经济价值观上还具体表现为“重农抑商”的价值选择。儒家和法家、墨家等学派一样，对农业给予较高的道德评价，而把工商业者视为道德败坏者。在他们看来，工商者逸而农者劳，工商者多技巧、好智多诈，农者则本性淳朴，因此应该鼓励农业，抑制工商业。在中国古代社会，朝廷剥夺了商人参加科举考试的权利，目的就是使其富而不贵，贬低商人的社会地位。重农抑商的价值取向，极大地阻碍了我国传统社会工商业的发展。

再次，儒家重义轻利的价值取向，在经济价值观上还具体表现为“重公平轻效率”的价值选择。在农业生产力十分低下的传统社会中，儒家在经济上把道德规范放在首位，必然把公平作为道义原则放在效率、生产之上。孔子提出了“不患寡而患不均”“不患贫而患不安”的公平优先的价值命题。孟子提出施行“井田制”的理想，要求“正经界”“均井田”，目的也在于实现平均主义的土地制度。重公平轻效率的价值观，使中国传统社会关注平均更胜于生产技术的改进，失去了产生以追求利润和效率的最大化为特征的近代工商业的条件。

最后，儒家重义轻利的价值取向，在经济价值观上还具体表现为“重积蓄节约轻消费”的价值选择。在重义轻利价值观影响下而形成的中国传统社会重公平轻效率、重农抑商观念，必然导致忽视财富增长的意义与作用的结果。在物质匮乏的条件下，为了缓解与消除围绕物质利益争夺的冲突，在道德规范上选择重积蓄、重节俭的观念，就成为一种必然。于是，“勤俭持家”就成为传统社会推崇的美德。包括儒家在内的许多思想流派，均把限制消费作为解决社会矛盾的首要选择。重积蓄节约轻消费的价值观的大力倡导，有利于形成减少奢侈性消费、避免浪费的社会现象。在物质短缺的传统社会中，这一价值观对于维持经济平衡具有明显的积极作用。但同时，也不利于培养冒险、竞争与进取精神，不利于扩大生产规模，对经济的发展产生一定的阻碍作用。

8.4.2 墨家与法家的价值取向：义利合一与导之以利

墨家也是一个十分关注义利关系的学派。和儒家一样，墨家对义十分注重，认为“万事莫贵于义”，但二者对“义”的理解又颇有不同。儒家强调义的内在价值，并由此剔除了义的外在功利基础。相对来说，墨家更侧重义的外在价值。在墨家看来，义与功利本身是统一的：“义，利也。”也就是说，“义”本身不仅不排斥功利，而且还内在地蕴含着功利的原则。在墨家那里，是以义利合一来解决道德规范与物质利益关系问题的。

从义利合一的前提出发，墨家将功利原则视为评判行为的基本准则。和儒家把仁与功利分割开来相反，墨家认为，仁固然不失为善的品格，但仁并不仅仅表现德性的完善，它最终必须落实于现实的功利行为：“仁人之所以为事者，必兴天下之利，除去大下之害。”作为基本的价值原则，兴利除害同时为社会生活提供了具体的范导，墨家之“尚贤”“尚同”“节葬”“节用”“非攻”等主张，无一不是以功利原则为终极根据。如尚贤使能之所以合理，首先在于“天下皆得其利”；即使是亲子关系，也同样不能离开功利的基础：“孝，利亲也。”在墨家那里，功利追求的合理性得到了本体论的求证。

墨家突出功利原则，有利于扬弃儒家道义原则的抽象性，在价值观上显然具有积极意义。作为基本价值原则的“义”，最终总是以功利关系为其基础，抽去了这一基础，势必弱化其现实性的品格。同时，对功利意识的过度抑制，也容易使价值导向片面化，墨家肯定功利追求的合理性，多少有助于价值导向上的重新调整。但是以功利追求为基本的价值原则，也有其自身的问题。尽管墨家把利首先理解为天下之利，使其功利原则有别于狭隘的利己原则，但是，将“义”界定为“利”，显然又对义的内在价值有所忽视。事实上，义固然有其功利基础，但作为人的尊严、人的理性力量的体现，它又具有超功利的一面，忽略这一点而完全以功利作为权衡标准，就容易使社会失去健全的价值追求，并使人本身趋向于工具化。在墨家那里，我们已经可以看到这种偏向。照墨家的看法，理想的社会关系是彼此交相利：“利人者，人亦从而利之。”这种关系本质上具有互为工具的性质，而在彼此计较、相互利用中，人与人之间往往很难避免紧张和对抗，其结果就会走向“兼爱”的反面。当墨家将“害人者，人亦从而害己”作为与“交相利”相反的原则指出时，便更清楚地显示了这一点。

较之于倡导义利统一的墨家，法家则赋予功利原则以更极端的形式。按照《商君书》的看法，追求功利，是人的本性：“名与利交至，民之性。”同样，韩非子认为，人与人之间的关系，也以利益为纽带。就君臣关系而言，臣之事君，旨在求得富贵，君则以爵位俸禄诱使臣为自己效力。“臣尽死力以与君，君垂爵禄以与臣市，君臣之际，非父子之亲也，计数之所出也。”二者的关系完全是一种利益的交易。同样，医生为病人吸吮伤口，并非出于人道的目的，而是“利所加也”；造车人希望人们富贵，并不是出于博爱之心，而是因为“人不贵则舆不售”。推而广之，父子、夫妇之间，也都无不“用计算之心以相待”。这种普遍的、赤裸裸的利益关系，使道德规范的作用失去了现实的基础。对法家来说，当社会成员之间完全相互利用、彼此交易时，遵循道德原则只会带来消极的后果：“行义示则主威分，慈仁听则法则毁。”相对于墨家要求以利为义的基础，法家对义则更直接地持取消和否定的态度。

在法家那里，一旦摒弃具有至上性的“义”，功利原则便成了唯一的向导原则。在这种价值观中，确定行为价值的标准，并不是动机端正与否，而是行为产生的实际功用。只要能带来实际效益，便是合理的行为。善恶的评价已完全为功利的权衡所取代。同样，君主治国，也要利用人们趋利的本性，以功利作为激励手段。既然“利之所在民归之”，因此在治天下时，便应导之以利，“赏莫如厚，使民利之”。法家的这一价值原则对于肯定功利观念在社会运行中的某些作用，扬弃道义原则的抽象性，具有一定的积极意义。但是，以功利作为调节人际关系的基本原则，必然导致功利意识的过度膨胀，并使人的价值追求走向歧途。在导之以利的原则下，人在双重意义上趋于工具化：他既是实现君主意志的工具，又是外在功利的附庸。这种个体，显然不能视为健全的主体。同时，尽管法家最终将个体之利纳入以君主为代表的“公利”，但以利摒弃义，则意味着利益计较的公开化与合理化，由此形成的社会往往很难避免紧张与冲突，在法家价值原则占统治地位的秦代，便可以看到这一点。

儒家的道义原则与墨家、法家的功利原则构成了传统价值观在义利关系上的不同取向，二者各有所见，又各有其片面性。就总体而言，儒家的道义原则始终居于正统地位，对中国传统文化的影响也更为明显。但墨家、法家的功利原则亦以不同的形式渗入其中，二者相反相融，赋予传统价值体系以复杂的形态。

8.5 审美价值观

在中国传统文化的价值系统中，审美价值观也是一个重要的组成部分。传统文化中的审美价值观，既与儒家、道家等流派的思想主张有关，也是在传统文学艺术及文艺批评的发展中逐渐形成的。儒家的泛道德主义价值立场与道家崇尚自然的价值立场，直接影响了传统文化的审美价值观，从而形成了以注重审美的道德内容为特征的儒家审美观和以注重审美的自然内容为特征的道家审美观。文学艺术家们的创作实践、文艺批评家的理论思辨以及人们的审美活动，又反过来巩固和丰富了中国传统文化审美价值体系的内容。

8.5.1 儒家价值取向：美善统一，文以载道

从词源上讲，“美”与“善”是统一的。《说文解字》中说：“美，甘也。从羊从大。羊在六畜主给膳。美与善同义。”这里是把审美价值与使用价值相结合的。这一观点，与儒家的审美观是一致的。

儒家重视道德，并且主张将音乐、诗歌的艺术形式用于为道德目的服务。在周代初年儒家所推崇的周公制礼作乐的主张及实践中，音乐与诗歌等艺术形式就已经成为宗法伦理的一个有机部分了。因此，在儒家看来，只有同时体现美与善的艺术，才是完美的艺术。孔子时代，“韶乐”与“大

武”两种音乐是具有相当高的地位与影响力的音乐。在评价这两种音乐时，孔子说：“子谓韶，尽美矣，又尽善也。谓武，尽美矣，未尽善也。”由于韶乐反映的内容，是虞舜时期的太平盛世，具有平和淡雅的美，比之于歌颂武王伐纣、渲染武力的“大武”，更符合孔子的“仁”的理想，因此得到了孔子的在审美价值观上毫无保留的肯定。

作为审美范畴的“美”与作为道德范畴的“善”被儒家统一在礼乐中。因此，音乐始终被儒家赋予了多种功能。首先是教化功能。儒家认为音乐有助于政治的教化，主张音乐为礼教政治活动服务。其次是道德情操的陶冶功能。荀子认为，人性恶，故情亦恶，性与情是生命中一股强大的冲动力，礼只能“制之于外”，只靠礼的约束还不够，还必须由雅颂之声的艺术感染力，对放荡邪僻的性与情加以疏导、净化，以达到“制之于内”的良好效果。他说：“故乐者乐也，君者乐得其道，小人乐得其欲。”

从根本目的来看，儒家倡导的美善统一的审美价值观，是为了在艺术的审美过程中得到疏导、净化，使感情的激流变得清澈而平静，达到人格的完善，而不是为了追求单纯的愉悦。正如《毛诗序》所言：审美能“厚人伦，美教化，移风俗”。这种审美价值观对中国文艺美学具有深远的影响。古代文艺美学家认为，审美创作是主体情感的抒发，但这个过程又必须符合道德规范，要能够使创造的作品在达到陶冶道德情操、提升精神境界的同时，实现有助于人的身心愉悦的目的。《礼记·乐记》中说：“乐者，天地之和也；和，故百物皆化。”古代社会倡导的文艺活动的宗旨就是“寓教于乐”。在审美活动中，道德规范的教化，与心灵的净化融合在同一过程之中。

在美善统一的审美价值观影响下，中国古代文艺作品中充满了大量仁爱劝善的人文关怀的内容。《三国演义》里的刘备，虽然在政治上是失败者，军事才能乏善可陈，但他以仁慈爱民的形象赢得了极高的地位。蒲松龄笔下鬼神狐仙的故事，表现的恰好是人间的是是非非，表达的是对此岸世界中人的生命的关切。“三言”“两拍”所展现的市井人生，处处充满劝善惩恶、济世救民的寓意。这些文艺作品，以美德形式探求善的问题，体现了对生命的终极关怀。它不同于在强大的宗教背景下出现的以灵魂拯救为指向的传统西方文艺，不是通过上帝神圣等的爱与信仰的启示来实现对人的终极关怀，而是通过人自身的向善而实现对人的终极关怀。因此，在美善统一的审美价值观影响下的中国古代文艺，没有受神本主义的影响，表现了浓烈的人文主义色彩。

美善统一的审美价值观，在泛道德主义的文化背景下，也存在着取消文艺的独立性，使之沦为政治统治或道德教化的工具的可能性。中国古代反复强调的"文与政通""音与政通""诗与政通""文以载道"等，都有把文艺降低为政治的婢女的危险。

8.5.2 道家价值取向：观照自然，物我一体

儒家美善统一的审美价值观，由于坚持把道德修养与审美情趣相统一，其浓厚的道德色彩和工具意识，使审美过程变得不再纯粹，在一定程度上限制了文学艺术的发展。孔子当年极力批评的郑卫之音，无非就是当时的流行歌曲，虽然在艺术表现上深得人们的喜爱，只因不尽符合儒家道德规范，就遭到了否定。在崇尚自然的道家看来，儒家审美价值观不能揭示审美的本质。以庄子为代表的道家审美价值观，超脱于美丑、善恶、生死、是非等种种世俗观念，在人与自然融合的理念下，提出了观照自然、物我一体的审美价值观。

在庄子《逍遥游》《秋水》《知北游》等著名寓言中，在作为审美对象的无限广阔的大海与天地面前，人显得极为渺小。只有在忘掉自身一切感受、利害、得失、是非、祸福等以后，才能够与万物一体而遨游天地，在把自己融合到"天地之大美"时，得到真正的审美愉悦。没有受到任何世俗的东西污染的"天地之大美"，才是庄子心目中的"真美""纯美"，这是摆脱了所有功利意识的审美观。

从相对主义和不可知论出发，庄子物我一体的审美价值观对人们的美丑判断力是持怀疑态度的。他把美的最终裁判权交给了自然，完全已经超越了美丑对立的观点。在《山木篇》中，庄子提到：有一个逆旅男子，有一美一恶（丑）两位小妾。在这个男子心目中，恶者贵而美者贱。阳子问其故。他自己的解释是："其美者自美，吾不知其美也；其恶者自恶，吾不知其恶也。"在《秋水篇》中，庄子提出了"子非鱼，安知鱼之乐"与"子非我，安知我不知鱼之乐"的争论，意在表明审美问题是无法争辩的。这种相对主义观点，实际上也就取消了美丑的差别。庄子在审美价值观上抹杀美丑之别的主张，并不意味着他完全消解了美丑问题。在庄子寓言中，表现出这样一种审美倾向：精神美高于一切，外表美无关紧要，往往越丑越美。寓言中的许多人物，丑得令天下人惊骇，奇形怪状，不堪入目，但庄子认为这些人美不可言。因此，庄子在审美价值观上与儒家又有了一种共性：道德内涵的完善与否比外表的美丑更重要，精神美可以抵消外貌的丑，得道可以化丑为美。

道家倡导的观照自然、物我一体的审美价值观，在文学艺术创作上启

发了一种追求自然的物化境界，也就是物我合一的境界。在这种境界中，文学艺术创作不仅可以赋予自然以人格化，而且可以赋予人格以自然化。达到物我混同的自然状态，大文豪苏轼十分推崇这种状态，他把这种状态称为“真态”“无人态”，也就是没有任何人为加工的痕迹。唐代文论家司徒空在其《诗品》中所描绘的二十四种艺术境界，其中的冲淡、高古、典雅、自然、含蓄、清奇、飘逸、旷达等，就充分体现了道家物化境界的特色。

正如李泽厚在《美的历程》中所指出的那样，在这种审美价值观的影响下，中国古代文学形成了“千秋永在的山水高于转瞬即逝的人世豪华，顺应自然胜过人工造作，丘园泉石长久于院落笙歌”的审美情趣，为中国文学艺术的发展开辟了一条新的途径。南北朝以后，中国的散文、诗歌、绘画都几乎以自然为主题，展现出“物我一体”的幽远意境。陶渊明辞官隐居，写下“采菊东篱下，悠然见南山”“山气日夕佳，飞鸟相与还”等田园诗佳句，就是这种审美情趣的典型代表。由于受观照自然、物我一体的审美价值观的影响，在南北朝以后的中国文学艺术作品中，梅、兰、竹、菊、松、草、木、鱼、虫、日、月、白云、高山、流水，几乎所有自然之物，都成为审美观照的对象，极大地丰富了古代文学艺术的创作内容，提升了创作的境界。

按照道家审美价值观，不仅文艺创作要做到物我一体，而且艺术欣赏也要做到这一点。这就是“妙赏”，由此得到的美感是“纯美”。这种审美完全是纯艺术的，而不是为了别的目的。在这种审美活动中，为了以纯艺术的态度观照自然，不必附加任何外在的条件，甚至可以“不交一言，心领神会”，最终达到一种“得意妄言”的审美境界。这种审美价值观，有助于克服儒家审美价值观过于关注审美的教化功能，忽视审美活动自身独立性的消极倾向，对于中国古代文学艺术按其自身规律而发展无疑具有积极的推动作用。

综上所述，中国传统文化中的价值观呈现为一个复杂的系统。它既涉及多重价值关系，又交错着人们对同一价值关系在各个方面的不同侧重和强化。而儒、道、法、墨等各家各派则从理论的层面，对这些不同取向的价值观做了自觉的概括，并提出一系列基本的价值原则。这就是古代中国人留给我们的一笔既统一又多元的精神遗产。今天，处于社会转型时期的当代中国人，如何正确评价这些价值观点，按照现代社会的要求继承并发展传统文化价值系统，关系到能否重建中国新文化价值系统的最大问题。因此，采取科学的立场重新认识中国传统文化中的价值体系，具有十分重要的现实意义。

思考题：

1. 儒家追求内圣人格的人生价值观的基本内容是什么？其积极意义与消极作用表现在什么地方？

2. 道家追求“逍遥”人生价值取向与儒家观点的区别表现在哪些地方？有哪些积极影响和消极影响？

3. 儒家超越自然的价值取向有哪些基本主张？对中国文化有什么影响？

4. 道家回归自然的价值取向有哪些基本主张？对中国文化具有哪些影响？

5. 儒家崇尚群体的道德价值原则的积极意义与消极影响表现在哪些方面？

6. 道家关注个体生命与个性自由的价值取向有哪些内容？有哪些积极意义和消极影响？

7. 儒家重义轻利的经济价值观，有无积极意义？对中国古代经济发展有哪些消极影响？

8. 法家以功利原则作为唯一的向导原则的道德价值取向，有哪些消极影响？

9. 儒家提倡“美善统一，文以载道”的审美价值取向，对中国古代文学艺术产生了哪些影响？

10. 道家“观照自然，物我一体”的审美价值观对中国古代文学艺术的发展有什么积极作用？

9 中国传统文化的基本特征

一个国家和民族的文化往往包罗万象，其内容庞杂交错，繁而不一，既有历史的、地域的、时代的、民族的、阶级的种种差异，又包含着进步、落后、明哲、愚昧等多种多样的文化因子，因此，对中国传统文化基本特征的阐释很难整齐划一。现撮其要，简介如下。

9.1 兼容并包性

中国传统文化是个巨大的复合体，包含了不同时期的不同民族、不同流派的文化要素，虽然其主体结构受儒家思想制约，但形式和内容上又不断吸收和融合其他要素，以适应不同时代的需要。

中国文化能够兼收并蓄，这不但指诸子百家在争鸣中能够取长补短，相互融会，也指汉民族文化能够长期吸收周边少数民族的文化，更指对外来文化也能敞开它博大的胸怀，有扬有弃地吸收、整合。如赵武灵王胡服骑射，毅然学习外夷，变风易俗，至战国末年，“胡服”已成为中国服装的一部分，骑射也被中原各国普遍采用。西汉张骞通西域不仅带去了丝绸、铁器等中原文化产品，也使葡萄、琉璃制品等西域文化产品传入。唐时国力强盛，华夷文化大交融变得更为普遍和自然，而佛教的中国化更体现了中国文化有容乃大的本色。虽然这种兼容性和再生性在明末清初时有所减弱，但这并不影响中国文化总体上以宽阔的胸襟接纳异族异质文化的特点，只要对自己有益，就乐意移植、引进、吸收和整合。

9.1.1 兼容并包性的具体体现

对不同文化的兼容并包是中国传统文化的一大特色，这一特色体现在社会生活的方方面面。

(1) 在处理民族关系方面

早在《尚书尧典》就有“协和万邦”之说，即主张各国互相团结、和睦共处。历代统治者在制定和执行民族政策方面，也多采取了极大的宽容态度。如汉代司马相如受武帝之命“通西南夷”，招抚少数民族，便以“兼容并包”“遐迩一体”为指导思想，并称这是武帝“创业垂统，为万世规”。正是这种兼容天下的胸怀，使汉王朝将不同民族融合为一体，成为统一的中华民族。中华民族是一个多民族的大家庭，长期以来民族间的不断融合，形成中华民族的统一整体，而中华民族的形成正是因其持有的兼容精神所致。虽然，在中国大地上也曾经有过连绵的战争和无休止的征伐，但大多是直接起于经济和政治的原因，像西欧那种以宗教信仰为旗帜对异教进行大规模屠杀的十字军征讨从来都没有发生过，而民族融合、文化融合，在中国这块土地上却成了传统。

（2）在处理人际关系方面

中国传统文化历来提倡对人的宽容，人与人之间友爱相处，以形成人际关系的和谐。春秋时期孔子就提出“宽以待人，严以律己”的思想，并要求“躬自厚而薄责于人”“己所不欲，勿施于人”。在人际交往中要多检讨自己，少责备别人，自己不愿意做的事情，也不要强加给他人。《化书》中说：“抑人者人抑之，容人者人容之。”如果在与人相处中老是想着去抑制别人以抬高自己，终究也会被人所抑制；如果能以宽博的胸怀去宽容和理解别人，那么无疑也必定会得到别人的宽容和理解。老子的“不争”之德，墨子的“兼爱”之说，都主张人与人之间要相亲相爱。《易传》更概括地说：“君子以厚德载物。”是说君子应当有大地之广阔胸襟，以宽厚之德包容万物。这些学术思想各异的大家，在对人要宽容这一思想上如此一致，足以证明中国文化的宽容精神。同时还可以看出，宽容精神实际上是人的道德修养达到较高水平的一种体现，因而被誉为中华民族待人处世的一种美德。

（3）在处理思想文化方面

对于不同的学术流派，不同的思想观点，对于新生的事物，对于如何继承和发扬本民族的传统文化等方面，要达到“百家争鸣”“各擅胜场”的和谐局面，同样要求每个社会成员都坚持包容他者、兼容并蓄的态度。在中国文化中，各学术流派、各宗教团体，始终可以长期共存。春秋战国之际，是中国文化发展成熟时期，当时是九流百家争鸣，儒、墨、道、法齐显并重，既没有政治上的禁锢，也不存在学术上的权威。正如梁启超所描述的那样：“孔北老南，对垒互峙、九流十家，继轨并作。如春雷一声，万绿齐茁于广野；如火山乍裂，热石竞飞于天外。壮哉！非特我中华学术大观，亦世界学史之伟迹也。”经过长期的平等互立，自由辩论，儒、墨、道、法、兵、名、阴阳等各家思想学术精华都作为中国传统文化的基本要素被保留下来了。“天下殊途而同归，一致而百虑”，反映了先秦百家学说精华相互包容荟萃的历史事实。

中国又是一个多宗教的国家，历史上佛教、道教、伊斯兰教、祆教、摩尼教、犹太教、基督教长期共存，并且各个宗教和教徒之间可以和睦相处，做到相互宽容和理解，有时甚至可以一人兼信两种或两种以上宗教。官方在宗教政策上也基本上采取兼容并包的方针，使得各种宗教同时发展，如唐太宗李世民就尊道、礼佛、崇儒。因此，宗教在中国不像在西方那样具有强烈的排他性。与此同时，中国各区域及少数民族文化，也在融合过程中保持着自己的小传统。虽然中国文化从汉代开始“独尊儒术”，但这仅仅是应用在官员的选拔任用上，因为儒家就是讲治国平天下的学问，是讲做人的学问，不同于其他专科学问。在两千多年的中国古代社会中，各派学术、各种信仰、各方风俗，事实上一直处在交融互济之中。这种文化现象，促成了中国文化内容的多样性和丰富性，同时也造就了中国传统文化的包容性格。

9.1.2 文明冲突与文化融合

现代社会，人们几乎生活在一个文化的汪洋大海里，不同国家、不同地区的人们尽管种群不同，肤色各异，却都在从自己的角度和目标创造文化，全世界的人对文化需求的适应性也是有相同的属性的。反过来说，文化是人创造的，别人创造的文化我可以拿来运用；少数人创造的文化大多数人可以学习运用，别的种群、别的民族、别的国家的人们创造的文化，只要我们自己没有创造出来，也可以拿来运用。国家只是引领一方人众生存发展的管理机构，并不是阻碍文化传播的森严的围墙。文化的传播是没有民族、没有国界之分的，包括自然科学、政治管理等各类文化。

美国学者亨廷顿在1993年提出“文明冲突”的观念，认为东西方文化不能“调和”，不能共存共荣，其结果必然导致剧烈的矛盾冲突。在冷战之后，世界冲突的根源已经不再是意识形态，而变成了不同文化之间的差异，也就是文明的冲突。“文明冲突”的本质是“文化冲突”。应当承认，在一定的历史时期和一定的领域范围，“文明冲突”的现象是存在的，但这不仅仅只限于东西方两大板块，在西方人自己的地域上有西方人的自我冲突，在东方世界里也有东方人的自我冲突。冲突的根本原因不是宗教观念、哲学观念不同，而是人们对物质利益的占有欲望而产生的侵略行为和自卫保护的反应。对物质利益的欲望是生物的本性，这一点，世界上的任何人种都是一致的。“文明冲突”是事实，但文明的融合也是事实。世界文化的主要潮流是融合，和平是人类追求的目标，也是人类社会发展的规律。“冲突”不会永远充斥在望不到尽头的历史长河之中。无疑，亨廷顿的“文明冲突”在认识上犯了极大的错误。很明显，“文明冲突”论从地域和自我狭隘意识出发，缺乏“四海大同”“四海共存”“四海共融”的和平、和谐理念。其哲学基础建立在“以我为中心”之上，其国家管理观念建立在私有制基础之上。“文化冲突”论是霸权国家采用野蛮手段掠夺别国财富的理论依据，人们从近代史里可以找到这个文化理念实践的大量证据。从根本上讲，“文化冲突”论与人类文化融合的历史相悖，与人类文化发展的方向相悖。

9.1.3 文化融合的态度和方法

对文化的发展秉承兼收并蓄的态度，对文化的运用采取交汇融合的办法，会产生神奇的效果。若干不同质、不同性的文化融合运用，像化学里的“中和反应”一样，会产生很多新的内容、新的质素。但是，文化融合要鉴别真、伪、优、劣和先进与落后。文化的异彩纷呈给人们的鉴别带来了很大的难度。那里有文化的瑰宝，可是我们没有识别宝贝的慧眼，带来的结果是遗憾；那里是文化的毒草，可是我们缺乏识别毒草的知识，带来的结果必定是灾难。自然科学技术文化是容易鉴别的，只要能分清真伪就不会犯大的错误。历史文化和伦理道德文化也比较易于鉴别，最为复杂的难以识别其真、伪、优、劣和先进与落后的是高深的哲学文化、复杂的艺术文化和高层面的管理文化。

文化的融合运用并不排斥文化的创新。文化融合的方法本身就有创新的成分。运用不同的文化会出现新的气象、新的局面。在进行文化融合的同时，我们也要积极创造新文化，以适应社会发展的要求。

9.2 非宗教性

非宗教性是中国文化最显著的特征之一。梁漱溟先生在《中国文化要义》中说：“几乎没有宗教的人生，为中国文化一大特征。”“中国文化是统一的，今既说其宗教多而不一，不是证明它并不统一于一宗教了吗？不是证明宗教在那里面恰不居重要了吗？且宗教信仰贵乎专一，同一社会而不是同一宗教，最易引起冲突；但像欧洲以及世界各处历史上为宗教争端而演之无数惨剧与长期战祸，在中国独极少见。这里宗教虽然多而能相安，甚至相安于一家之中，于一人之身。那么，其宗教意味不是亦就太稀薄了吗？”梁先生这段话指明了两个问题：第一，说中国文化是非宗教性的文化，并不等于说中国没有宗教；第二，在中国历史上，长期战祸与无数惨剧也同西方一样，时有发生，但究其原因，并不是由于宗教争端造成的，它固有自己的原因。

9.2.1 儒家人文精神的决定

其实，人类文化，包括中国文化在内，一般都是以宗教为开端的。在任何民族的早期文化中，都可以看到宗教的痕迹。这是因为在人类早期，对自然界和人自身缺乏了解，往往把人的生死、自然灾害的降临等看作是人类异己力量的操纵，故产生各种原始的自然崇拜。随着人类社会阶级压迫的产生，人类对自然的恐怖感转向对社会、对人生的疑惑与不安。早期的宗教家们似乎看到了社会对人的压迫，人与人之间的疏离所造成的人类痛苦，于是在原始宗教的基础上，创立了人为的宗教。无论是基督教、佛教，在它们产生的初期，都是针对上述社会与人生问题而提出的救世主张。但它们选择的方向是一条企图超越人类理性的道路，在人类的现实社会之外，建构一个超越的世界。西方文化正是在这种超越观念和希伯来信仰的培植和指导下奠定其内在基础的。西方文化初源于希伯来教义、希腊哲学和罗马法典三个不同文化系统的融合。自中世纪以后，教会的权力超过世俗王权，文化教育、道德伦理、感情意志、思想观念都统一于教会，遂使西方文化贯注了完整系统的宗教精神。原有的希腊理性消融在宗教的信仰之中，哲学变成了宗教神学的婢女，理性则处于辅佐信仰的地位。西方的宗教传统直到近代乃至现代仍保留着强大势力，它渗透到文化生活的各个领域，它不仅使西方文化带有浓厚的宗教色彩，更重要的是，它赋予了西方文化内在的精神价值。

反观中国文化，显然不具有这一特质。中国文化的非宗教性的品格，主要是由其浓厚的以道德为本位的人文精神所决定的。重人事，轻鬼神；近人事，远鬼神。所有宗教，从本质上说，都是基于对人类现状的一种否定，并且往往以人自身为污秽和渺小，从而设定一个凌驾于人类之上的超越者，绝对者，彼岸世界，以此作为人类专一的皈依，但这些均不构成中国文化的主旨。儒家和道家都不说死后世界，如孔子说："务民之义，敬鬼神而远之""未能事人，焉能事鬼"，《易传》的"天行健，君子自强不息"，庄子"天地与我并生而万物与我为一"的精神境界对后世造成了深远的影响。

中国文化的人文主义精神，早在殷末周初便开始形成。人类历史在很长的时期里，一直都处在神的主宰之下。从历史的观点看，中国文化却是较早企图摆脱神的主宰的文化。从周代人文精神的兴起，到春秋战国之际儒家人文思想的发展以及道家自然主义的形成，正代表着摆脱神的主宰和开展中国人文理想的运作过程。这一过程，在当时社会现实中得到多方面的扩展，具有深远意义。可以说，这是中国文化发展的一次重大转机，它标志着中国文化与中国早期宗教的脱离。

在殷商时期，中国早期宗教的天帝、鬼神等观念还高高凌驾于人与人事之上，牢固地统治着人们的头脑。到了周代，这种影响力便逐渐衰退。周的统治者从殷的灭亡中吸取了一定教训，不仅用“天”袭取了殷商“帝”的位置，冲淡了人格神的主宰性，而且就所崇拜的“天”来说，也减少了它的绝对性，提出“天命靡常”“聿修厥德”“敬德保民”等思想，开始从宗教观念中分离出“人德”的观念。

春秋时期，周代提出的“人德”观念进一步得到发展，开始对神提出怀疑。在《左传》中记载了许多这一时期初步兴起的无神论观念。如《左传·桓公六年》，隋国的季梁说：“夫民，神之主也，是以圣王先成民而后致力于神。”《左传·庄公三十三年》，虢国的史嚚说：“吾闻之，国将兴，听于民；将亡，听于神。神聪明正直而壹者也，依人而行。”《左传·僖公六年》，在围绕营建周城的问题上，宋薛两国发生争端。宋人以鬼神为据，薛人以人事为据，弥牟在评论这场争论时说：“薛征于人，宋征于鬼，宋罪大矣。”《左传·僖公十六年》，宋国出现陨石和六鹢退飞的奇异现象，有人说这是灾祸之兆，而周内史叔兴却说：“是阴阳之事，非吉凶所生也，吉凶由人。”《左传·昭公十八年》，郑子产在驳斥裨灶的占星术时说：“天道远，人道迩，非所及也，何以知之？”《左传·襄公二十四年》，叔孙豹提出了排除宗教神学观念的中国传统文化中关于何谓不朽的问题，他说：“太上有立德，其次有立功，其次有立言。虽久不废，此之谓不朽。”

上述材料，可以说构成了春秋时期人文主义思潮兴起的前奏，中经孔子的扬播，至战国中后期的孟子、荀子，遂蔚成中国人文思想的大潮，完成了中国文化从神到人的观念转化。以儒家为代表的这一转化，把对人及社会的终极关怀提到一个新的高度。虽然他们还都保留有对天、帝、命的信仰，但都被上述人文精神所淡化，只是把它们作为一种“神道设教”的形式，以辅助道德的教化。

9.2.2 道家自然主义的补充

中国文化的非宗教性，一方面由儒家的人文精神所决定；另一方面，又有道家自然主义作为补充。从表面上看，人文主义与自然主义有很大不同。人文主义着眼点在人，而自然主义则面向自然。故荀子批评道家为“蔽于天而不知人”。但当我们把道家的自然主义放到整个中国文化的背景中来考察时，会毫无疑问地得出结论：道家的自然主义不仅是非宗教的，而且比儒家更具有无神论的色彩。

首先，以老庄为代表的道家所创立的宇宙本体论，通过对由来久远，具有神秘性的传统“天道”观念所做的思辨性的哲学净化工作，排除了中国早期宗教所崇拜的神鬼天帝的权威，把哲学本体“道”提升到“象帝之先”的位置。因此，老子的辩证法和庄子的相对主义，都是从哲理的高度，对自然、宇宙所做的清醒、理智的探讨和对社会斗争、人事经验的总结。尽管他们的结论可能是错误的，但其重要性在于排除了神或上帝的预设和启示，是人的哲学与自然哲学的统一，而非宗教哲学。

其次，在社会、政治层面，道家主张无为。无论老子还是庄子，在他们的思想中都深感社会、政治由于争夺倾轧所造成的腐败堕落，因此愤世嫉俗，极端批评和攻击现有秩序，蔑视和诋毁儒家提倡的仁义道德。既然氏族社会的远古传统和至德之世如此迅速的崩毁，人们所面临的是一个权谋狡诈的时代，无辜者横遭杀戮，专制社会成了人吃人的陷阱。这一切往往是宗教思想产生的最好酵母。但道家并没有走上宗教的道路，他们虽然感到无可奈何，甚至提出“安时处顺”“安之若命”等宿命论思想，但他们始终是清醒的，始终是立足于现实社会中，并提出了大异于儒、墨、法各家的救世方案，这即“无为”。无为即自然，“圣人处无为之事，行不言之教”，一切都听任自然。道家不是一味地放弃人事，它只是通过否定的方法，从“负”或“反”的方面，达到“正”“合”的目的。这也是老子所谓的“无为而无不为”。因此可以说，道家的社会论同样表达了对社会人事的关怀，只是用了与儒家不同的方式而已。

最后，在人生层面上，道家也是采取了与儒家不同的论辩方式，但均具有相似的人生目的。儒家是以直接表达的方式，从人生出发，最后仍落实到人生上；道家则用否定的表达方式，从自然出发，通过否定儒家的人生理论，最后也落实到人生上。儒家的目标在于追求一个充满“浩然之气”的刚健有为的人生；道家则从相对的立场出发，企图达到一种淳朴、无为、守柔、不争的和谐人生。因此，老子、庄子并非出世者，在他们的思想和理论中不但没有对彼岸的执着，相反却十分注意保持和维护整体生命的和谐稳定，强调“保身”“全生”“养亲”“尽年”，并要求自然而然地对待现世，反对任何形式的矫揉造作和虚伪。

从以上三点可以看出，在中国文化的非宗教性这一特征中，道家与儒家的主要分野在于儒家是以人而道家是以自然为万事万物的准绳。道家的“淳朴”“无为”等伦理观念均取自自然之道德教训，而自然则为天地与人生的最后根据和最高标准，同时它也就成为人生的“庇护所”。在中国历史上，无论儒家还是道家，每当他们在仕途落魄或政治失意之时，往往投入“自然”的怀抱，吟诗作画，躬耕垄亩，做隐士而不做教徒，这是因为“自然”比“教堂”有更广阔的天地，即使是受戒的佛徒或道士，亦常常受到自然的吸引，爱自然甚于爱教主。至于中土的艺术家、诗人、画家则更以自然为好，他们通过对自然的描写来表达人生哀乐、喜怒的情怀及孤独、寂寞、宁静、高远等感情。画家描绘山水如诗人描写景物，其目的都在于提炼情感、荡涤污浊、激发心志、纯洁心灵，亦无逃避人间之事。

道家的自然主义是儒家人文主义最得力的补充，对中国的知识分子来说，人世与自然这两个广阔的天地显然比宗教虚无缥缈的天国有更大的吸引力。他们受自然的陶冶、人世的洗练，大大降低并冲淡了对宗教信仰的狂热。特别是中国的天人合一思想，把道家的自然主义与儒家的人文主义黏合在一起，甚至难分彼此，终于在中国文化中取代了宗教的地位。

9.2.3　中西方人文精神的差异

中国的人文主义显然不具有西方人文主义的近代内容。西方的人文主义思潮产生于近代，它是以西方传统的宗教文化为背景，针对神学对人的压抑，而提出人的问题。其中，包括人的独立、人的尊严、人的平等、人的权利以及人的自由等内容。中国的人文主义范围较广，内容也比较宽泛。它最早出现于《周易·彖传》对“贲”卦的解释，即“彖曰，贲亨。柔来而文刚，故亨。分刚上而文柔，故小利有攸往。刚柔交错天文也。文明以止，人文也。观乎天文，以察时变；观乎人文，以化成天下。”这里的“人文”主要是相对“天文”而言，而“文”字则含有文采、纹理、文饰等意义。通过对自然之文的观察，可以了解寒暑、四季等变化，通过对人及社会的观察，即可以了解人及社会的种种情状，从而使人及社会得到治理。

因此，中国的人文思想包含甚广，除天文、地文之外，它几乎囊括人及人类社会的一切方面，包括文章、文学、文德、文物、言谈、穿戴，涉及哲学、文学、政治、伦理、艺术等各个领域，而儒家的人文思想的主要内容则是以礼乐为中心的道德教化。《论语·宪问》载：“子路问成人，子曰，若臧武仲之知，公绰之不欲，卞庄子之勇，冉求之艺，文之以礼乐，亦可以为成人矣。”这就是说，“知”“勇”“艺”等均须“文之以礼乐”，这是“成人”的主要条件。成人必文之以礼乐，这便是儒家人文思想的基本精神和基本内容。这一点，朱熹的《四书集注》说得更清楚，其对“周监于二代，郁郁乎文哉”注曰：“言视其二代之礼而损益之。”对“文不在兹乎”注曰：“道之显者谓之文，盖礼乐制度之谓。”可见，朱熹亦以“礼乐”释“文”。

荀子为孔子后学，他对儒家的人文主义不但有进一步发展，而且对“人道”“人文”的内容有更明确的规定。他认为，仁人的最根本条件是“忠信以为质，端以为统，礼义以为文，伦类以为理”。什么是礼义以为文呢？“礼者谨于治生死者也。生人之始也，死人之终也，始终俱善，人道毕矣。故君子敬始而慎终，终始如一，是君子之道，礼义之文也。”这就是说，“礼义之文”的内容是从生到死，谨慎地按着“礼”的规定去做，使人的一生终始俱善，这便是人道或人文的内容。

因此，如果说中国古代有人道主义的话，其人道也无非是“礼义”的内容，也即是所谓“礼义之文”的内容。

由上面的材料联系到《周易·贲卦·彖传》的说法，便可明显地看出，从孔子到荀子再到《易传》，其系统的人文思想所包含的礼乐之义及人文的基本内涵，即：“文明以止，人文也”“文之以礼乐”或“礼义以为文”“观乎人文以化成天下”。因此，作为中国传统文化基本特征之一的人文主义，具有中国自己的独特内容，它基本上是指礼乐之教与礼乐之治。而礼乐的意义，乃在于对具体生命中原有的情欲得到提升与安顿，使之达到道德理性化。可以说，这是中国人文主义的最深刻的含义，也是中国人文主义的正面意义。同时，礼乐作为社会教化与统治工具，它是与专制、集权、等级名分、亲疏贵贱等政治、伦理、社会规范相容而不相悖的，亦有其负面意义。它从前门赶走了神鬼的权威，却从后门迎进了东方式的专制主义的王权。它所富有的是温情脉脉的礼义节文，并以道德理性逐走宗教的执迷和狂热，而缺乏的恰恰是作为人文主义所应具有的自由、平等、独立、人权的精神。

9.3　*泛道德性*

中国传统文化的核心是儒家文化，其支撑和骨架是儒家道德，儒家道德衍射到儒家文化的各个环节和层面，形成中国传统文化的泛道德特征，这一特征反映了中国传统社会的一元化价值取向，表现了中国传统文化中道德对政治、对法制以及对文学、艺术、哲学等各个领域的影响及指导意义。

9.3.1 以“德治”代“政治”——政治道德化

中国传统文化的泛道德性最明显的表现，是将道德意识侵入政治领域，使中国的传统政治缺乏一种独立的制度，从而为君权至上的专制主义寻得一个道德“庇护所”。在中国传统社会中，国是家的放大，国家一向被看成人伦关系的总和。在这个放大了的整个人伦关系网络中，国君或皇帝自然是家庭中父的放大，是国家这个“大家庭”的当然家长，他既是国家政治组织的中心，也是社会人伦秩序的中心。因此，国君、皇帝常常被称为“君父”“国父”“再生父母”等。这种把家庭伦理关系投射到国家政治的结果，常常是以空泛的道德说教代替具体制度的实施，其最典型的代表则是肇端于孔子的德治精神和孟子的仁政思想。孔子在《论语·为政》中有一段后人奉为经典的话。他说：“为政以德，譬如北辰，居其所，而众星共之。”后来，很多注《论语》的人都把这段话解释为“无为而治”，这是一种莫大的误解。儒家是不讲“无为”的，尽管在《论语》中有“无为而治者，其舜也与；夫何为哉？恭己正南面而已”的话，但其用意在强调“恭己”。“恭己”即“修己”，恭敬而严肃地修养自己。《论语·宪问》说：“子路问君子。子曰：‘修己以敬。’曰：‘如斯而已乎？’曰：‘修己以安人。’曰：‘如斯而已乎？’曰：‘修己以安百姓，尧舜其犹病诸。’”如果把这两段话联系起来看，便可知孔子“恭己正南面”与“为政以德，譬如北辰”的本旨所在。恭己、修己都是指道德修养，只有把自己的道德品格修养好，才能起到“安人”“安百姓”的政治作用，才能得到人民的拥护，即所谓的“众星共之”或“正南面”。由此可知，上述两段话的中心不在“无为”而在“德治”。

孔子的德治精神，在《论语》中讲到的还有多处，而且都是直接回答他的弟子或当时国君问政的话，归纳起来，有下面几点内容：

(1) 为政必先“正名”。“子路曰：‘卫君待子而为政，子将奚先？子曰；‘必也正名乎！’”“齐景公问政于孔子，孔子对曰：‘君君、臣臣、父父、子子。’”

(2) 为政在于“欲善”。“季康子问政于孔子，曰：‘如杀无道，以就有道，何如?’孔子对曰：‘子为政焉用杀？子欲善而民善矣。君子之德风，小人之德草，草上之风必偃。’”“季康子患盗，问于孔子，孔子对曰：‘苟子之不欲，虽赏之不窃。’”

(3) 为政在于“正身”。“季康子问政于孔子，子对曰：‘政者正也。子帅以正，孰敢不正?’”“苟正其身矣，于从政乎何有？不能正其身，如正人何?”

可见，孔子所谈的一系列为政的问题，实际上都是道德问题，其中的“欲善”“正身”“修己”成为以后中国传统文化中政治思想的前提条件，同时也是道德哲学的核心内容，其影响是非常巨大的。从孟子的“夭寿不贰，修身以俟”，到荀子“修身自名，则配尧舜”，再到《大学》的“自天子以至于庶人，壹是皆以修身为本”，都来源于孔子“修身以安百姓”的德治精神。由此可以看出，孔子乃至整个儒家，其政治思想，都是由德治观念所贯通的，他们在政治方面的注意力，完全集中在伦理道德上，从而忽视了对政治制度的研究和探讨，所仅有的一些设计和预想也多半带有道德教训和不切实际的乌托邦性质。

比如，孟子的“五亩之宅树之以桑”的仁政王道，以及《礼记·礼运》的“大道之行也天下为公”的大同理想，都是本于儒家的德治精神而设计的政治蓝图。其中尤以《中庸》“哀公问政”一段，最能反映这种以德代政的德治思想：“天下之达道五，所以行之者三。……知斯三者，则知所以修身。知所以修身，则知所以治人。知所以治人，则知所以治天下国家矣。凡为天下国家者有九经。曰：修身也，尊贤也，亲亲也，敬大臣也，体群臣也，子庶民也，来百工也，柔远人也，怀诸侯也。’”这里所谓“九经”，是指治理国家的九种大法。它虽然比孟子和《礼记·礼运》所设计的政治蓝图稍加具体，但其实质仍是一种道德教训。它所列出的九条政治原则，与“五达道”“三达德”的道德规范紧密联系在一起，实际上均可以作为儒家的道德原则，而这些原则的基础，与《大学》所列出的“三纲领”“八条目”亦属同一性质，即“壹以修身为本”。由个人的修德推之于政治，便是德治。因此在儒家这里，政治实与道德是合一的。

9.3.2 以“礼治”代“刑法”——法律道德化

任何一个时代的统治者，往往都是以刑罚作为政权的最后保证。先秦法家所以在法治问题上走上极端偏激的道路，是他们以刑治代替法治的结果。儒家强调德治，即是企图扭转法家的这一偏向，把刑治的强制力量消解为道德理性的自觉，如孔子说：“道之以政，齐之以刑，民免而无耻；道之以德，齐之以礼，有耻且格。”在孔子看来，政、刑的效果虽然明显却有限，特别是不能从根本上解决问题，而只有道德的力量才是无限的，因为它能够把人伦之道、内心之德，实现于日常生活中，使之成为一种“合理的行为方式”。这种“合理的行为方式”不仅能够缓和人与人、人与社会、统治者与被统治者之间的紧张关系，而且经过积累能培养和启发人们的积极向善精神。这正如后来《大戴礼记》所说：“以礼义治之者积礼义，以刑罚治之者积刑罚。刑罚积而民怨倍；礼义积而民和亲。故世主欲民之善同，而所以使民之善者异。或导之以德教，或殴之以法令。殴之以法令者，法令积而民哀戚。哀乐之感，祸福之应也。”这段话深刻表达了儒家对道德与刑罚的看法，在中国思想史上影响深远。它深刻反映了儒家文化的道德使命感和对法家刑罚主义的深恶痛绝，同时它也是儒家为社会提供的治世良方，反映了中华文明的特点。

但对于复杂的社会来说，一味地强调或推行刑罚固然会导致社会的酷烈；但放弃刑罚，一味追求道德教化的作用，也只能是一种理想而已。由于秦推行法家路线，尤以刑罚为治，汉虽有所更改，但基本上承袭了秦朝的制度，酷吏严刑亦时有所闻，这就更加刺激了儒家德治思想的发展。以董仲舒为代表，把儒家思想配以阴阳五行学说，提出了“阳德阴刑”的理论。他说：“然则王者欲有所为，宜求其端于天。天道之大者在阴阳。阳为德，阴为刑。刑主杀而德主生。是故阳常居大夏，而以生育养长为事；阴常居大冬，而积于空虚不用之地。以此见天之任德不任刑也……王者承天意以从事，故任德教而不任刑。”为了强调“德治”，董仲舒用符瑞灾异及阴阳五行之说，劝导皇帝“任德”，但他已从孔子的立场退了一步，给刑治以“阴”的说明。这表明自汉代以后儒法已开始趋于合流，但以礼、仁为中心的“德治”仍处于主导地位。

董仲舒“阳德阴刑”的理论，对中国古代法律制度的形成产生了较大的影响。其中，重要的影响是将道德与法律两极化，道德立为行为的准则，法律则赋予统治者惩罚的权力。两者结合的结果，形成一种具有强制性的道德体制：法律沦为道德的婢女；违反道德则成为刑罚的对象。这一点，我们从唐代到清代的法典中完全可以看出其最明显的倾向，刑法发达而民法不足，如果从其性质看，甚至根本没有民法。而刑法所科罚的对象，除一般刑事犯罪外，任何道德过错均构成犯罪。如《唐律》五十五款就规定有，只要父母健在，儿子另立家室者，即构成犯罪。一七九款规定，男女双方的婚姻不能在居丧期间完成，完成者法律究之以无效并科以重罚；居丧期间生子亦属犯罪。据《历代刑法志》所载，凡告父母者，不论其控告属实与否，均判以极刑；夫妻离异，妻子不得提出。诸如此类的法律规定说明，法律道德化的结果导致了道德法律化。

9.3.3 以“人治”代“法治”——泛道德主义对专制主义的影响

上面主要是从道德要求于民的方面，谈泛道德主义对法律的影响；同时，儒家对统治者或居高位的人也有强烈的道德要求。在儒家看来，统治者一切不合理的政治措施以及社会风气的败坏，都可追溯到统治者的道德行为。因此，如果要使要求合理，必须端正自己的行为，使之与被统治者相一致。儒家深信二者是能够一致的，因为人性的本质都是善的，“不忍人之心”人皆有之，既然“德”为天下人所同好，因此统治者的“德”，自然会对被统治者有莫大的影响与启发，在上者有端正良好的美德，就如同一阵清风吹来，老百姓自然像墙头之草一样闻风“必偃”。因此，《大学》说：“所谓平天下在治其国者，上老老而民兴孝；上长长而民兴悌；上恤孤而民不倍；是以君子有絜矩之道也。”郑玄注：“絜，犹结也，挈也；矩，法也。君子有挈法之道，谓常执而行分，动作不失之。”这就是说，“絜矩之道”即治国之道，治国的根本在于统治者的道德示范作用，通过在上者的道德提携与牵引，天下之人便可孝悌而不叛，从而达到天下太平的目的。“故为人君者，正心以正朝廷，正朝廷以正百官，正百官以正万民。”由上至下的道德启示，再由下至上的道德效法，于是政治、法律的瞄准点便由制度转向道德；由“治法”转向“人治”，此即《中庸》所谓“以人治人”的政治原则。《中庸》说：“哀公问政，子曰：‘文武之政，布在方策，其人存，则其政举；其人亡，则其政息。人道敏政，地道敏树，夫政者，蒲卢也，故为政在人。’”朱熹在解释这段话时说：“有是君，有是臣，则有是政矣。……以人立政，犹以地种树，其成速矣。”又说：“人君为政，在于得人，而取人之则，又在修身；能仁其身，则有君有臣，而政无不举矣。”朱熹的解释是很贴切的。

综合《中庸》的说法及朱熹的解释，儒家人治观念基本包含三层意思：①社会的清浊与政治的好坏取决于人君之德；②人君之德的重要表现则在用人，用人得当，便是人君有德，用人不当，便是人君无德；

③取人的标准，重在修身，因此人君务在“修己”，然后再以德取人。

在这种人治有余而法治不足的泛道德主义的影响下，中国几千年的政治体制积淀为如下传统：

（1）“内圣外王”的理想演变为个人迷信和偶像崇拜。强调人治观念的结果，使得儒家把希望寄托在“内圣外王”的出现上。本来按着儒家的初衷，“内圣”是“外王”的必要而充分的条件，但为了方便起见，统治者总是希望二者兼而得之，统而一之，这就是郭象所谓“圣人虽在庙堂之上，然其心无异于山林之中”。既然二者可以统一而且应该统一，因此“外王”者必“内圣”。国家的统治者同时就是圣人，意味着掌握了权力就是当然的圣人，这就是庄子所揭露的：“窃钩者诛，窃国者为诸侯，诸侯之门仁义存焉。”这就是说，推崇“内圣外王”的结果，往往使那些窃国大盗或独夫民贼“并与其圣知之法而盗之”，俨然以圣人的身份和名义规范全民成为教化的榜样，这种情况在中国历史上屡见不鲜。因此，传统文化中的圣人观，又往往是封建制度下的一种迷信和偶像崇拜。

(2) 由于强调“为政在人”而不在制度，故中国的传统政治体制延续几千年而不衰，朝代的更迭只意味着统治者轮次换班，而在制度上却极少变动，法治就更谈不上，因为统治者考虑的重点，是如何得人，如何使政权顺利转移，因此选择和培养接班人的问题往往成为历代统治者转移政权的重要手段。正因为如此，极易造成政权衔接过程中的“权力真空”状态，无法杜塞觊觎之端和野心家的篡夺，从而形成各种宗派、山头及其相互间的权力之争。每一个新上台的统治者，必经一番艰苦经营，进行权力的重新组合，然后才能腾出小部分精力过问经济、生产等国计民生之事。

(3) “以人立政”是导致“以德取人”的必然逻辑联系。“以德取人”，即以道德标准衡量一个人的进退得失，这逐渐形成传统的选官制度。汉代的“察举”“征辟”即是根据道德品行取仕的典型代表，这种选官或取仕标准，因重德行节操，故往往产生流弊：品评鉴识之风盛行，而品评人物的权力又都操纵在少数名士手里，他们从自己的主观好恶出发，往往具有许多主观随意性；易造成一群一党的互相吹捧，并使一些虚伪奸诈之徒借道德之名招摇撞骗，欺世盗名；用德行掩盖才力，“混而相蒙”“名不副实”。正如曹操所说：“夫有行之士，未必能进取；进取之士，未必能有行。”

(4) 使一般民众，把希望寄托在“明君”“贤相”“清官”身上，而把自己排除在政治之外，这样就从根本上堵塞了走向民主、民治的政治道路。由“人治”必然导致“官治”，由“法治”才能走上“民治”。由“人治”到“官治”，最后只能归到君主集权的专制主义；而由“法治”到“民治”，最后才能归向民主政治，这是两条不同的政治发展道路。中国的传统政治由于强调“人治”的结果，走的是前一条道路，而缺乏民主政治的传统，其重要原因之一，即是泛道德主义的影响。

9.3.4 德本财末——经济道德化

儒家的思想体系，本以道德教化为主，对农业生产及经济问题不够关心，尤其是对贫富贵贱的看法，往往付之天命，只有对道德、政治才格外给予关注。“君子谋道不谋食。耕也，馁在其中矣；学也，禄在其中矣。君子忧道不忧贫。”“有国有家者，不患贫而患不均，不患贫而患不安。盖均无贫，和无寡，安无倾。”可见，孔子在“谋道”与“谋食”“学”与“耕”“富”“足”与“均”“安”之间有明显的价值取向，他所关心的重点在于修养功夫的落实和道德人格的建立，而对经济的发展和生产技术的提高从未给予深切的关怀。孔子的这些思想对后人影响很大，孟子、荀子以致董仲舒都沿着这条“君子喻于义，小人喻于利”路径发展下来。孟子斥责商人为“贱丈夫”，他指出“有贱丈夫焉，必求龙而登之，以左右望而罔市利，人皆以为贱，故从而征之。征商，自此贱丈夫始矣。”在孟子看来，商人唯利是图，因此要重征其税。凡图利者，皆商人之流，往往与仁义相违，故称商人为“贱”。这是本于儒家的价值取向所作出的道德判断。孔孟以后，“为富不仁”成为儒家经济价值观的标准，这是道德价值观取代经济价值观的总趋向。“君子先慎乎德，有德此有人，有人此有土，有土此有财，有财此有用。德者本也，财者末也。外本内末，争民施夺。”用这样一种价值观作为经济判断的标准，束缚了经济的发展，扭曲了经济的评判。在儒家这里，经济趋于道德化。

9.3.5 文以载道——文学道德化

中国文学往往就是作家情性的表达，这种现象显然也是受了道德精神的影响。中国诗歌作品既要“言志”，又要以“无邪”为准，所以，要有伟大的文学，必先有崇高的道德和伟大的人格。而人格是由气质和性情决定的，先秦儒学虽然把性与情分为两个层次，但他们认为是等同的。《礼记·乐记》有“人生而静，天之性也；感于物而动，性之欲也”的话，把情与欲做了区别，但汉代董仲舒以后，逐渐把情和欲混同起来，至宋儒则完全把情看作一种私欲。所以，张载提出“心统性情”的说法，即通过道德的功能，对性、情加以疏导、转化，使其能自然而然地发生与礼乐文章相互配合的作用，成为一种合理的、有节制的冲动。也就是说，情欲必须经过改造，受道德的制约和调节，使之“发而皆中节”，这就是所谓的“致中和”。文章、礼乐只有合乎这一标准，才能教民平好恶而返人道之正。

儒家的“中和原理”“文以载道”，深刻影响了中国文学的创作和发展。文学成就不仅在其文学风格和技巧，而主要在于作家个人的生活陶冶和心情感应。即重视作家的人格，使修身齐家治国平天下及忠君报国、交友爱民成为文学的最高题材，而爱情、家庭、个人在文学作品中表现不强烈。从道德立场出发，视世俗文学为旁门左道、市井下流，不能登上文学的大雅之堂，而只能流传于民间。不以表达纯情的文学为上品，往往强调清理兼综，文质并重。在这种思想指导下，中国文学更多富有委婉、含蓄、典雅、肃穆，而较少直率、狂热、奔放、潇洒。

9.3.6 美善统一——艺术道德化

“美”作为艺术哲学的范畴，从其产生的过程看，一直与“善”纠缠在一起。在中国传统的审美价值观中，美善统一是审美评价的主流。这一观点是经由孔子建立并被后来的儒家所继承和发展。儒家重德的文化一直强调从人的心灵深处去体现道德，而这种从内心体现善的精神，一旦被儒家发展，便可净化为艺术的心境。以音乐为例，《论语》记载“子谓韶，尽美矣，又尽善也。谓武，尽美矣，未尽善也。”孔子对“韶”的评价高过对“武”的评价，其尺度和标准即美善统一的审美价值观。“韶”作为舜乐，不仅具有平和淡雅的美，更重要的是它所反映的内容是虞舜时期的太平盛世和揖让而治的风貌，这正是孔子所理想的仁的精神。“美”是审美范畴，而“善”是道德范畴。这两个不同的范畴，被孔子统一在礼乐之中，这对后来审美观念的发展及审美评价发生了巨大影响。《礼记·乐记》说：“大乐与天地同和，大礼与天地同节。”这种“大乐”与“大礼”在功能上的完全统一，必然导致审美价值上美善统一，并以此作为审美评价的标准。由此看来，儒家之所以重视乐，并不是把艺术、审美与政治或道德完全等同起来，而是认为艺术有助于政治的教化，同时又可以作为人格修养的有利工具。这一点，在孔子后学中表现得尤为鲜明。荀子在《荀子·乐记》中明确表达了对艺术功能的看法，即有助于教化，有助于人心的向善，有助于教化是相对于社会、政治、道德而言；有助于人心的向善，则是相对于人格修养而言。

儒家以音乐为中心的美善统一观，代表了他们对一切艺术审美的看法。这种“为人生而艺术”的性格，对人格修养、人生与艺术、人与天地同流、人与天地相参等儒家孜孜以求的政治理想和人生理想确实发挥了不少作用。儒家的这种美善统一的审美价值观，之所以构成中国传统文化的重要价值系统，就在于它始终强调艺术要与善统一，要接受善的检验，开创了艺术为人生、为道德教化、为社会政治服务的先河。这一倾向对中国传统艺术的发展，对后来的文艺理论及艺术评价都产生了极其深远的影响，为人生而艺术的审美价值观否认艺术有独立的审美价值，使艺术完全成为政治统治或道德教化的工具。

可见，中国传统文化充满了道德精神，是典型的泛道德文化，这种道德“越位”的结果，使中国文化带有严重的内倾性格。

9.4 内倾性

中国传统文化由于人文精神的过早觉醒，又因人文精神的基本内涵在道德理性方面，因此它不具有宗教的外在超越性格，呈现出一种鲜明的内倾性特征。

一般说来，宗教所奉行的是神或上帝的启示与教诫，因此其价值判断的标准往往是外在的、绝对的，即使对道德价值的判断，也要追溯到神或上帝身上。如西方自古希腊以来，很少有人性善的观念。基督教兴起以后，则明确认定人生下来就带有罪过。这种“原罪”观念的发展，教人虔诚地侍奉外在的上帝，人不再是一个自足的存在，而是一个罪人。因此，西方文化中由人与上帝的这种分离的关系，推衍出超越世界与现实世界的区别，二者之间往往有一条不可逾越的鸿沟，由此造成西方哲学中本体与现象的分离，宗教上天国与人间的分离，道德上自律与他律的分离以及社会思想上政教分离、乌托邦与现实的分离等。由于人不是自足的存在，所以只有不断地向外探求，不断地认识和了解外在的世界，人才能由一个不自足的存在转化为自足的存在，甚至上帝的存在，也要运用逻辑、知识以及通过对自然现象的研究来证明。人们所熟悉的牛顿的“第一推动力”及康德的“物自体”，都是企图用科学证明上帝存在或为超越的上帝保留地盘。近代欧洲虽然经过“文艺复兴”和“启蒙运动”的洗礼，但它们仍继承了这种认识外界和了解外界的实证精神，不同的是，把上帝换成“自然”，由“天国”转向“人间”。西方文化的这种外倾性格，是建立在人性本身不完善、不自足的假定之上的，也即是基督教原罪观念的延伸。因为人性本身不完善、不自足，为了改变这种状况，使之变得完善、自足，就需要从外部吸取力量，而知识、逻辑、科学以及法律等就是达到完善、自足的手段。因此，可以说西方文化的科学实证精神、法律道德意识以及知识的确实性等，都与它的外倾性格有密切联系。

在中国传统文化中，人在天地之间是自足的，不需要任何外来的帮助。儒家以道德为自足，道家则以自然为自足。如孔子教人所行之“礼”，即是主张人要行自己该行之事，斟酌人情之所宜；亦如《礼记》所说，这种人间之足“非从天降也，非从地出也，人情而已矣”。把儒家上述人是自足的存在这一思想发扬得最详尽透彻的是孟子。他以性善论为基础，认为“人皆有不忍人之心”“人无有不善”，这个性善如同人的四体一样，是人自身所固有的，不是外加的，而是内在的，“非由外铄我也，我固有之也”。孟子发展了孔子的思想，不但强调人的道德自觉，而且为这种道德论提出了人性论的基础，把道德价值的源泉从人格化的上帝转移到人自身。这种深藏于人类自身之内的价值之源，对于儒家来说，是一种无尽的宝藏，只要向内深深地挖掘，它便可以发扬光大，甚至充塞于天地之间。因此孟子说："万物皆备于我矣，反身而诚，乐莫大焉。"朱熹解释此句为："此言理之本然也，大则君臣父子，小则事物细微，其当然之理，无一不具于性分之内也。"这就是说，一个人要成就自己，主要应致力于内在的道德完善，而这种道德不在天上，也不在上帝手中，而是在自己的性分之中。既然万善永恒地皆备于我，"每个人都是天然完全自足之物"，因此又何必向外在世界寻求什么呢?

孟子上述人之自足说，到王阳明则发展到极致。他说："夫物理不外于吾心，外吾心而求物理，无物理矣。理岂外于吾心邪?"在王阳明看来，"外心而求物理，是以有暗而不达之处，此告子义外之说，孟子所以谓之不知义也。……不可外心以求仁，不可外心以求义，独可外心以求理乎?"王阳明的这些说法，实际上都是对孟子"万物皆备于我"的发挥，其主旨仍是强调内在的超越性。因此，若以内外相对而言，中国文化一般都是重内而轻外的，不仅儒家如此，道家亦是如此。

道家对人的自足性的看法，是从另一角度来认识的。道家反对儒家的仁义道德说教，因此也反对从道德能动性的角度去描述人性。他们认为，人的自足性并不是表现在内在的道德性或"恻隐之心"上，而恰恰与此相反，人的自足性与万物的自足性一样，乃是自然存在的一种形式，因此人的本性应该在自然中寻找。只要返回自然，人的本性便是自足的，这就如同骈拇枝指一样，"合者不为骈，而枝者不为歧，长者不为有余，短者不为不足"。如果不遵循自然之性，以长者为有余、短者为不足，企图拆长补短，对其妄加改变，这就破坏了自然的真性，所以"凫胫虽短，续之则忧；鹤胫虽长，断之则悲。故性长无所断，性短无所续，无所去忧也"。道家这种自然人性说，实际上是把外在的自然内化为人性，所注重的并非人身之外的东西，而是人的自然本能的行为，因此强烈主张取消人的主观能动性，以使人性顺乎自然的本能。只要一切顺乎自然，便可别无他求，更不需要向外探索。如庄子说："吾犹告而守之，三日而后能外天下；已外天下矣，吾又守之，七日而后能外物；已外物矣，吾又守之，九日而后能外生；已外生矣，而后能朝彻；朝彻，而后能见独；见独，而后能无古今；无古今，而后能入于不死不生。"对道家来说，只有彻底遗忘天下世故，摆脱外物的干扰甚至把生死置之度外，才能进入"朝彻""见独"的境界。因此，"见独""独有"皆指内在独立自主的人格世界，均具有老子“独立而不改”之意。既已遗世忘物，便无须与外界相对待，一切都可自我满足、自我完善，此即后来郭象的“独化”与“自足其性”。

由此可见，儒家是把人的道德理性由内向外扩展，把人性外化为自然，尔后由外在的自然落实到人的心性之中，使二者在心性基础上得到统一；道家是把外在的自然由外向内扩展，使之内化为人的理性，尔后在精神中使二者结合。虽然出发点不同，但所强调的都是人性的自足。既然人性本身是完善的、自足的，就无须从外部吸取力量，而知识、逻辑、科学、宗教以及法律等在他们看来也就无须多下功夫，而把全部精力投放到人自身的修养上，直接在人心之内寻求善和幸福。

中国传统文化内倾性格的一个重要表现便是在道德实践上强调“心”的功能和作用。在内倾型的文化中，服膺圣人典训和展开自我心灵的征服与净化，以使人生与社会、人生与自然得到和谐与统一，是这种文化的终级使命。“人心惟危，道心惟微”，是中国文化对人心分离的经典描述。正因为人心有不纯的一面，才使后世儒者始终把人心的净化当作顽固的堡垒来攻击，以提纯心灵为己任。儒家总是教人自己省察，所谓“求诸己”“尽其在我”“三省吾身”等；道家也总是提倡“自足”“自我观照”“游心于形骸之内”等；甚至中国化的佛教亦有“明心见性”“依自不依他”“佛向性中作，莫向身外求”等说教，都是在向内用功。这些命题都是把人的力量落实在人的身上，而成为人的“性”或本质，这“性”或本质都是在人的生命内扎根，因此并不重视人生之外的东西。孔子“为仁由己”及孟子所谓“仁义礼智根于心”等说法，是中国文化在长期摸索中所得出的结论，它不是由逻辑推理而来，而是对“内在经验”的一种总结或描述，经过后代儒家的发展，尤其经过程朱陆王的精心加工，它几乎成为中国人自觉遵守的典训，成为人生的基本立足点。

宗教是通过信仰向上向外追求，以达到外在力量对人的援助；道德是通过“心”向里向内追求，以达到内在力量对人的充实和完善。中国文化具有浓厚的泛道德性的特点，因此也就必然具有内倾的性格。

中国传统文化起源于大陆文明，宽阔的陆地、绵延的江河、起伏的山川给人无穷无尽的感觉，人的活动成为认识自然的一个过程，时序概念、延续思想成为文化的支点，均衡、对称、和谐、统一成为文化的原体，文化表现为人对自然的感知，这是“天人合一”思想的本源。由于生存环境的原因，中国传统的空间意识是一种“低仰自得”的节奏化的空间意识，视点随着自己的心愿移动，因此，我国传统文化在观察事物时也就是借助

“明与暗”“虚与实”的节奏表达出来的。这种对空间事物特有的态度，成为构造观察世界的依据，追寻的是一种随人体活动而自然流露出来的内在的含蓄的美，一虚一实，微妙婉转的节奏性变化空间形态。因此，也就形成了重视意境、讲究内心体验的内向的品格。

中国传统文化滋生的社会结构和社会经济生活也是内倾性特征形成的重要原因。虽然对东西方来说，以前都是封建社会，但其社会结构不同。东方社会在打破奴隶制度后，进入完全的统一的封建社会。东方封建社会是一个“大屋顶”结构，“大屋顶”笼罩着一切，控制着社会的一切方面。农业技术高，生产力持续发展，社会组织形式完善，国家功能全面，社会自我调节能力强，整个社会机制都是为农业文明服务的。发达的社会结构功能以巩固农业文明为宗旨，典章制度为农业文明设置，价值取向和思想意识形态为农业文明辩护，农业为本，其他都是末。这个以专制皇权为代表、以官僚政治为基础的“国家大屋顶”社会，不仅垄断着政治生活，而且也垄断着经济生活和社会生活，它不允许任何异化现象的存在。这样的道德国情也是中国传统文化内倾性性格的重要成因。

9.5 乡土性

所谓“乡土”是指进行小农业生产的广大农村，那里居住的是中国绝大多数的居民，他们依附土地，自耕自食，自织自穿，日出而作，日入而息，年复一年地就地生产，就地消费，缓慢的生产节奏，养成松懈而稳定的生活方式。农民在这里按照自发形成的生产和生活习惯，不离乡土，安身立命，人与人之间，非亲即故，彼此都是熟悉的乡亲，费孝通称此为“熟人社会”。农村的基层组织，依靠代代相沿的习俗进行社会管理，这种管理并非是对所有成员一视同仁，而是有轻重厚薄的分别，这种“差序”，形成既定的“格局”，如父尊子卑、君尊臣卑、男尊女卑等，按照人们在社会和家庭中的地位与等级进行序列管理，即是“礼治秩序”。这是以君臣父子为核心的社会关系网，一层驭一层，层层相隶属。几千年来，中国农民就在这样的社会秩序中生息，无论是改朝换代还是战争离乱，风雨不惊，即使打散了，很快又复原如初。所以，中国能成为世界上唯一一个文化传统没有中断的文明古国，中国文化在世界文化史上才被公认为传承力最强的文化。

9.5.1 乡土性的渊源与发展

中国传统文化的家族本位和有情的宇宙观使中国文化带有浓厚的乡土色彩。中国自古以来就是一个典型的农业社会，而农业生活的特点，在于地著而安居，世世代代生活在同一块土地上，无天灾人祸则很少迁居。对于生于斯而长于斯的人，对自己的乡土人物有无限的眷恋之情。这种乡土情谊深深地灌注到中国文化之中，甚至影响了中国文化的发展。

中国文化的乡土情谊深受儒家的培植。《论语·乡党》说："孔子于乡党，恂恂如也，似不能言者。""乡党"，指父兄宗族所居之地，这是说，孔子对于家乡父老常常能诚信笃实，谦卑逊顺。在孔子看来，能受到乡党宗族的赞许信任乃是做"士"的基本条件，因为在同一环境中生活的人，自然有一种宗族或地域的关系，这种关系是熟悉而亲密的，因此一个人的表现很容易在这种关系中自然流露，如果不注意在这种亲密而熟悉的关系中培养自己的道德情操，就不能由近及远、由亲到疏地表现自己的人格。孔子十分注意在宗族乡党中培养孝悌的感情，以便在以后漫长的人生道路上，为宗族乡党负道德责任。当子路问孔子"何如斯可谓之士"的问题时，孔子列了三条，其第二条即是"宗族称孝焉，乡党称悌焉"。可以说，儒家非常重视一个人的宗族乡党对他的评价。儒家的亲亲原则，使人对父母兄弟的孝悌之情推及自己的邻里乡亲，因此不仅在道德上，而且在感情上、利益上都必须首先考虑到自己的邻里乡亲，以与之相济相周。据说，孔子为鲁司寇时，"原思为之宰，与之粟九百，辞。子曰：'毋，以与尔邻里乡党乎?'"他的助手原宪认为给的报酬太多，不肯接受，孔子却认为不当推辞，教他有余则可分与邻里乡党，这表明儒家鼓励与邻里乡亲相济相周。

中国文化中的"乡里"观念，最初具有宗法血缘的意义，因此尊重宗族乡党即是尊重宗法血缘关系，这里体现了儒家由近及远的亲亲原则。随着社会的演变，这种宗法血缘关系逐渐淡化，但长期流行的宗族乡党观念却积淀在人们的文化意识之中，由地域关系代替了血缘关系，"乡党"演变为"乡土"。《系辞上》说："乐天知命，故不忧，安土敦乎仁，故能爱。"《礼记》的作者进一步发挥说："不能爱人，不能有其身；不能有其身，不能安土；不能安土，不能乐天；不能乐天，不能成其身。"这里，"安土"被提到重要地位。那么，何谓"安上"？为什么要"安土"？"土"，即土地，以农立国，必重土地，所以孟子把土地当作立国的"三宝"之一。孟子说："诸侯之三宝：土地、人民、政事"，强调行仁政"必自经界始""分田制禄""制民之产"，使人民"死涉无出乡"。荀子更是强调"土"的重要，认为

“无土则人不安居，无人则土不守。……故土之与人也，道之与法也者，国家之本作也”。可见，“安土”即是“安居”，人若不安居，则离乡远涉，国家失去民众，就会造成“无人则土不守”的局面，也就会由此而败亡。因此，儒家强调“安土”，其目的在于兴国，要使人们“安土重迁”，除“制民之产”外，最重要的是施行礼乐之教，“迁乡则修长幼之序”“乡里有齿而老穷不遗”“合诸乡射教之乡饮酒之礼，而孝悌之行立矣”。否则，“长幼之序失而争斗之狱繁矣”。行礼乐之教，“则使百姓顺命安乐处乡”，使人产生“与乡人处由由然不忍去也”的乡土情怀，这即是儒家的乡土之教。

从宗教的层面来看，中国文化也有亲土观念。《礼记》说：“社所以神地道也，地载万物。天垂象，取财于地，取法于天，是尊天而亲地也。故教民美报焉。家主中溜，而国主社，亦本也。”古代立社以祭地，盖因地载物而生财。上古穴居，故与“社”皆土神。卿大夫之家主祭土神于“中溜”之名，天子诸侯之国主祭土神于社，这都是“美善其报之以社”，以彰其载物生财之本。由于古代宗教的“尊天而亲地”，所以古人相信，“众生必死，死必归土，此之谓鬼”，所以“鬼者，归也。”中国古人很明智地把“鬼”作了泛神论的解释，这是由于他们深信，人无论是生是死，皆与“土”有关：生时立足于土，死时亦归于土。中国施行土葬即是由此，这与有些民族施行水葬、天葬、火葬亦有不同。《礼记》还说：“唯为社事，单出里；唯为社田，国人毕作；唯社，丘乘供粢盛。所以报本反始也。”这句话是说，在祭祀社神时，一里之人尽出而供给其事；为祭社之事而田猎，则国中之人皆行；祭社所需要的“粢盛”亦由丘乘供给。这样做的目的是为了“报本反始”，即对哺育他们的家乡土地酬之以礼，追之以心，以报答土地所施予他们的哺育之恩。因此，在中国人的观念中，土地是他们从来的“根本”，无论何时何地，都不能忘其从来。人们对自己的出生地，一般都称父母之乡，扩而充之，又称自己的祖国为父母之邦，其中都含有“报本反始”之义。也正因如此，中国人常把家乡比喻成自己的母亲，由父母扩及“家”，由家扩及“乡”，由乡扩及“邦”，由邦扩及“国”，称“家乡”“家邦”“家国”。一个人无论离家乡多远，其死后，都要归葬于家乡。不仅生前深怀乡土之情，就是死后，亦希望自己的躯体复归于乡土。

由此可见，中国人的亲土观念，不仅与儒家的乡土之教有道德上的联系，同时也有“报本返始”的宗教上的联系。在宗教信仰上，中国文化与“土”的关系是很深的，不仅崇拜天，而且崇拜地。天地与父母、君王、师长合成“天、地、君、亲、师”，构成中国的多种信仰。而这五大崇拜的对象，在数量上占有优势地位的神，无疑是“土地”，它与人的距离最近，“土地”的亲切、善良、宽容、慈祥，以及它的生物之功、载物之德，使中国人对它产生景仰之情，这种具有宗教性质的崇拜，落实到文化层面，即是中国人的乡土情谊。

9.5.2 乡土性的社会功能与表现

中国文化的乡土情谊，在功能上起着巨大的凝聚作用，使中国人对家乡、对祖国、对民族、对文化都具有普遍的亲和感与认同感。尤其当外族入侵或亡国之时，这种乡土情谊则表现得更为炽烈。据《周礼》，“大夫士去国，逾竟，为坛位，乡国而哭。素衣、素裳、素冠、彻缘、鞮履、素篾、乘髦马，不蚤鬋，不祭食，不说人以无罪，妇人不当御……”这是说，“凡此皆为去父母之邦，捐亲戚，去坟墓，失禄位，亦一家之变故也，故以凶丧之礼自处”。西晋灭亡时，“过江人士，每至暇日，相要出亭饮宴。周觊中坐而叹曰：‘风景不殊，举目有江河之异。’皆相视流涕”。南宋遗臣郑思肖，宋亡后，隐居吴下，坐必南向，每至节日，则望南而哭；画兰花有根无土，人问其故。则云土被“番人”夺去，以“无土”象征国亡，表达了亡国的痛楚及对故土的怀念。

中国文化的乡土情谊，不只是亡国后才对乡土发生的特殊感情，而是和中国人的日常生活紧密联系在一起，它已成为中国人一种潜在的文化心理，具体表现在以下几个方面：

（1）宗谱与地方志。最能表现中国乡土文化的是宗谱与地方志的发达。在中国凡是发展较早的地方，都有地方志的修撰，有的县志可追溯到先秦时代，这是在其他民族的文化里所见不到的。除了县志，再就是宗谱。如孔子家谱，至今已传至第七十七代。1977年在台湾地区曾发生一起所谓的“诽韩案”，原告韩思道自称是韩愈的卅九代孙，起诉《潮州文献》上发表的《韩文公、苏东坡给予潮州后人的观感》一文，说此文作者诬陷了韩愈，并以《韩氏宗谱》为据，证明原告是韩愈的后代。最后台北地方法院给被告“罚银元三百元”的判处结束了这场官司。我们且不论《韩氏宗谱》是真是假，也不论这场官司多么滑稽可笑，我们只需透过这一现象，窥探其文化背景，不难发现，这是中国文化中古老的宗族乡党观念的现代表现。

（2）方言与会馆。中国文化的乡土观念表现在中国语言上，则是方言的发达。方言作为语言的地方变体，是经过世世代代本地区的人长期积累的结果。在民族语言里，尽管方言的作用逐渐缩小，并随着共同语影响的扩大而趋向消失，但中国的方言却有较强的生命力。尤其在海外华人盛居的地方，方言的存在不但没有受到威胁，而且顽强地巩固着自己的阵地。

如闽南语、客家语、粤语等中国方言在东南亚地区华人中仍然盛行，其功能无疑起着维系乡土情谊的巨大作用。他们凭借这种地方性的乡土语言，可以互相沟通思想、交流感情，彼此作同乡人的亲切认同。这种以方言互相认同的形式，加以空间的组织化，便出现所谓“会馆”或“同乡会”，古代亦称“公所”。这种封建性的地方团体，在外乡、外省甚至国外都起到牢固地维系乡土情谊和同乡利益的作用。一直到近代，许多纯属同乡性的会馆遍及国内外，其宗旨一般是防范异乡人的欺凌，并为同乡人的利益服务。

（3）地方戏曲与田园文学。中国文化的乡土情谊对中国文学的发展产生了深远的影响，这似乎是中国文化特有的现象。在中国文学中有许多歌咏家乡风物的优秀作品，反映了作家与劳动者的亲密关系，以及作家对故土的怀念与热爱。“举头望明月，低头思故乡”“锦城虽云乐，不如早还家”以及“少小离家老大回，乡音无改鬓毛衰”与“羁鸟恋旧林，池鱼思故渊”等诗句都反映了诗人强烈而浓重的乡土情怀。在中国文化中，反映地方乡土情调的莫过种类繁多与风格各异的地方戏曲，如川剧、越剧、沪剧、湘剧、闽剧、吕剧、藏剧、秦腔、二人转、河北梆子、京韵大鼓，等等，几乎每个省都有反映自己地方特色并深受本土人民欢迎的地方戏曲。这种带有乡土气息的文艺，如百花盛开，构成丰富多彩的中国戏曲文化。

（4）乡土谚语与地方性的学术流派。在中国文化中，有许多具有民间意识的谚语，充分流露着乡土情谊。如“人离乡贱，物离乡贵”“宁恋本乡一捻土，莫爱他乡万两金”“乡亲遇乡亲，说话也好听”“宁给挑葱卖蒜的，不给出门在外的”“官大一品，不压乡党”等。乡土情谊重在“乡土”，故中国古代学术流派亦多以地方命名，如“关学”“洛学”“浙东学派”“泰州学派”等。在《明儒学案》及《宋元学案》中，大部分学案均以地名命之，如“百源学案”“泰山学案”“庐陵学案”“沧州学案”等。正因重视地方乡土，中国古代的许多地方官及学者亦多以地方之名称之，如柳柳州、吕东莱、程伊川、昆山顾炎武、绩溪胡适等，不一而足。所有这些都带有浓厚的中国文化的乡土色彩。

中国文化的乡土特征，完全是由宗族乡党观念演化而来，它对中国社会的政治、经济、道德伦理、价值观念以至民族情感、国民性情等，均有不可低估的影响。这一特征同中国文化的其他特征一样，其优其劣的品格紧密交织在一起。就其前者说，这种乡土情谊可以提升为爱国主义和民族精神，从而加强中华民族的凝聚力和认同感，尤其当身遭国变、背井离乡之时，往往产生更强烈的禾黍之悲和乡土之情。这种感情在中国文学及诗词中得到充分的反映，如“耿斜河，疏星淡月，断云微度，万里江山知何处”“富贵本无心，何事故乡轻别”“梦绕神州路。怅秋风，连营画角，故宫离黍”“十年一梦扬州路。倚高寒，愁生故国，气吞骄虏”“东风吹泪故园春，问我辈何时去得”“有客愁如海，空想故园池阁，卷地烟尘”“多少新亭挥泪客，谁梦中原块土?”，等等。这样的诗句，都可反映出由乡土之情所扩及的爱国之情以及由爱国之情所产生的对故乡、故土、故国、故人的怀念。海外华人之所以有落叶归根的思想，即是受这种文化背景的影响。南宋词人朱敦儒的《采桑子》《彭郎矶》可作为其中的代表，其词说：“扁舟去作江南客，旅雁孤云，万里烟尘。回首中原泪满巾。碧山对晚汀洲冷。枫叶芦根，日落波平，愁损辞乡去国人。”

9.5.3 乡土性的消极影响

然而，这种乡土特征又含有消极的成分，甚至可以造成个人与国家、民族的疏离感和山头主义、小团体意识等。由于中国人乡土观念太重，往往产生如下流弊：

(1) 安土重迁，甚至老死不出乡。中国人对离乡背井，感到是人生一大苦事，由此养成中国人的保守性格。

(2) 地方观念强烈，往往由地方会馆、同乡会等萌生集团意识，甚至为彼此利益引起怨怼与械斗。

(3) 由于地方观念强烈，遂产生排斥外乡人的思想与行为，引出山头主义、地方主义及帮派观念。如旧中国的“温州帮”“徽州帮”“宁波帮”“上海帮”等帮派组织。

(4) “士居三十载，无有不亲人”，把“老乡”“乡亲”“同乡”引为同志。统治阶级的当权者亦喜欢用家乡的人当幕僚、侍卫；互相荐举、扬褒，形成各种各样的地方性小圈子，甚至形成裙带之风。

(5) 由于圈子内的人彼此了解熟悉，因此能够互助、合作、相互依赖；而对圈子外的人则产生陌生、疏离感，甚至不相往来，产生一种封闭性。把这种“同乡关系”扩大，在国外则成为“同国关系”。“同国关系”亦产生上述情况，使在海外生活的中国人或华裔很难冲破这样的圈子，表现出比较保守的特点。

中国传统文化的诸多特征，是与它形成和发展的自然和社会历史条件息息相关的，也是原始先民经济活动和社会生活的生动写照，了解了这些，才能更理性地分析漫长历史发展进程中的各种纷繁芜杂的文化现象，才能更深入地理解中国传统文化的基本精神、价值取向和深刻内涵。

思考题：

1.《中华世纪坛·序》中说“大风泱泱，大潮滂滂，洪水图腾，蛟龙，烈火，涅槃凤凰。文明圣火，千古未绝者，唯我无双；和天地并存，与日月同光。”冯友兰先生在西南联大纪念碑文中也说到：“盖并世列强，虽新而不古，希腊、罗马，有古而无今。惟我国家，亘古亘今，亦新亦旧，斯所谓‘周虽旧邦，其命维新’者也。”试思考这和中国传统文化的什么特性有关，联系历史发展，谈谈其具体表现有哪些？

2. 结合儒家人文主义精神和道家的自然主义特性，谈谈中国传统文化非宗教性特征的内在渊源。

3. 中国传统文化的泛道德性体现在哪些方面？它对中国传统文化有哪些影响？

4. 结合儒家文化关于身心修养的方法，谈谈中国传统文化的内倾性特征。

5. 俗话说“落叶归根”，这反映了中国传统文化的什么特征？它有哪些社会功能和社会表现？对国民性格又有哪些消极影响？

10　中国传统文化的基本精神

中国传统文化源远流长，博大精深。然而，在这久远和博大之中，却始终“统之有宗，会之有元”。若由著述典籍而论，经史子集、万亿卷帙，概以“三玄”（《周易》《老子》《庄子》）、“四书”（《大学》《中庸》《论语》《孟子》）、“五经”（《周易》《诗经》《尚书》《礼记》《春秋》）为其渊薮；若由学术统绪而言，三教九流、百家争鸣，则以儒、道二家为其归致。东晋以后，由印度传入的佛教文化逐步融入中国传统文化，释家之典籍与统绪也随之成了中国传统文化中的一个有机组成部分。儒、释、道三家，势为鼎足而又相互渗透，构成了唐宋以降中国文化的基本格局。所谓“以佛治心，以道治身，以儒治世”（南宋孝宗皇帝语，转引自元刘谧著《三教平心论》），明白地道出了中国传统文化的这种基本结构特征（楼宇烈《论中国传统文化的人文精神》）。而附着于这种文化结构之上的基本文化精神的界定也就成为中国学者所不能回避的基本论题。虽然由于学者各自观察的角度和强调的重点的差异而历来歧见纷呈，但我们仍可把中国传统文化的基本精神概括为以下几个方面。

10.1　天人合一

“天人合一”，是中国传统文化的总特征，也是中国传统文化基本精神中最根本的一条。它不但是中国哲学——儒家的基本概念，而且是一切其他的思想体系，如道家、佛家、法家、阴阳家等的出发点与归宿。这种传统的人文精神，植根于远古的原始文化之中，而究其起源，则与中国原始文化中的自然崇拜以及祖先崇拜等观念，有着千丝万缕的联系。何谓“天”？历来有不同的解释，在传统的文献当中，这些概念的界限未必清楚，古人用“天”这个词的时候，也未必有那么多讲究。但是在中国历史上，在中国人的心目中，最具影响力的却始终是虽然已经是宇宙的最高抽象但是仍然带有某种道德意志以至目的论含义的“天”，它是人世间一切价值的源头。最早提出“天”的这个概念的人是孔子。他说“天何言哉！四时行焉，百物生焉，天何言哉!”（《论语·阳货》）这就是所谓自然之天。他又说过

“天生德于予，桓魋其如予何?”（《论语·述而》）这就是所谓天命之天，如果我们把这两句话与孔子说过的有关天的话合起来，就可以明显地看出，在孔子的心目之中，天是一个有着道德倾向并与人有着不可分割的联系的天。由此可见，“天人合一”中“天”的含义是合自然之天与天命之天而言的。而人与自然之天“合一”的中心就是顺应自然，不过，这里所谓“自然”的含义，并非是指“自然界”，而是指自然界的本然法则与状态。正如张岱年指出：“中国哲学中天人合一观点有复杂的涵义，主要包含两层意义。第一层意义是，人是天地生成的，人的生活服从自然界的普遍规律。第二层意义是，自然界的普遍规律和人类道德的最高原则是一而二、二而一的。”（张岱年《文化与哲学》）强调人与自然的统一，人与自然的协调，人的道德理性与自然理性的一致。“天人合一”的提出，体现了传统中国人试图辩证地认识人自身与其所在的宇宙自然即主体与客体的整体关系，努力寻求对自我命运的主动掌握从而实现人生价值的独特而深刻的文化思考与探索。

“天人合一”的思想早在西周时期就已萌芽，其内涵是天定人伦，实际上仍是人神关系，而到春秋战国时期时，“天人合一观”才可以说已基本形成，《易传·文言》中说“夫大人者，与天地合其德，与日月合其明，与四时合其序，与鬼神合其吉凶，先天而天弗违，后天而奉天时”，亦即指出了理想人格即“大人”乃是道德完美，既能洞知自然规律又顺应自然规律的天人合一的人格。此外，虽然当时的思想界百家争鸣，思想家们却也大都认同天人一体、人天同质、人能合天，要求天人协调、天人相用。

道家思想强调因物性、顺自然，老子说：“辅万物之自然而不敢为。”（《道德经》第六十四章）意为辅助万物依照本性去自然而然地发展，不敢用自己的主观意志去加以干涉。这就是道家思想的核心——“无为”，这种思想长期以来被当作消极被动的代名词。其实，老子的“无为”并非不为，而是主张为而不待，强调以退为进、以柔克刚、以曲求全，以及“不自见”“不自是”“不自伐”“不自矜”（《道德经》第二十二章）意为不自作聪明、不自以为是、不自居功劳、不自我夸耀。这种积极性与合理性在《淮南子》一书当中得到了相当的阐述：

“所谓无为者，不先物为也；所谓无不为者，因物之所为也。所谓无治者，不易自然也；所谓无不治者，因物之相然也。”（《淮南子·原道训》）

“无为者，非谓其凝滞而不动也，以其言莫从己出也。”（《淮南子·主术训》）

“若吾所谓无为者，私志不得入公道，嗜欲不得枉正术。循理而举事，因资而立功，推自然之势，而曲故不得容者。故事成而身不伐，功立而名弗有，非谓其感而不应，攻而不动者也。”（《淮南子·修务训》）

这三段话从不同角度说明了道家的“无为”思想是在排除主观的前提之下，因势利导，“循理”“因资”地去举事立功，而绝非消极和被动。这也就是老子所追求的理想：“功成事遂，百姓皆谓我自然。”（《道德经》第十七章）这种理想，在与他并称的庄子身上得到了进一步的发扬，庄子主张“无以人灭天”，认为天人是一气流通的统一体，而人生的最高境界就是“天地与我并生，而万物与我为一”。（《庄子·齐物论》）总之，在道家来看，天是自然，人是自然的一部分。“有人，天也；有天，亦天也。”（《庄子·山木》）天人本是就合一的。

“天人合一”的思想，在传统儒家文化中也得到了相当的强调和丰富。但与道家不同的是，儒家的“天人合一”从一开始“便是讨论的人在宇宙中的地位以及人类的精神价值来源。《中庸》首句讲‘天命之谓性’，人性的根源在于天。《周易》讲‘圣人与天地合其德’，这里所说的‘德’并非现代汉语中所理解的‘道德’，而是广义的‘德性’，或曰精神价值”。[①] 天是道德观念和原则的本原，人心中天赋地具有道德原则。如孟子认为天人同性，“尽其心者，知其性也。知其性则知天矣”（《孟子·尽心上》），这种观点在《中庸》中被进一步阐释为“唯天下之至诚，为能尽其性；能尽其性，则能尽人之性；能尽人之性，则能尽物之性；能尽物之性，则可以赞天地之化育；可以赞天地之化育，则可以与天地参矣”。在价值上取法于天，从而在价值上与天合而为一。至于被古往今来的人们所强调的荀子的“人定胜天”思想，也恰恰是建立在不违天时，顺应自然的“天人合一”的思想认识基础之上的。荀子在其《天论》篇中提出“天有其时，地有其财，人有其治，夫是之谓能参”的结论之前是这样说的：

“不为而成，不求而得，夫是之谓天职。如是者，虽深，其人不加虑焉；虽大，不加能焉；虽精，不加察焉。夫是之谓不与天争职。”

“舍其所以参而愿其所参，则惑矣。列星随旋，日月递照，四时代御，阴阳大化，风雨博施。万物各得其和以生，各得其养以成。不见其事，而见其功，皆知其所以成，莫知其无形，夫是之谓天。”

显然，这里的“天”都强调其为“自然”之意，其中包含对“天”的职分和规律性的基本认识。荀子认为，只有顺其自然，才能掌握天时，利

---

①彭永捷．自强不息，厚德载物——儒家“天人合一”的哲学宗教基础［J］．探索与争鸣，2001（4）．

用万物，强调只有尽人、物的自然之性，方能参与天地之化育。

而大禹治水的智慧更是被儒家学者看作是因物性、顺自然的典范，孟子的论述是这样的："天下之言性也，则故而已矣，故者以利为本。所恶于智者，为其凿也。如智者若禹之行水也，则无恶于智矣。禹之行水也，行其所无事也。如智者亦行其所无事，则智亦大矣。天之高也，星辰之远也，苟求其故，千岁之日至，可坐而致也。"（《孟子·离娄下》）宋朝理学家朱熹对孟子这一论述极为赞赏，他说：

"禹之行水，则因其自然之势而导之，未尝以私智穿凿而有所事，是以水得其润下之性而不为害也。"

"愚谓，事物之理，莫非自然。顺而循之，则为大智，若用小智而凿以自私，则害于性而反为不智。"（朱熹《孟子集注》卷八，《离娄章句下》）

他的这些阐释不仅进一步发挥了孟子的思想，而且有助于我们了解孟子这段话的精义之所在。

正式提出"天人合一"明确概念的是北宋儒者张载，他继承并发扬了孟子、荀子等学者的思路，提倡天人同气，万物一体。在其著作《西铭》中，他说："乾称父，坤称母，余兹藐然，乃混然中处。天地之塞，吾其体；天地之帅，吾其性。民，吾同胞；物，吾与也。"认为天人协调、"民胞物与"当为人生追求的最高理想和境界，这可以说是对中国传统的"天人合一"的经典性阐述之一了。由此以来，"天人合一"说便成为自宋以来占主导地位的社会文化思潮，为各派思想家所广泛接受。

至于佛教，自其由东汉传播以来，本身就是在与中国本土的文化与宗教相互渗透与融合的基础之上，才得以发展壮大的。佛家强调"空"和"无"，即强调世间万物的变化与无常，它侧重于主观，肯定的是"真我"的存在，而"真我"是"不生不灭，不垢不净，不增不减"（《般若波罗密多心经》）的，它不在人体内，也不在体外。这种"真我"的境界，就是人通过自身的修炼，达到"色即是空，空即是色""有即是无，无即是有"的境界。换句话说，人性本来就是佛性，只因沉迷于世俗的欲望而不能自觉，一旦人觉悟到这些欲望都不是真实的，那么，其真如本性就会自然显现，也就达到最后成佛的境界。因此，佛家提出"烦恼即菩提，凡夫即佛"，这本身就借鉴了道家的一切顺应自然之意，从这个意义之上我们可以说，"佛"就是达到"天人合一"境界的人，佛与众生，原无差别，迷即佛是众生，悟则众生是佛。故禅宗语录有言："悟得来，担柴挑水，皆是妙道""禅便如这老牛，渴来喝水，饥来吃草"。

当然，作为不同的思想派别，儒释道诸家对"天人合一"的认知和理解上存在在世的道德性与超世的超道德性的分歧，所谓“为学有三要，所谓不知《春秋》，不能涉世；不精《老》《庄》，不能忘世；不参禅，不能出世”（《憨山大师梦游全集》卷三十九），但“教虽分三，道乃归一”（《道藏》第二册），三者就其学理立意和言说方式上却极具融通互汇的特点。儒家讲“虚一而静”（《荀子·解蔽》），“知止而后能定，定而后能静，静而后能安，安而后能虑，虑而后能得”（《大学》）的道德修养践行，道家讲“玄览”“心斋”的直觉思维，佛家讲“一悟即至佛地”“直指人心，见性成佛”（《碧岩录·圣谛第一义》）的顿悟理论，都是要求以直觉顿悟的路线去实现本真的开敞与澄明。因而，深沉内敛、清静不争便成为在“天人合一”这一大的思维方式下所衍生的中国文人的独特的气质特征。如果我们超越三教的立场背景，则可以说 三者所强调和突出的人类精神所能达到的那种普遍性、自觉性、超越性和永恒性，都体现了“天人合一”的思想。从这个意义上讲，“天人合一”乃是中国传统文化中最核心的精神、最基本的思维方式、最醇美的生活理想和最高的人生境界。

10.2 自强不息

女娲补天，夸父逐日、精卫填海、刑天舞干戚……中国远古神话中充满了人与自然的搏斗，以及对“天帝”的抗争，这种自强不息、锲而不舍，宁死不屈的大无畏精神，在中华民族的文化襁褓中就已奠定，它是博大的中华文化永不停息的血脉，是中华民族五千年发展的精神支柱和强大的动力。它可以被看成中国传统文化中天人合一观及辩证法思想在中国人的生存态度上积极的价值渗透与塑造最集中的反映与结晶，也是对中华民族整体人格状态的准确的历史概括与写照。

以天道说明人道，认为人道是效法天道，这是中国文化者的一个根本思想。《易传·系辞上》所谓“《易》与天地准，故能弥纶天地之道。仰以观于天文，俯以察于地理，是故知幽明之故”。

第一次明确提出自强不息的思想，是在《易》经之中。《易·乾·象传》中说：“天行健，君子以自强不息。”这是从天道说明人道，人道效法天道的角度提出来，认为天的运行刚健永不衰竭，因此，君子应该以天为法，奋发有为，积极进取。

这一段文字，是《乾》卦的“象”，而且是“大象”的卦辞。六十四卦都有“大象”，先从卦象来阐释每卦的上、外、下、内卦象的相重之组。乾卦是指三画卦，由上、下或者外、内两个三画卦组成的六画卦。其下、内卦是“乾”，个卦也是“乾”。“乾”为“天”，而天的性质及特点是“健”。由于《乾》卦是由两个三画卦所组成的，因此，《乾》卦等于是由两重天所建构而成的。这意味着，“乾”的“健”，不是单一的，而是双倍的，是至健的。《乾》卦是纯阳的、纯刚、至健的。所以，由“象”释《乾》曰：“天行健”。“行”的意思就是“道”。“天行”就是“天道”。“天行健”的意思就是说，“天道”的特点是永远不停地运行变化着的。《乾》卦在这里讲的是“天道”。

《乾》卦“大象”其次指出，既然“天行健”，那么观看了这一卦象的君子，在他的一生之中，都始终应该自觉地奋发向上，永不松懈，即“自强不息”。可见，《乾》卦在这里从“天道”讲到“人道”，而且还讲明了“人道”是源于“天道”的。

“天行健”的“健”的特点，是天道所固有的自然本性。“自强不息”的特点，则并非是君子的本然之性，而是君子从天道所得到的启迪，并且只有经过长期的艰难修养之后，才能得到人道。这也就是说，“自强不息”对于君子来说，并不是天赋的、与生俱来的，而是后天的，不经过不懈的努力所不可能具有的人道。

自强不息的基本内涵如下：

(1) 自强不息，必须是自觉进行的

《易经·蹇卦》中的“大象”说：“君子以反身修德。”所谓“反身”，即“修己”“修身”。因此，这就是说，君子反过来首先要求自己的则是如何加强自己道德修养。孔子非常推崇“仁”德，并明确主张修养仁德不能依靠别人，只能依靠自己。他说：“为仁由己，而由人乎哉?”（《论语·颜渊》）《大学》一书，把道德修养作为每一个都必须自觉进行的根本。“自天子以至于庶人，壹是皆以修身为本。”可见，反身修己是儒家“为道”的基本原则。人们“为学”，也必须是自觉进行的。《易经·蒙卦》讲的是启蒙教育，对象是纯一未发的学童和淳朴未化的老百姓，即一切需要启蒙的人。这些受教育者都必须自觉自愿、主动积极，而不是被动消极。所以，卦中反复强调“匪我求童蒙，童蒙求我”，并强调“初告，再三渎，渎则不告，利贞”。（《易经·上经·蒙卦第四》）这意思是说，并非我去求人家学习，而是人家求我教导。总之，强，不能靠他人强，只能靠自己强。其次，强，还应该是能够自己战胜自己的强。正如老子所说的：“自知者明……自胜者强。”（《道德经》第三十三章）

(2) 否极泰来

“否”“泰”分别是《周易》中的两卦名。“否”乾上坤下，“泰”坤上乾下，按《象传》和《象传》的解释，天地不交谓之“否”，天地相交谓之“泰”。“泰”则亨通，“否”则不利，“否极泰来”就是说事物是不断发展的，事物发展到极端，就要转化到它的对立面。老子说：“祸兮福之所倚，福兮祸之所伏。”（《道德经》第五十八章）这就指出了事物朝相反方面转化的现象。《易传·系辞下》说：“穷则变，变则通，通则久。”“穷”就是极点、尽头，事物发展到极点就要变，变了才能通，才能久。通过变革，原来“山穷水尽疑无路”的局面，就会一变而为“柳暗花明又一村”。（陆游《游山西村》）《易传·系辞下》：“子曰：‘危者，安其位者也亡者，保其存者也乱者，有其治者也。是故君子安而不忘危，存而不忘亡，治而不忘乱，是以身安而国家可保也。’”这一段话是对自强不息的极好的阐述。它要求人们能够居安思危，因为之所以会出现危亡，正是忘记了危亡的结果。而当人们处于困难、危险之中时，则要看到光明的前景，因为危难是可以转化为安宁的。自强不息的第三层意思就是应该主动把握规律，按照事物发展变化的规律主动乘时、应时，达到人所追求的理想状态。《易·困·象传》：“泽无水，困。君子以致命遂志。”《易·蹇·象传》：“山上有水，蹇。君子以反身修德。”“致命”和“反身修德”就是人的主观努力，只有这样，才能克服险阻，达到亨通。

自强不息作为一种个人修养，它要求一个人要成就大事，一定要先立志。“志”是个人对自己人生意义的一种预先肯定。孔子十五岁就立定志向为政，孟子以治国平天下为己任，志向也是非常明确的。为什么“志”这么重要。一方面，志可以决定人的生活行为方式。孔子说：“士志于道，而耻恶衣恶食者，未足与议也。”（《论语·里仁》）显然，如果立志于道义，是不应该贪图物质享受的。所以孔子非常推崇伯夷、叔齐，“不降其志，不辱其身”（《论语·微子》），就是肯定他们的行为合乎他们的志向。另一方面，人如果有了坚定正确的志向，就会充满自信，孟子说：“夫天未欲平治天下也，如欲平治天下，当今之世，舍我其谁也。”（《孟子·公孙丑下》）就是这种自信的表现。

那么，人应该立什么样的“志”？或者说人应该确定什么样的人生价值，人生意义？按照古人的说法，应该是“三不朽”。《左传·襄公二十四年》记载：鲁国叔孙豹使晋，与晋国范宣子讨论什么是不朽，叔孙豹提出三条：“豹闻之，大上有立德，其次立功，其次立言，虽久不废，此之谓不朽。”“三不朽”提出了中国古代士大夫人生价值的三大标准：立德、立功、立言。其中“立德”是第一位的，德的内容就是“仁义”“仁道”。这已逐渐形成中国古代士大夫的传统价值取向。文天祥所谓“人生自古谁无死，留取丹心照汗青”（《过零丁洋》），丹心就是“成仁”“取义”。

其次是“求诸己”。就是遇到事情要求自己，依靠自己。孔子说：“君子求诸己，小人求诸人。”“求诸己”有两层意思：一是不强调客观，不指望别人，一切靠自己。“不怨天，不尤人”（《论语·宪问》），说的就是这个意思。二是不断修养自己，提高自己。孔子说：“见贤思齐焉，见不贤而内自省也。”（《论语·里仁》）孟子要求人们养“浩然之气”要求人们长期努力修养，自觉地把道德理性与实践相结合，培养高尚的道德境界，所以，“故天将降大任于斯人也，必先苦其心志，饿其体肤，空乏其身，行拂乱其所为，所以动心忍性，曾益其所不能。”（《孟子·告子下》）

自强不息作为一种积极进取的人生态度，已深深融入了中华民族的血脉中。民族精英，无不是效仿天的性质刚健，永远运行不息。孔子生活在奴隶制向封建制度转变的社会大变革时期，他提出以“仁”为核心，以“礼”为手段，“祖述尧舜，宪章文武”的治国主张。他为实现自己的理想，率领众弟子周游列国，四处奔波，“为权臣所轻蔑，为野人所嘲弄，甚至为暴民所包围，饿扁了肚子”（鲁迅《且介亭杂文二集·在现代中国的孔夫子》），被人笑为“是知其不可而为之者”（《论语·宪问》）。他虽然主张“用之则行，舍之则藏”（《论语·述而》），而有过“道不行，乘桴浮于海”（《论语·公冶长》），然而他回答子贡的话“沽之哉！沽之哉！我待贾者也”（《论语·子罕》）正表明了他的心声。为了实现自己的政治主张，他甚至去见了声名不好的南子。另一位儒家大师孟子，也是为了理想在他中年以后，怀着推行王道政治的抱负，游说诸侯，游历近二十年。他周游列国，经常是从者数百人，身后有车数十辆，而且受到各国王候的礼遇，齐宣王准备给他万钟粟的待遇，让他办学。但是政治上，他却与孔子一样，无人愿意推行他的政治主张。正如他说的“礼貌未衰，言乎行也”（《孟子·告子》），所以他只有“去之”。

孔子说：“三军可以夺帅，匹夫不可夺志也。”（《论语·子罕》）虽然自强不息，最早是对君子提出的要求，是作为一种理想的人生态度提出来的。但随着社会时代的发展，这种精神已逐渐被视为关系国运盛衰、社会文化健康与否的重要因素而加以强调，为中华民族所信奉，并能激励人们前进，有促进社会发展的作用，它已成为维系中华民族生存、推动中华民族前进的精神。颜元就说：“晋宋之苟安，佛之空，老之无，周、程、朱、邵之静坐，徒事口笔，总之皆不动也。而人才尽矣，圣道亡矣，乾坤降矣。吾尝言：一身动则一身强，一家动则一家强，一国动则一国强，天下动则天下强。”（《颜习斋言行录》）

几千年来，自强不息作为中华文化的基本精神，泽被广远，为包括知识分子和普通民众在内的整个社会所接受而普遍化和社会化：一方面，使中国人形成了为理想而执着奋斗、殒身不惜的独立而坚强的人格，即所谓“舍身而取义”（《孟子·告子上》），“有杀身以成仁”（《论语·卫灵公》），司马迁的《史记·太史公自序》：“西伯拘而演《周易》；仲尼厄而作《春秋》；屈原放逐，乃赋《离骚》；左丘失明，厥有《国语》；孙子膑脚，《兵法》修列；不韦迁蜀，世传《吕览》；韩非子囚秦，《说难》《孤愤》。《诗》三百篇，大抵圣贤发愤之所作为也。”这些便是最有力的佐证；另一方面，这种精神也内化为中华儿女为国家民族建立功业的爱国情怀和民族气概，“爱国如饥渴”（班固），“天下兴亡，匹夫有责”（顾炎武），“位卑未敢忘忧国”（陆游《病起书怀》），可谓是中国人的爱国情怀最富力度的表达。“达则兼济天下，穷则独善其身”（《孟子·尽心上》）、“居庙堂之高则忧其民，处江湖之远则忧其君”（范仲淹《岳阳楼记》），中国人所奉行的这种立世原则，便是将国家和民族融入自己的生命之中。总之，“苟利国家生以死，岂因祸福避趋之”（林则徐《赴戍登程口占示家人》），正是这种强烈的爱国情怀和民族气概所凝聚而成的中华民族的向心力，哺育和滋养了中国人的精神世界，使我们自强不息、“鞠躬尽瘁、死而后已”（诸葛亮《出师表》）。

10.3 贵和持中

贵和持中也是中国文化的基本精神之一。中国是一个有着极其丰富的辩证智慧的国家，当古希腊人和古印度人专注于形式逻辑进而形成机械原子论的时候，古代中国人就已经以朴素的辩证思维建构起了自己的哲学体系：中国的哲学家们以“会通”“统观”的方式考察天地万物之间的相互联系，以相反相成、动态转化和对立统一的观点从整体上致思宇宙现象和人生问题，而“贵和持中”就是这种哲学自然观上的朴素辩证法在中国人的现实生活中的主要表现。“和”是指和谐、和平、祥和，“和谐”是指人类古往今来孜孜以求的自然、社会、人际、身心、文明中诸多元素之间的理想关系状态。“中”，即中庸之道，“不偏之谓中，不易之谓庸”（《中庸》），任何事情都要把握一个“度”，不走极端。看重和谐，坚持中道，是浸透中华民族文化肌体每一个毛孔的精神。

孔子用“持中”的办法，来规定和谐的界限，并作为达到保持和谐的手段。孔子讲：“礼之用，和为贵。先王之道，斯为美，小大由之。有所不行，知和而和，不以礼节之，亦不可行也。”（《论语·学而》）这是强调以礼为标准和谐，是一种贵和须息争，息争以护和的和谐论。在他看来，无过无不及，凡事叩其两端而用其中，便是“和”的保证，“和”的实现又是以礼为原则的。如果为和而和，不过是一种“乡愿”式的和，是“德之贼”。孟子也主张“天时不如地利，地利不如人和”。

孔子首倡“中庸”，提出“中庸之为德也，其至矣乎!”（《论语·庸也》）反对过与不及。《中庸》指出：“喜怒哀乐之未发，谓之中；发而皆中节，谓之和。中也者，天下之大本也；和也者，天下之达道也。致中和，天地位焉，万物育焉。”所谓“中”是指“喜怒哀乐之未发”，内心平正无偏无易。所谓“和”是指“发而皆中节”，即喜怒哀乐已发，但能合乎法度。《国语·郑语》中说“夫和实生物，同则不继”，《易传》中讲“一阴一阳谓之道”，张载在《正蒙·太和》也讲“两不立，则一不可见；一不可见，则两之用息”，这都是在阐明矛盾对立面的和平调谐乃是事物存在发展的根本前提的道理。总之，“中”是天下的根本状态，“和”是天下最终的归宿，达到“中和”是一切运动变化的根本目的，天地各得其所，万物顺利成长，但构成“和”的各种不同因素必须保持一定的量和度。所以，“和”与“中”是一回事，可用“中”的标准去把握“和”，用“和”的精神去理解“中”。

郑玄注：“庸，常也。用中为常道也。”其意思是把执政原则转化为道德原则乃至日常思维法则。郑玄又说：“名曰中庸者，以其记中和之为用也。庸，用也。”意思是理性原则必须运用于实际，接受实际利益冲突的考验。可知中庸之道实质上就是预防冲突之道、化解矛盾之道、维持凝聚之道、实现平衡之道。把中庸这种执中、防偏、追求公正的人文思想方法扩展到自然领域，与自然生态中的和谐现象相结合，便有了中和之道。“中和”也是恰到好处的意思，即人与人的和谐是有原则的，应以“礼”为标准，用“礼”节制自己的行为，把自己的一切言行都纳入“礼”的规范之中，说话做事都完全与自己所处的地位相符，这样社会才能和谐、稳定、发展。而对于那些所谓的和气与和顺、做老好人的作风，孔子是厌恶的。

后世儒家对此做了进一步的阐述和发扬，于是中庸观念在中国文化史上发生了巨大而深远的影响。《中庸》将孔子所主张的持中的原则，从“至德”提到“天下之大本”“天下之达道”的哲理高度。强调通过对持中原则的体认和实践，去实现人与人之间、人道与天道之间的和谐。“中庸”强调对待事物关系要把握一个度，以避免对立和冲突。提倡“贵和”“持中”的和谐意识，有利于处理现代社会各种矛盾，以保持社会的稳定。

春秋末年齐国的晏婴用“相济”“相成”的思想丰富了“和”的内涵。

他将其应用在君臣关系上，强调君臣在处理政务时意见“否可相济”的重要性。通过“济其不及，以泄其过”的综合平衡，使君臣之间保持“政平而不干”的和谐统一关系。

《易传》将和谐思想具体化为阴阳相分、柔刚定位的原理，以此推演出社会政治关系方面的君臣、君民和家庭关系方面的父子、夫妇之间的尊卑、贵贱，严格规定了阳尊阴卑、刚上柔下的等级秩序。

“中”与“和”在中国文化中又是密切联系着的。《中庸》有言：“中也者，天下之大本也；和也者，天下之达道也。致中和，天地位焉，万物育焉。”“中和”观念被提升到本体高度。

从总体上看，先秦儒家的和谐理论，是以中庸观为理论基础，以“礼”为标准，以“中”“和”为范畴，以对统一体的保持和对竞争机制的抑制消除为特征的。孔子讲：“礼之用，和为贵。先王之道，斯为美，小大由之，有所不行，知和而和，不以礼节之，亦不可行也。”（《论语·学而》）这是强调以礼为标准的和谐，礼是事物相异、相悖以至相争的基础。因此，这是一种贵和须息争，息争以护和的和谐论，是论不过‘中’，变不出‘礼’的封闭和谐体系。

经过长期的历史沉淀，贵和持中的精神渐渐成为中华民族普遍的社会心理和中国文化各门类的共同追求，作为中国传统文化精神的一个构成部分，它对于我们民族的影响是深刻的、多方面的。在长期的社会发展过程中，为中华民族实现自身协调、人我协调、天人协调，对于民族团结、社会稳定以及民族文化整体中辩证思维的生长都起到了非常重要的作用。不仅如此，由于这一贵和持中的传统，使得中国文化对于天人关系、人我关系、自身关系的阐释颇具特色、极富价值，从而为东西方学者所津津乐道、倍加褒扬，并或承继或予创造性转换，以服务于现代人的认知和实践。由于全民族在贵和持中观念上的认同，使得中国人十分注重和谐局面的实现和保持，重视人与自然的和谐，人与社会的和谐，人与人之间的和谐以及每个人内心的和谐。做事不走极端，着力维护集体利益，求大同存小异，成了人们的普遍思维原则。这些，对于民族精神的凝聚和扩展，对于统一的多民族政权的维护，有着积极作用。但是，由于贵和持中的观念，说到底是一种否认斗争、排斥竞争的简单协同的道德，因而它又是具有明显弊端的理论。它造成了个人创造性的萎缩，抑制了竞争性观念和道德的生长，并往往成为封建统治者维护专制主义等级秩序的工具。归结起来，主要表现为以下两点：

其一，偏重和谐、稳定，而忽视变易。中国封建社会的悠久漫长、自给自足的自然经济长期居于主导地位，这使得中国人有着追求和谐与稳定的先天条件，但也决定了国人囿于既成，不求变通的消极国民心态。在中华民族前进的历史进程中革故鼎新的艰难，恐怕不仅仅是“天不变，道亦不变”的哲学观念所致，与这种道德本位的贵和持中的文化传统密切相关。

其二，贵和持中的宗旨在于消除个体的私欲，以“君子慎其独”（《中庸》）为最终归宿。这种观点经过宋明理学家们的发挥，使其成为道德心性之学的重要内容，不仅具有本体的意义，而且成为指导人们日常生活和处理人我关系的准则，并演化为僵死不变的教条。再加之道家从消极方面以“柔弱之道”和“不争之德”作为回避矛盾、摆脱纷争的处世哲学，逐渐使这种思想压抑了人们的斗争精神，让这一传统流变为“折中调和”“安分守己”等保守的、逃避现实的消极观念，因而缺乏西方人那种竞争、进取精神。

10.4 平均平等

先秦是我国历史上极其重要的一个时期，中华民族的思维方式和民族性格都在这一时期初步形成，并左右中国传统文化的价值取向和发展趋势。这是一个哲学突破的伟大时期，华夏文明的各种思想在此发展、碰撞，并最终汇集成一股以宗法文化为特色的哲学洪流。作为传统文化精神之一的平均平等的思想，也在这一时期得以形成、发展。在当时，平均平等的思想主要表现为名实并举，名实相符，简单地说就是人应当获得与他们的实际地位相符合的名分和经济利益。平均即是平等，平等必须也必然表现为平均，亦即社会财富占有和劳动产品的分配上的平均一致。

平等思想提出所依赖的条件可以归纳为以下四点：①社会确实存在着不平等；②不平等使部分群体在物质与精神上受到伤害并达到一定的程度；③实存的不平等被利益既得者认为理所当然，弱势群体无法寻求有效的救济或平衡机制；④弱势群体亟待从思想观念上取得强势群体认同，从而获得实体上的平等对待。这是平等条件的现代阐释，不过用来考察战国时期的社会矛盾总体上是合适的。战国时期，社会生产力迅速发展，包括手工业者在内的新兴势力不满足于现有的生存状态，提出了政治和经济上的平等要求，开始寻求突破与发展，如《诗经·伐檀》所云“不稼不穑，胡取禾三百廛兮……”，但由于受到旧势力牵制，他们强烈要求取得更多的同情与支持，因此，作为解决之道，法家走向了严刑峻法，后期墨家走向了义利并举，而先秦名家则转向寻求一种恒定的、超然的最高价值作为自己的伦理主张即类平等的思想。

孔子说："闻有国有家者，不患寡而患不均，不患贫而患不安。盖均无贫，和无寡，安无倾。"（《论语·季氏》）治国理家，不怕财物匮乏，就怕分配不均。在孔子之前，晏婴也曾经讲过"权有无，均贫富"（《晏子春秋》内篇，《问上》）。

管子认为："仓廪虚而民无积，农民以鬻子者，上无术以均之。"（《管子·轻重》）他把老百姓贫穷、卖子而活，归咎于统治者无法使财富分配平均。

董仲舒看到当时土地兼并严重，"富者田连阡陌，贫者无立锥之地"（《汉纪·武帝纪四》）的严峻现实，力主"调均""限民名田"（《汉书·食货志上》）。即主张限制私人占有土地的最高数额，要"使富者足以示其贵而不至于骄，贫者足以养生而不至于忧，以此为良度而调均之"（《春秋繁露·度制》）。

不仅思想家们倡导平均的思想，而且封建帝王有时也实行平均的措施。这主要表现为历代的均田、限田政策。汉代王莽称帝后，复古改制，重点即在恢复井田制，将全国土地定为国有，称为王田，不得买卖，按人口授田。历史上著名的北魏均田制以及与其相应的租调制，即是以一夫一妻的小家庭为受田纳租单位，没有户等区别。北宋王安石变法，其中一项重要措施便是实行方田均税法。他企图用类似井田制的土地制度，均调土地和赋税。明代著名"清官"海瑞，声称"欲天下治平，必行耕田，不得已而限田；又不得已而均税"（《明史》卷二二六）。

平均平等的思想在中国有一个突出的特征，即几乎毫无例外地成为历朝历代农民起义的口号，造反的农民之所以揭竿而起，反对当时的统治王朝，一个主要原因便是无法忍受不平等的政治压迫和经济剥削。平均平等的思想在农民思想中根深蒂固，其外在表现也极为强烈。上述历代思想家和统治者关于调均的思想，主要受制于农民平均平等的思想，是顺应农民思想，以缓和阶级矛盾，防止农民起义。历代农民起义，大都以平均平等为号召。

陈胜、吴广起义时称："王侯将相宁有种乎？"期待身份、阶级的平等。东汉末黄巾起义军吸收原始道教的《太平经》的思想，提出了"太平"的口号。太平，即非常公平。唐末黄巢起义以"平均"为战斗口号，北宋王小波起义以"均贫富"为理想，南宋钟相、杨幺起义以"等贵贱、均贫富"为目标，元末农民起义以"杀尽不平方太平"为旗帜，明末李自成领导的农民起义军要求"均田"。到了近代，太平天国革命把农民平均平等的理想表达为“有田同耕，有饭同食，有衣同穿，有钱同使，无处不均匀，无人不饱暖”，等等。这些农民起义所倡导的平均平等主张，极大地吸引鼓舞了广大农民，在一定程度上动摇了封建专制统治的根基。

严格说来，中国历史上从未真正出现过平均平等的社会。封建统治者实行的均田、限田之类政策，旨在缓和阶级矛盾，而非为了实现天下一家、人人平等的社会。思想家们的调均主张，不过是从长治久安的远大眼光考虑问题，反对剥削过甚、杀鸡取卵罢了。农民起义军则因其自身的局限性和统治阶级力量的强大，而无从真正实现平均平等的理想。

毫无疑问，上述所提出的各种平均平等思想，主观上带有理想主义色彩，客观上提高了新兴势力的社会政治地位，实现了他们的要求，同时也符合了大多数民众的希望并推动了社会进步。中国文化中的平均平等思想(主要表现于农民群众)，是小农经济的产物。但这种思想主张在自然经济条件下，均调社会财富，损有余补不足，这对于减轻剥削，防止兼并，维持农民最起码的生存条件，安定社会等，仍起了积极的作用。但它孕育了农民阶级反对强权暴政，要求彼此一样的社会文化心态，促进了农民反抗精神的增长。特别是作为一种社会心理，它丰富了中华民族的平等自主意识，并转化为争取自由的动力。

当然，如果我们将当时的身份平等、等级平等、财产平等等主张进行一个梳理，就会发现：先民们的平均平等思想更多的是弱者面对身份、阶级、财产上不平等的一种本能反应，是朴素的平等观，带有绝对平均主义的色彩，由于缺乏深刻的理论分析与指导，有其严重弊端，因而是不可能实现的。同时，由于它反对不同的人或集团利用自己的特长和优势，开拓进取，先人一步过上好日子，注重的静态的平衡，以牺牲效率和进步为代价，而不是鼓励动态的竞争，通过提高工作效率、生产效率，推动社会进步来实现自己的理想。因此，又是消极的、不可取的。

10.5 人本主义

人本主义，作为中国传统文化基本精神之一，在中国文化中有着悠久的历史和鲜明的个性，它既不同于西方古典的以神为本，也不同于西方近代的追求个人的自由与民主价值。中国传统文化的发展始终围绕着人，人是世间一切事物的根本，天地之间以人为先，正如冯友兰先生所说：“无论古今中外，无论哪宗哲学，归根到底要讲到人，不过中国的哲学特别地要突出人。”(冯友兰《论中国传统文化》)具体而言，人本主义包含三个方面的内涵："民为邦本""民贵君轻"的基本政治理想；"未能事人，焉能事鬼"的轻神重人的根本态度，关注现世生活；以及具有浓重道德伦理色彩的个体人格肯定。

10.5.1 民为邦本

"以民为贵"的民本主义精神在我国古代典籍中屡见不鲜，早在殷商时期就有了以民为本的观点记载，《尚书·盘庚》云："重我民""唯民之承""施实德于民"，《尚书·泰誓上》："民之所欲，天必从之。"而《左传》《国语》等诸多典籍中，也多处彰显了以民为本的观念，如"夫民，神之主也"（《左传·桓公六年》）、"国将兴，听于民；将亡，听于神"（《左传庄公三十二年》）、"民和而后神降之福"（《国语·鲁语》）。

民为邦本的思想在儒家学说中更有集中突现。儒家认为，得民与否是政治成败之根本，孔子历来主张重民、富民、教民。在"民、食、丧、祭"这些世间的大事中，"民"为首位。而孟子提出"民为贵，社稷次之，君为轻"的著名论断，更是中国经典性的民本口号，他认为"得乎丘民而为天子"（《孟子·尽心下》），意为得民心者得天下，所以，"域民不以封疆之界，固国不以山溪之险，威天下不以兵革之利，得道者多助，失道者寡助"（《孟子·公孙丑下》），从为政之道出发，强调治国一定要得民心，顺民意，否则便可能"身危国削"、甚而"身弑国亡"（《孟子·离娄上》）。荀子亦主张以民为本，"君舟者也，庶人者水也。水则载舟，水则覆舟"的著名论断，被众多为政者视为座右铭，"用国者，得百姓之力者富，得百姓之死者强，得百姓之誉者荣。三得者具而天下归之，三得者亡而天下去之"（《荀子·王霸》）。

除儒家之外，道家、墨家、法家等也都具有民为邦本的重民思想：老子就说"圣人无常心，以百姓心为心"（《道德经》第四十九章）；相比而言，法家虽以严刑酷法为治国之道，但也不乏重民思想，法家经典《韩非子》中就曾指出"凡治天下，必因人情"（《韩非子·八经》）、"利之所在民归之"（《韩非子·外储说左上》）等。汉唐时期民本思想进一步发展，汉代贾谊指出："闻之于政也，民无不为本也。"（《新书·大政上》）唐代开国君主李世民更是深谙民贵君轻之道，认定"君依于国，国依于民"（《资治通鉴》卷一九二）。北宋张载宣传"民胞物与"，朱熹则认为"天下之务莫大于恤民"（《宋史·朱熹传》）。这一系列重民思想，集中反映了中国传统文化中民为邦本思想的发展和演进，也呈现了中国式的人本主义传统的根本所在。

对“人”的关注是中国人本思想的根本，从一定程度上讲，这种关注反映了古代中国人反压迫、求自主的深切渴望，对制约暴君苛政、改良人民的政治处境具有一定的积极意义，但是，这种一定程度上的积极意义并不能让我们忽略中国民本思想的实质仍是以“保民而王”、维护专制统治为目的的政治策略性。同时，中国文化中的民本主义与西方式民主的本质区别也要引起研究者必要的注意：中国的民本思想并无对公民权利的法理内容规定，更没有人民共同管理国家社会的意思，“溥天之下，莫非王土，率土之滨，莫非王臣”（《诗经·小雅·北山》），个人只是在宗法专制条件下的“子民”，君王始终是民众的监护者和放牧者。正如金耀基先生所说：“中国的民本思想毕竟与民主思想不同，民本思想虽然有‘民有，民享’的观念，但总未走上民治（by the people）的一步。如实地说，中国人是不相信政治应由人民自己来管的，中国人一直认为政治应由贤德的人来做，如有贤德的人在位，则必以民之好为好，民之恶为恶，如此政治便不啻由民自管自理。”（金耀基《从传统到现代》）

10.5.2 轻神重人，关注现世生活

在人与神之间，中国古人坚持以人为本位，重视现世的人伦生活，而将鬼神和宗教信仰置于其后。可以说，在中国传统文化中，神本主义始终未曾居于主导地位。相比而言，神本主义的西方古典文化则有着十分强烈突出的宗教精神，上帝是人的终极信仰，抵达彼岸世界，是人精神的最高寄托。人们生活的目标、行为的准则，都来自万能的上帝的启悟。而以儒家思想为主体的古代中国，鬼神却从未凌驾于人的生命和现世生活之上，中国人的目光是始终投注于现实之中的。

西周时，人们就已重人轻神，《礼记》有云：“周人尊礼尚施，事鬼敬神而远之，近人而忠焉。”（《礼记·表礼》）《尚书·泰誓上》：“惟人万物之灵。”到了春秋战国时期，先秦诸子更是以人本立场，称颂人性独有的尊贵与卓越，“天地之性人为贵”（《孝经·圣治章》）、人为“三才”之一、能“参天地，赞化育”“裁成天地之道，辅相天地之宜”（《易·泰·象传》）。儒家尤其以人为重：《论语》中早就有“子不语怪、力、乱、神”（《论语·述而》），“务民之义，敬鬼神而远之，可谓知矣”（《论语·雍也》），“未能事人，焉能事鬼”（《论语·雍也》），“未知生，焉知死”（《论语·先进》）的记载，孔子虽在总体上承认天命，却认为天命是个人无法左右的天道之常，因而对鬼神则一直心存疑虑，所以当他病重之时，弟子子路请求为之“祷尔于上下神祇”时，他用“丘之祷久矣”表示拒绝。在这里，“事人”

"知生"就是关怀现实、关注现世生命和生活，而"事鬼""知死"则是将目光投注于人所不知的鬼神世界，孔子认为这即不可能，也无必要，显示了对于鬼神或宗教敬而远之的态度。孔子这种现世观、人的主体意识和人本态度得到后世思想家广泛的认同和发展，甚至影响了作为宗教的道教和佛教，于是"舍之天运，征乎人文"（《后汉书·公孙瓒传》）成为中国文化的主要价值取向。汉代仲长统更明确地提出"人事为本，天道为末"（仲长统《昌言》）的观点，反对迷信天道而背人事，继承并发展了儒家的人本思想，呈现出重现世人伦而敬宗教、远鬼神的整体趋向。

当然，先哲们"轻"鬼"远"神，绝非意味着完全无视宗教。《论语》中就有"祭如在，祭神如神在""不与祭，如不祭"（《伦语·八佾》）的说法。荀子也说："日月食而救之，天旱而雩，卜筮然后决大事，非以为得求也，以文之也，故君子以为文，而百姓以为神。"（《荀子·天论》）这就是所谓的"神道设教"。宗教在这里，完全是政治统治的工具。在我国各民族的民间民俗文化中，祭祀鬼神的活动隆重而热烈。定时祭祀是中国人的特点。北京的太庙、天坛、地坛、社稷坛是皇帝行其典礼的地方，老百姓家里则供有"天地君亲师"牌位，逢年过节还要拜财神、灶神、门神等，还有社戏庙会，傩祭傩戏。即便是在这种以祭神为目的的民俗活动中，仍旧可以看到人们重现世人伦的生活态度和乐观实际的生命情怀。

10.5.3 浓重道德伦理色彩的个体人格肯定

与西方追求民主、自由、权利的近代人本主义不同，中国传统文化的人本主义从其产生伊始，便带有浓重的道德色彩，具有鲜明的道德伦理特征。中国的人本主义从社会现实关系着手，把人放在一定的人际关系中来定位：如君臣、父子、夫妇、兄弟、朋友等，并注重相互间的责任和义务。正如孔子所言："君子务本，本立而道生。孝悌也者，其为仁之本与。"（《论语·学而》）这种人与人之间的关系各有其行为典范与道德模式，即君仁臣忠、父慈子孝、夫教妇从、兄友弟恭、朋亲友信，从而把社会整体秩序放在首位，努力实现"经夫妇，成孝敬，厚人伦，美教化，移风俗"（《诗经·毛诗序》）。个体则在这样一种人伦关系中寻找自己合适的位置，在以天下为己任的历史责任中，提升自我的道德修养、完善自我人格，从而实现自己作为群体一员的社会价值。梁漱溟先生认为"中国是伦理本位的社会"，"以道德代宗教"（梁漱溟《中国文化要义》）的根据就在此。西方是个人本位的社会，而中国是伦理本位的社会，中国人重视的是个人对于群体的义务和责任，而不是个体精神的自由与独立，更不是每一个体自身的权利。换言之，中国传统文化对个人价值的肯定，不在于个人物质欲望的满足，也不在于个人精神的愉悦，而是从个人与家庭、民族、国家的关系上来肯定个体道德人格的完善。简单地说，传统文化所肯定的人是作为“道德主体”的人，“人本”其实是“道德主体的人本”，个体在必须担负对社会所应尽的责任的同时，又要追求一种主体道德心性的完善，这种完善即是社会的要求，也是个体的自觉。由于这种道德心性的完善所指向的“理”被提到了“本体”的高度，因而它在未有万物之前已先存在，由这个“理”所衍生出来的道德准则和道德规范，如“忠”“孝”“仁”“义”等便也成为自然的、天经地义的。因此，个人的价值判断便只能定位于通向“理”的道德心性的完善途中，一切事业，都必须是具备了“完善心性”的“道德主体”才能承担。只有“内圣”才能“外王”，只有“意诚”“心正”才能“修身”，才能“齐家、治国、平天下”。

中国历来是人治的社会，而人治又特别注重道德教化的意义。在中国，道德较之文法更有威力。孔子说：“道之以政，齐之以刑，民免而无耻；道之以德，齐之以礼，有耻且格。”（《论语·为政》）历代统治者也都以强大的伦理道德规范人民的精神与行为，并以之为治国之本，即“礼义廉耻，国之四维，四维不张，国乃灭亡”（《管子·牧民》）。可以说，正是强烈的道德观念及其理论奠定了支撑中国伦理政治社会的理论基石，筑就了中国民族的价值意识形态的坚实内核。

注重人的道德修养，肯定个体的心性完善，这是中国传统文化人本主义精神迥异于西方的表现，在缺乏政治分权和君权制约的人治社会，道德事实上也发挥了诱导为政者抑恶从“仁”的调节功能。德国人本主义哲学家费尔巴哈曾说“人是宗教的始端，人是宗教的中心点，人是宗教的尽头”（《费尔巴哈哲学著作选集》），不过在他眼中，“人”不是具体的、活生生的人，而是抽象的、充满着爱的乌托邦精神的人。中国传统文化所重视的“人”，是现世中存在，却处于各种伦理关系中的，体现道德原则的人。这种对人的价值的追求和肯定具有积极的意义。完善的道德心性作为一种人格特质和主体的优良素养，使中国古代的士大夫们具有一种和谐与执着相统一的品格。体现于内心的真诚与尊严增强了他们的自信与宁静，敦修人格、正道直行使他们不受时风的左右与动摇，为忠孝、仁义、诚信的道德要求完善着自我的人格且固守着自己的心性天地。生活因道德心性的良好自制而井然有序；社会也因这些良好心性的楷模而变得淳朴谦和、彬彬有礼。然而，善毕竟不能涵盖一切，把善作为人的唯一本性来加以推崇难免会销蚀“求真”的科学精神，也就必然扼制对“美”追求；伦理道德的封建底蕴、形而上的道德教条，同时桎梏着人性、个人价值和世俗生活。

此外，我们也必须看到，中国传统文化中的人本主义与社会主义时代人民当家做主的制度和主张是有着本质区别的：中国古代的人本主义是以家庭、家族为本位，以伦理为中心，以巩固专制王权为最终目的；而我们的社会主义国家则强调人民当家做主，充分尊重个人的权力和自由，为每个人的自由发展创造充分的条件。中国传统文化强调以人为本，并非尊重个人价值和个体的自由发展，而是将个体融入群体之中，强调个人对他人、对家庭、家族以及对国家、天下的义务，可以说是一种宗法集体主义人学，是以道德修养为旨趣的重人伦、重道德的人本主义。我们社会主义国家的人本主义既继承了中国传统文化中人本主义的积极因素，重视人的作用，重视道德伦理，重视人际关系的和谐和个人修养的积极作用，同时又避免了重人伦轻自然、重群体轻个体的倾向，尤其反对封建的专制主义。对于西方以个人主义为核心的人本主义，我们则予以批判与扬弃。既重视个人的作用，又强调集体主义和国家民族的利益；既尊重人权，尊重每个人的生存权、劳动权、发展权，又强调社会的和谐与稳定，强调民族的团结和社会的发展。这才是人本主义发展的一个崭新的阶段。

10.6　忧患意识

在我国的神话中，记载了共工怒触不周山而天柱折、地维绝，致使天倾西北，地不满东南，以及女娲断巨鳌之足以立四极，炼五色石以补苍天的故事。这些神话故事显示出远古时代的人们对自然界力量的恐惧和对自身所处境况的忧患，对“神力”的依靠和对自身的无奈。中华民族自形成伊始，便怀有深刻的忧患意识。

“忧患”一词，大概最早出现在战国中期的《易传》和《孟子》当中。《周易·系辞下传》说：“《易》之兴也，其于中古乎？作《易》者，其有忧患乎？”《孟子·告子下》曰：“入则无法家拂士，出则无敌国外患者，国恒亡。然后知生于安乐，而死于忧患也。”

不过，忧患意识早在殷商时代就产生了。那时，人们臣服于“上天”的意志，人间的一切事务，诸如农耕畜牧、建邦立国、杀伐征讨等，被当时的人们看作是在执行着“上苍”的意愿，都是在争取讨得“上天”这一至高主宰的欢心。这其中便蕴含着当时人们的一种忧患意识：要想风调雨顺、五谷丰登，就不能惹怒“上苍”，而必须战战兢兢、循规蹈矩地四时奉祭，遇事老老实实地询神问卜，探求上苍的意志而后行。随着时代的发展，忧患意识的内涵也发生了重大变化。这种忧患意识不再是以揣测“上苍”意志为宗旨，而是要努力通过完善人类自身的道德、展现人类现实的力量而应“天命”。保存于《尚书》中的周代文献，绝大部分篇章都在训诫人们注重自身之“德”；儒家圣人孔子谆谆教诲人们注重自身道德修养，强调礼义仁爱；诸子百家努力探讨人性善恶；爱国者屈原汨罗之滨九问苍天等，都是忧患意识的具体体现。在《周易》看来，可否做到防患未然，并不单纯是一个认识问题，还是一个德性修养的问题。如《乾》卦九三爻辞就说：“君子终日乾乾，夕惕若，厉无咎。”意思是说君子整日进德修业，到晚上还戒惧反省，就不会有什么灾害临到自己身上。可见，防患未然的关键是谨慎自守，提高道德修养。北宋著名政治家范仲淹“泛通六经，尤长于《易》”，正是在《周易》忧患意识的启迪下，他写下了“先天下之忧而忧，后天下之乐而乐”的千古名句，成为中国历代仁人志士自强不息、担当道义的自警格言。凡此种种，都体现了中国人自从放弃对“上天”的顶礼膜拜后注重自身发展、追求自身道德修养、防微杜渐的深刻的忧患意识。这种意识一经确立，便深深地植入了中国文化，积淀成为中华民族的一个优秀传统，千百年来为无数的人们所保有。

中国传统文化中的忧患意识主要表现为以下几个方面：

（1）清醒的危机意识

第一，盛世之忧与困境之忧。忧患意识不是历史转折时期或者身居“困难的处境”时独有的精神现象，而是在任何历史阶段都会产生，甚至在“盛世”表现得更加活跃。儒家认为，真正的忧患并不是在忧患者当中，而是在安乐之中。一旦安于所安，乐于所乐，真正的忧患便开始临近了。对于中国传统士人而言，安而不忘危，存而不忘亡，治而不忘乱，得而不忘丧，这便是忧患。

第二，内发之忧与外感之忧。儒家将忧患分为两类：因遭受困难挫折而外感的忧，即物欲或难满足之忧；欲实现理想而内发的忧。不过，当君子自觉其为君子时，或是达性命之情时，这种忧便不足为忧患了，这类外忧是“命”的安排，个人无可奈何，又无所负责。因而就有“仁者不忧”（《论语·子罕》）、“君子不忧不惧”（《论语·颜渊》）、“乐以忘忧”（《论语·述而》）等。这类内忧“觉之则有，迷之则无”，是贤人才能达到的境界。

在历史的转折和政治动荡的时代，忧患意识更多地表现为清醒的危机意识。作为一种特殊的精神状态，忧患意识具有为人文精神提供动力和确定道德主体的作用。就其本义而义，“忧”者，担忧，思虑也；“患”者，疾也，祸也。合而言之，“忧患”就是思虑疾祸之意。在人类历史进程中，往往是机遇与挑战并存，出路与危机共生，树立忧患意识就是要对社会生活中的矛盾性、曲折性以及事物发展运动的规律性保持清醒认识，随时意识到危机的存在，特别是表面一片光明的情况下意识到潜在的危机。苏洵《史论》一文中“史何为而作乎？其有忧也”的归纳、陆游“少小遇丧乱，妄意忧元元”的感慨，充分显露了忧患意识中所包含的危机意识。

（2）深切的责任意识

不同的社会背景下，忧患意识都蕴含着悲天悯人和承担责任两层意义。所谓悲天悯人，是指先哲所忧患的绝非物质生活的匮乏和个体生存发展的困境，而是内在精神生活的缺憾和人类群体生存发展的困苦；绝非一己的功利得失，而是人类群体的幸福和理想实现。这被孟子称之为“不忍人之心”“恻隐之心”（《孟子·公孙丑上》）。责任感引发忧患感，忧患感又激发责任感。有责任感，才能发现危机、直面危机，才能勇于探索救国救民的道路，才能最终消除隐患，超越忧患，才能树立“苟利国家生死以，岂因祸福避趋之”（林则徐《赴戍登程口占示家人》）的承担意识，才能培养“战战兢兢，如临深渊，如履薄冰”（《诗经·小雅·小旻》）的沉毅品格。范仲淹在《岳阳楼记》中写道“居庙堂之高，则忧其民；处江湖之远，则忧其君。是进亦忧，退亦忧。然则何时而乐耶？其必曰：先天下之忧而忧，后天下之乐而乐。”这是忧国忧民的精神，是一种深切的忧患意识，更是一种强烈的责任意识。

（3）昂扬的奋进意识

忧患意识还体现为对天下兴衰和政权交替的忧虑。《周易·系辞下传》借孔子之口说：“危者，安其位者也；亡者，保其存者也；乱者，有其治者也。是故，君子安而不忘危，存而不忘亡，治而不忘乱；是以，身安而国家可保也。”大意是说，凡是衰落的，都是由于过去曾经荒淫腐败；凡是灭亡的，都是由于过去曾自以为平安无事；凡是动乱的，都是由于过去曾自以为治理得宜。因此，君子安居而不忘倾危，生存而不忘灭亡，整治而不忘动乱，这样才可以自身安全而国运昌隆。这是叫人对自己的处境和现状时刻抱有警惕之心，孟子用非常精练的语言把它概括为“生于忧患而死于安乐”（《孟子·告子下》）。欧阳修在其所著的《新五代史·伶官传序》中说，“忧劳可以兴国，逸豫可以亡身”“夫祸患常积于忽微，而智勇多困于所溺”。他所表达的忧患意识，则是从五代时唐庄宗在完成父志、剿灭雠仇之后沉湎于安逸而丧失忧患之心，最终败于其平日所宠的伶人而致身死国灭的惨痛教训中得出的，具有深刻的警世意义。顾炎武在其《日知录》中称“保国者，其君其臣，肉食者谋之。保天下者，匹夫之贱，与有责焉耳矣”，乃至俗谚谓“天下兴亡，匹夫有责”等，也都是我们民族强调忧患意识的最好例证。可以这样说，总结历史经验和居安思危，是忧患意识发展到一定阶段的突出反映。忧患意识不是消极悲观，不是灰心丧气，更非患得患失。相反，是要在忧患中奋起，在忧患中奋进。忧患意识也要求人们以“知其不可而为之”（《论语·宪问》）的精神积极去探索探寻解决问题的出路，以求得“精诚所至，金石为开”的效果。忧患是奋斗的动力。正是这种忧患意识，激发人们强烈的入世精神，激发无数仁人志士改造社会、变革现实的巨大的热情。

（4）赤诚的爱国情怀

忧国忧民既是因为爱国才会为国家忧患，因为爱民才会为百姓忧患。从孔子的“诗可以怨”（《论语·阳货》），到范仲淹的“居庙堂之高则忧其民，处江湖之远则忧其君”（《岳阳楼记》），再到顾炎武的“天下兴亡，匹夫有责”，都深深地打上了这种忧患意识的烙印。这种以爱国主义为情感特征的忧患意识往往演变为革故鼎新的改革理念和救亡图存的思潮，它激励着古代的仁人志士为国家和民族的利益而甘愿势头颅、洒热血，从霍去病的“匈奴未灭，何以家为”（《史记·卫将军骠骑列传》）、岳飞的“笑谈渴饮胡虏血”（《满江红》）到文天祥的“留取丹心照汗青”（《过零丁洋》），都体现着这种意识。正如张立文先生所说：“儒学的忧患精神是对国家民族关怀的博大情怀；是面临危难、困境而不屈服、不畏难的积极参与、敢负责任的精神；是救民族于危亡、救人民于水火而敢于牺牲奉献的精神；是居安思危、处兴思亡的辩证理性精神。”①

10.7 达观自信

达观自信，是对周围人和事物正面的、积极的认知取向，通俗而言就是乐观开朗的意思，对人生的遭际想得开、看得透。生命的本身就是我们生命个体所秉承的趋于健康、完美的自然条件和机缘。我们做人应该达观一些，达观实际上就是在珍惜自己的生命。

我们来看看苏轼，这个被林语堂先生戏称为“不可救药的乐天派”（林语堂《苏东坡·序》）的人，一生虽然仕途坎坷，但是，无论生活怎样令他失望，他却从未放弃对生活的热爱与向往。四十二岁时，他因“乌台诗案”受小人谗言，被宋神宗贬到黄州。但他并没有自暴自弃、放浪不羁，而是

①张立文．儒学的人文精神［J］．新华文摘，2000（5）．

将一腔悲愤化作了文学创作的动力。在此，他寄情山水之间，写下了《念奴娇·赤壁怀古》等千古流传的诗词佳作，不仅为词坛开创了豪放之风的先河，也给自己的创作开辟了一方广阔天地。

“心烦手不闲，手忙心怡然。”苏东坡在流放中，虽然心情烦闷，却没有无所事事，反而事必躬亲，进而发展出耕地、烹调的爱好。在劳动中，他的心情也变好了，于是成功地把“致君尧舜”的入世心态很快地转变为“聊从造物游”（苏轼《菩萨蛮》）的出世心态，激发出独特的想象力与创造力。在被贬到黄州、惠州期间，创造的如东坡肉、东坡豆腐、东坡鲫鱼等菜肴至今还被人们津津乐道。

他在赤壁赏月，在西湖种柳，一派诗心。他被贬谪黄州，看到“长江绕郭知鱼美”（《初到黄州》），下放惠州，他能“日啖荔枝三百颗”（《惠州一绝》），对生命的追求和喜悦竟能这样直接地表露为口腹之快。他放弃了对生命的无限的欲望，放弃了那种非得到不可的悲剧结果，乐天知命，随遇而安，没有什么事情可以伤害得了他，他总能在既有的境况中和现有的土地保持生机的充盈，获得满意的收成。他知道怎么样在这大不如意的人世间来保护自己。用乐观的态度看待挫折，就会让头脑变得更灵活。更重要的是，一条路走不通，乐观的人不会“撞了南墙也不回头”，而会转向其他工作。他们希望获得成功，一件事没做好，更会激发出从事另一项工作的创造力。苏东坡总是不断地将痛苦升华为快乐，以至达到苦尽甘来的境界。

“老当亦壮，宁移白首之心；穷且益坚，不坠青云之志。”（王勃《滕王阁序》）初唐四杰之一的王勃，可谓“时运不济，命途多舛”，然而直面挫折，他却能达人知命，笑看人生。试想，如果没有王勃开朗阔达的胸襟，哪能有他吟放出“海内存知己，天涯若比邻”的千古绝唱？

“安能摧眉折腰事权贵，使我不得开心颜”（《梦游天姥吟留别》）的浪漫诗仙李白，在遭遇仕途不顺的挫折后，他沉寂了吗？消沉了吗？没有。“长安市上酒家眠，”（杜甫《饮中八仙歌》）笑对痛苦，面对挫折他拂袖而去，遍访名山，终于成就了他千古飘逸的浪漫情怀！

唐朝刘禹锡有“空闲为自在，将寿补蹉跎”“无事且从闲处乐，有书时间静中观”的豁达；宋代辛弃疾有“醉里且贪欢笑，要愁哪得功夫”的豪迈（《西江月·遣兴》）；明朝唐伯虎有“佛祖无奇，但作阴功莫作孽；神仙有法，只生欢喜不生愁”（唐寅语，转引自《修身宝鉴》）的顿悟；清代名医龚廷贤有“每把戏言多取笑，常回乐意莫生嗔”（《摄养诗》）的轻松。这种心态当代人称之为生活的艺术。这“艺术”理所当然地可以在诸多的坎坷中保护我们自己，使所有的人类在漫漫的人生旅途中度过一次次危机，战胜一个个困难。

苏东坡的名句可以给我们很好的启迪。

“月有阴晴圆缺，人有旦夕祸福，此事古难全。”（《水调歌头·明月几时有》）生活并不完美，所以别对人和事要求太高。这样才能承受生活的变化，给自己更多的希望和信心，快乐也会多一点。

“枝上柳棉吹又少，天涯何处无芳草。”（苏轼《蝶恋花》）美国著名应激心理学家拉泽洛斯认为，人的应激成效不取决于应激的大小，而取决于对应激的评估。通俗地说，就是挫折的大小不是关键，而是人们如何看待挫折。苏东坡提醒我们，面对挫折时，要顺其自然，永远以一份静心来面对世间的得失进退，以一份激情来化解人生的悲欢离合。

苏轼的最佳名言，应是他对弟弟苏辙说过的那句：“吾上可陪玉皇大帝，下可陪卑田院乞人儿。眼前见天下无一个不好人。”这可算作对乐观主义最好的注解。

自信，就是自己相信自己。古人云，人不自信谁人信之。自信不是自负，也不是自大，而是自己对自己的信任。自信不能停留在想象上。要成为自信者，就要像自信者一样去行动。我们在生活中自信地讲了话，自信地做了事，我们的自信就能真正确立起来。面对社会环境，我们每一个自信的表情、自信的手势、自信的言语都能真正在心理中培养起我们的自信。

南朝的祖冲之，在当时极其简陋的条件下，靠一片片小竹片进行大量复杂的计算，一遍又一遍，历经无数次失败，但并不气馁，凭借他的那种自信，终于在世界上第一个把圆周率精确到小数点后第七位。

20世纪初，美国美孚石油公司，曾在我国西部打井找油，结果毫无所获。于是，以美国布莱克威尔教授为首的一批西方学者，就断言中国地下无油，是一个“贫油的国家”。而我国的年轻地质学家李四光却在这种强烈的自信心的支配下，开始了三十年的找油生涯。他运用地质沉降理论，相继发现了大庆油田、大港油田、胜利油田、华北油田、江汉油田。他当时还预见西北也有石油。目前正在开发的新疆大油田，也完全证实了他的预言。李四光靠自信、自强彻底粉碎了“中国贫油论”。

自信是发自内心的自我肯定与相信。

自信无论在人际交往，事业工作上都非常重要。

只要自己相信自己，他人就会相信你。

10.8　求是务实

与世界其他文明的传统节日大多起源于宗教不同，中国的传统节日绝大多数来源于农事，这是因为气候温和、土壤肥沃的黄河流域和长江流域孕育了早期的中华农耕文明，在约四千年前的夏商周时期，一个以农耕业为主要社会生活资料来源的农业社会就已经基本上形成，因此，自给自足的小农经济便成为中国文化的物质基础，重农思想在国人的头脑中根深蒂固，上至帝王将相，下到庶民百姓都深知农业繁荣关系国计民生，“重农抑商”“重农固本”可以说是中国社会历世不易的基本国策。历代帝王都以“帝亲耕，后亲蚕”（《吕氏春秋·季春纪》）的方式鼓励天下农民勤劳耕作。农耕是财富之源，“不耕获，未富也”（《周易·象·天妄》）；农业是成就霸业的前提，“霸王有不先耕而成霸王者，古今未有，此贤者不肖之所以殊也”（《吕氏春秋·上农》）；认为“孝悌力田者”（《管子·山权数》）即农民是社会的中坚力量。在这种浓厚的“重农”氛围中，几千年近乎凝滞不变的生态铸就了中国人求是务实的文化心态，形成了重实际而黜玄想的民族性格，培养了理性实用的精神取向。一分耕耘一分收获，这种对农业生活经验的朴素总结已经内化为民族的思维定势和牢固心态，从《汉书》中的“求真”“务实”的学风，到唐代经学家颜师古“务得事实，每求真事也”的观念，到宋代理学家朱熹“即物穷理”的主张，再到明代王阳明“知行合一”的命题，“大人不华，君子务实”（汉·王符《潜夫论·叙录》）成为中国先贤们一向标榜和倡导的生活态度与精神作风。章太炎：“国民常性，所察在政事日用，所务在工商耕稼，志尽于生，语绝于无验。”（《驳建立孔教议》《章太炎政论选集》）这便是对中国民族性格的实用理性特质的表明。

与这种求稳定的心态相适应，中国传统文化把长久以至永恒当作价值判断的重要尺度，《周易》讲“可大可久之”，《中庸》讲“悠久成物”，《老子》讲“天长地久”，都是这种观念的典型表述。于是，政治上追求“长治久安”、宗教上追求“长生不老”、种族上追求“绵延永续”、用品上追求“经久耐用”……

有着强烈的经世济民的入世精神的儒家学派有着典型的求是务实的特点。《论语》集中反映了孔子的这种思想，他说“知之为知之，不知为不知”（《论语·为政》）、“每事问”（《论语·八佾》），强调“毋意”“毋必”“毋固”“毋我”（《论语·子罕》）；孟子则说，“知者无不知，当务之为急”，“尧舜之知不遍物，急先务也”（《孟子·尽心上》）。像尧舜那样有大智慧的人尚且不可能研究完所有问题，何况其他人。因此，人们的研究应该采取“急先务”的方法，也就是后人说的“急用先学”“当务为急”“立竿见影”。荀子否认生而知之，强调后天的积极学习对改进人性、丰富人的知识才能的重要意义，他在《天论》中说：“不为而成，不求而得，夫是之谓天职。如是者，虽深，其人不加虑焉；虽大，不加能焉；虽精，不加察焉。夫是之谓不与天争职。”孔子、孟子和荀子的这种治学观点和治学态度，对后世产生了极大的影响，对中国传统文化中求是务实精神的形成至关重要。东汉王充重实事，疾虚妄；宋明时陈亮、叶适，清人颜元注重事功，强调动机与效果的统一，都是对这种实用理性思想的继承和发扬。

法家反对老庄学派的空谈与玄想，推重“参验”，强调实行和实践，推崇以耕战为中心的事功，并用刑罚和庆赏去引导人们生活。不过，道家亦不乏求是务实的精神，老子的“知人者智，自知者明”（《道德经》第三十三章），庄子的“析万物之理”（《庄子·天下》），黄老学派的“与时迁移，应物变化”（《史记·太史公自序》）等，与其玄之又玄的“道”论相映成趣。而且，尽管道家说修身养性，羽化登仙，但老子关心的重点依然是“以正治国，以奇用兵，以无事取天下”（《道德经》第五十七章），着重研究的还是“君人南面之术”，也就是统治术或者统治方法，包括以退为进、以曲求全的为人处世之道。道家的后学弟子研究的黄老刑名之学，其实用性比起儒家学说来可以说有过之而无不及。

由于中国古代各派学者都倾向于应用和实用，于是形成了中国传统文化中求是务实的思想方法，身体力行的价值取向和经世致用的治学传统。作为一种价值取向，求真务实这种身体力行、脚踏实地、经世致用的主张实际上就是要求做任何事都要有利于国计民生：写文章强调“文以载道”；修历史是为了察古知今、鉴戒垂训；音乐是为了移风易俗，绘画是为了“助名教而翼群伦”（宋濂《宋学士文集·画原》）；写诗作词也不仅仅是要抒发自己的离情别绪，更是为了“诗言志”（《论语·阳货》）。正是在这种治学传统影响下，中国古代的科学也成为实用科学：无论天文地理、农学水利大都是与国计民生密切相关。这些实用科学的成就之高、解决实际问题的能力之强，甚至令世界各国的科学家叹为观止。

但必须指出的是，这种植根于农业经验主义基础上的实用理性是狭隘的。重视实践、注意经验和直觉的思维定势与运思习惯，从一开始就注定中国人对考究经验背后的根本原因缺少亚里士多德式的终极关注。而且，中国的求是务实精神主要是在伦理政治领域的运用，是求善的方法论原则。

道德主义的价值取向，使中国文人以追求圣贤人生为宗旨，而往往忽略认识与改造自然的基础科学的发展与研究。朱熹就说：“如今为此学而不穷天理，明人伦，讲圣言，通世故，乃兀然存心于一草木一器用之间，此是何学问！如此而望有所得，是炊沙而欲其成饭也。”（《答陈齐仲》）可以说，除墨子创立的墨家学派之外，中国鲜有先哲强调方法论、深研逻辑学、重视自然科学的理论研究和发明创造。中国人习惯以善摄真，善即是真，用一种道德主义的直觉体验的模糊思维，辩证而笼统地观照自然物理世界，轻视形式逻辑，不关心理论体系的逻辑论证，也未建立过西方式的严密的、成系统的、完整专门的科学理论与学科体系，因而也使科技发展得不到深刻而持久的动力支持，这在很大程度上阻滞了中国的生产力与经济的发展。正如李泽厚先生在《中国古代思想史论》中所说：“它既阻止了思辨理性的发展，也排除了反理性主义的泛滥。”

中国传统文化不仅在形式上丰富多彩，而且在内容上也博大精深。这里面固然有封建时代的糟粕，但更有中华民族大智大慧的结晶。这当中有强调实事求是，注重知行统一，主张制天命而用之的唯物主义思想；有倡言“治世不一道，变国不必法古”的变革要求；有强调民为邦本、民贵君轻的民本思想和人道主义精神；有自强不息，刚健有为的人生哲学；有积极进取，不同流合污的处世态度；有发奋图强，锲而不舍的拼搏精神；有“富贵不能淫，贫贱不能移，威武不能屈”的浩然正气；有“大丈夫宁可玉碎，不能瓦全”的铮铮铁骨和英雄气概；有“先天下之忧而忧，后天下之乐而乐”的高尚情操和严肃的社会责任感；有“天下兴亡，匹夫有责”的强烈的爱国主义精神；有对“天下为公”的理想社会的热切向往和执着追求等。这些都是中华民族思想品德的真实写照，人生襟怀的有力表征，值得我们去传承、发扬、光大。

思考题：

1. 简述天人合一思想的内容和积极意义。
2. 简述天命观的积极面与消极面。
3. 简述民本主义与民主主义的区别。
4. 简述修身的含义与意义。
5. 简述中庸的积极意义和消极意义。
6. 简述和谐在各方面的体现以及追求和谐的现实意义。

参考文献

［1］李宗桂．中国文化概论［M］．广州：中山大学出版社，1988.

［2］钱穆．中国文化史导论（修订本）［M］．北京：商务印书馆，2000.

［3］劳国光．中国文化要义新编［M］．香港：香港中文大学出版社，1998.

［4］刘蕙孙．中国文化史述［M］．北京：文化艺术出版社，1977.

［5］胡兆量．中国文化地理纲要［M］．北京：人民教育出版社，2005.

［6］赵世瑜，周尚意．中国文化地理概说［M］．太原：山西教育出版社，2005.

［7］张岱年，方克立．中国文化概论［M］．北京：北京师范大学出版社，1994.

［8］唐晓峰．人文地理随笔［M］．上海：上海三联书店，2005.

［9］葛兆光．中国古代文化讲义［M］．上海：复旦大学出版社，2006.

［10］任美锷．中国自然地理纲要［M］．北京：商务印书馆，1985.

［11］张应杭．中国传统文化概论［M］．上海：上海人民出版社，2002.

［12］冯天瑜．中华文化史［M］．上海：上海人民出版社，2006.

［13］柳诒徵．中国文化史［M］．上海：上海古籍出版社，2001.

［14］张岱年．文化与哲学［M］．北京：教育科学出版社，1988.

［15］邵汉明．中国文化精神［M］．北京：商务印书馆，2000.

［16］张岂之．中国传统文化［M］．北京：高等教育出版社，2005.

［17］李山．中国文化史［M］．北京：北京师范大学出版社，2007.

［18］马克斯·韦伯．儒教与道教［M］．北京：商务印书馆，1995.

［19］朱熹．四书章句集注［M］．北京：中华书局，1983.

［20］杨伯峻．白话四书［M］．长沙：岳麓书社，1989.

［21］黎靖德．朱子语类［M］．北京：中华书局，1986.

［22］王守仁．王阳明全集［M］．上海：上海古籍出版社，1992.

［23］冯友兰．中国哲学简史［M］．北京：北京大学出版社，1985.

［24］李泽厚．中国古代思想史论［M］．北京：人民出版社，1986.

［25］陈来．古代宗教与伦理——儒家思想的根源［M］．上海：上海三

联书店，1996.
[26] 陈来. 宋明理学 [M]. 沈阳：辽宁人民出版社，1991.
[27] 杨明朝. 儒家文化面面观 [M]. 济南：齐鲁书社，2006.
[28] 陈融. 博观与辨析——西方学者论东方文化 [M]. 南昌：江西人民出版社，1993.
[29] 梁漱溟. 中国文化要义 [M]. 北京：学林出版社，1987.
[30] 陈来. 中国哲学的精神——冯友兰集 [M]. 上海：上海文艺出版社，1998.
[31] 李泽厚. 美的历程 [M]. 北京：文物出版社，1981.
[32] 冯友兰. 论中国传统文化 [M]. 上海：上海三联书店，1988.
[33] 金耀基. 从传统到现代 [M]. 北京：中国人民大学出版社，2007.
[34] 阴法鲁. 中国古代文化史 [M]. 北京：北京大学出版社，1991.
[35] 李中华. 中国文化概论 [M]. 北京：华文出版社，1994.
[36] 宗思. 庄子心得 [M]. 北京：中国国际广播出版社，2007.
[37] 任继愈. 中国佛教史 [M]. 北京：中国社会科学出版社，1985.
[38] 佛源. 大乘佛教与当代社会 [M]. 北京：东方出版社，2003.
[39] 张力，黄修明. 中国历代高僧 [M]. 长春：吉林教育出版社，1997.
[40] 文史知识编辑部. 佛教与中国文化 [M]. 北京：中华书局，2005.
[41] 毕露华. 佛教历史百问 [M]. 北京：中国建设出版社，1989.
[42] 杨曾文. 中国佛教基础知识 [M]. 北京：宗教文化出版社，1999.
[43] 孙中原. 墨学通论 [M]. 沈阳：辽宁教育出版社，1993.
[44] 王先慎. 韩非子集解（卷十九）[M] //诸子集成（第五册）. 北京：中华书局，1986.
[45] 严万里. 商君书·勒令 [M] //诸子集成（第五册）. 北京：中华书局，1986.
[46] 梁振中，张锦城. 中国历代治国思想要览 [M]. 北京：中共中央党校出版社，1998.
[47] 赵子仪. 诸子百家精粹 [M]. 北京：中国纺织出版社，2007.
[48] 李建中. 中国文化概论 [M]. 武汉：武汉大学出版社，2005.
[49] 蒋伯潜，蒋祖怡. 诸子与理学 [M]. 上海：上海书店，1997.
[50] 田广林. 中国传统文化概论 [M]. 北京：高等教育出版

社，1999.

[51] 金元浦. 中国文化概论 [M]. 北京：中国人民大学出版社，2007.

[52] 孙铁. 影响中国历史100事件 [M]. 北京：线装书局，2003.

后　记

在全球化趋势不断增强的当今世界，“文化力”愈来愈成为综合国力的重要因素；文化交融与文化冲突成为各民族文化交往中矛盾的两面。我们一方面要吸纳世界各民族的先进文化，另一方面要弘扬中华民族优秀的传统文化。

中国传统文化博大精深，决非一本著作所能涵括。为避免蜻蜓点水式的面面俱到，《中国传统文化概论》侧重从思想文化方面对中国传统文化做简明扼要的介绍和评价，帮助读者了解并吸取中国传统文化所具有的勤劳勇敢、自强不息、厚德载物、崇尚和平等民族精神，从而增强民族自信心、自豪感和民族凝聚力，继承和发扬优秀传统文化。

21世纪是文化“软实力”竞争的世纪，越来越多的国家和民族意识到文化保护、传承和交流的重要性，跨文化交际已经成为不可逆转的趋势。习近平总书记强调：“文化自信，是更基础、更广泛、更深厚的自信。”作为中国当代大学生，理应以中华民族文化传承为己任。这是责任，也是使命，更是自信。

本书是一本中国传统文化通识读物，是在原有版本上进行的修订再版，由西南财经大学博士生导师辜堪生教授任主编，负责编写本书提纲和体例要求，对全书进行统稿并撰写第4章；西南财经大学潘斌副教授任副主编，撰写第2章；四川外国语大学成都学院文化传媒系主任张奇任副主编，撰写第6章；西南财经大学李大成教授撰写第1章；西南财经大学郭文副教授撰写第3章；西南财经大学夏徽讲师撰写第5章；西南财经大学李栋辉讲师撰写第7章；西南财经大学崔雪茹副教授撰写第8章；西南财经大学张卉讲师撰写第9章；西南财经大学唐晓勇教授与宋颜莉讲师合作撰写第10章。

本书编写过程中参阅了大量国内同行编撰的同类教材及研究成果（已在书后“参考文献”中列出），同时，部分内容引自网络，无法联系到内容提供者，在此一并表示感谢！由于编者水平有限，疏漏、不足乃至错误在所难免，望读者不吝赐教，以便再版时一一修订。

本书编写组
2017年12月